DIREITO DA CONCORRÊNCIA

OS PODERES DE INVESTIGAÇÃO DA COMISSÃO EUROPEIA
E A PROTECÇÃO DOS DIREITOS FUNDAMENTAIS

EM ANEXO:

Regulamento nº 17/62 do Conselho, de 6 de Fevereiro de 1962
Primeiro regulamento de execução dos artigos 85º e 86º do Tratado

Regulamento nº 99/63 da Comissão, de 25 de Julho de 1963
relativo às audições referidas nos n.ºs 1 e 2 do artigo 19º do Regulamento nº 17 do Conselho

Regulamento (CEE) nº 4064/89 do Conselho, de 21 de Dezembro de 1989
relativo ao controlo das operações de concentração de empresas

Decreto-Lei nº 371/93, de 29 de Outubro
Estabelece o regime geral da defesa e promoção da concorrência

Portaria nº 1097/93, de 29 de Outubro
Define os termos em que o Conselho da Concorrência pode declarar a legalidade ou ilegalidade de acordos ou práticas concertadas de empresas

LUÍS MIGUEL PAIS ANTUNES

DIREITO DA CONCORRÊNCIA

OS PODERES DE INVESTIGAÇÃO DA COMISSÃO EUROPEIA E A PROTECÇÃO DOS DIREITOS FUNDAMENTAIS

LIVRARIA ALMEDINA
COIMBRA — 1995

Toda a reprodução desta obra, seja por fotocópia ou outro qualquer processo, sem prévia autorização escrita do Editor, é ilícita e passível de procedimento judicial contra o infractor

Direitos reservados para todos os países de língua portuguesa pela
LIVRARIA ALMEDINA — COIMBRA — Portugal

NOTA PRÉVIA

O texto que agora se publica assenta, no essencial, no trabalho apresentado e defendido na Faculdade de Direito da Universidade de Coimbra, em 1992, para a obtenção do Diploma de Estudos Europeus em Direito conferido por aquela Faculdade. Razões várias — que têm a ver, sobretudo, com o facto de só há pouco mais de um ano ter regressado a Portugal, depois de quase dez anos de ausência, passados em grande parte na Comissão Europeia e no Tribunal das Comunidades Europeias — levaram ao protelamento da sua·publicação a que, amavelmente, a Almedina aceitou agora proceder.

Não obstante a matéria analisada, no que ao direito comunitário diz respeito, não ter sofrido alterações significativas no decorrer dos últimos anos, houve o cuidado de proceder às actualizações julgadas mais importantes, por forma a que o resultado final representasse uma fotografia tão fiel quanto possível da situação — e do debate — actuais. Por outro lado, houve igualmente a preocupação de, sempre que tal se afigurou pertinente, introduzir algumas referências ao direito nacional da concorrência, preocupação a que não é seguramente estranho o facto de o autor vir exercendo, desde Julho de 1994, as funções de director-geral de Concorrência e Preços. Também no que se refere às indicações bibliográficas, procurou--se mencionar algumas das publicações e artigos mais recentes cuja leitura nos pareceu poder contribuir para um melhor conhecimento dos temas aqui abordados.

Não queria, igualmente, deixar de aqui manifestar o meu reconhecimento e os meus agradecimentos a todos aqueles que, de uma forma ou de outra, contribuiram para a realização deste trabalho e, em particular, ao Presidente do Tribunal de Primeira Instância das Comunidades Europeias, Doutor José Luís da Cruz Vilaça — com quem, durante cinco anos, vivi, na qualidade de seu assessor e chefe de gabinete no Tribunal, um dos períodos mais estimulantes da minha actividade profissional — ao Professor Doutor Manuel Carlos Lopes Porto — a cuja insistência se deve em grande medida esta publicação — e ao Dr. Nuno Piçarra, a cujos comentários e crítica muito deve o texto que agora se publica.

Lisboa, 1 de Agosto de 1995

L.M.P.A.

PRINCIPAIS ABREVIATURAS USADAS

All ER	All England Law Reports
AFDI	Annuaire français de Droit international
AJDA	Actualité juridique, Droit administratif
BCE	Boletim das Comunidades Europeias
BVerfge	Entscheidungen des Bundesverfassungsgerichts
BVG	Bundesverfassungsgericht
CDE	Cahiers de Droit européen
CECA	Comunidade Europeia do Carvão e do Aço
CEDH	Convenção Europeia dos Direitos do Homem
CE	Comunidade Europeia
Colect	Colectânea de Jurisprudência (TJCE/TPICE)
CLP	Current Legal Problems
CMLR	Common Market Law Review
CRP	Constituição da República Portuguesa
DGCeP	Direcção-Geral de Concorrência e Preços
EE	Edição especial em língua portuguesa (JO)
EIPR	European Intellectual Property Review
ELR	European Law Review
EuGrZ	Europäische Grundrechte Zeitschrift
FIDE	Fédération Internationale pour le Droit Européen
GG	Grundgesetz
GP	Gazette du Palais
HLSC	House of Lords Select Committee
JCP	Jurisclasseur periodique

JDI............	Journal de Droit international (Clunet)
JO	Jornal Oficial das Comunidades Europeias (JOCE)
JT..............	Journal des Tribunaux
LIEI..........	Legal Issues of European Integration
PE	Parlamento Europeu
REDA.......	Revista Española de Derecho administrativo
REDC.......	Revista Española de Derecho constitucional
RGDIP......	Revue générale de Droit international public
RHDE.......	Revue hellénique de Droit européen
RIDC........	Revue internationale de Droit comparé
RMC........	Revue du Marché Commun
RTDE	Revue Trimestrielle de Droit européen
TCI	Tribunal Constitucional italiano
TJCE	Tribunal de Justiça das Comunidades Europeias
TPICE	Tribunal de Primeira Instância das Comunidades Europeias

INTRODUÇÃO

O estabelecimento de um regime que garanta que a concorrência não seja falseada no mercado comum constitui, nos termos da alínea *g)* do artigo 3º do Tratado que institui a Comunidade Europeia (adiante designado "Tratado CE"), um dos objectivos essenciais da acção da Comunidade na prossecução da missão específica que o Tratado lhe atribuiu: a de promover, pelo estabelecimento de um mercado comum e pela aproximação progressiva das políticas económicas dos Estados-membros, um desenvolvimento harmonioso das actividades económicas no seio da Comunidade, uma expansão económica contínua e equilibrada, um maior grau de estabilidade, um aumento acelerado do nível de vida e relações mais estreitas entre os Estados que a integram (artigo 2º do Tratado CE).

A proibição dos acordos e práticas concertadas entre empresas, susceptíveis de afectar o comércio entre os Estados-membros, que tenham por objectivo ou efeito impedir, restringir ou falsear a concorrência no mercado comum (artigo 85º) e da exploração abusiva, por uma ou mais empresas, da sua posição dominante no mercado comum ou numa parte substancial deste (artigo 86º), constitui o núcleo essencial da política comunitária de concorrência [1].

---

[1] Sobre o direito comunitário da concorrência, veja-se, nomeadamente, H. GROEBEN, *La politique de concurrence, partie intégrante de la politique économique du marché commun*, Révue trimestrielle de droit

Introdução

Previa o artigo 87° do Tratado CE que, no prazo de 3 anos a contar da data da sua entrada em vigor, o Conselho adoptaria todos os regulamentos e directivas adequadas, com vista à aplicação dos princípios enunciados nos artigos 85° e 86° [2], e cuja finalidade seria nomeadamente:

— a de garantir o respeito das proibições constantes desses artigos pela cominação de sanções pecuniárias, e

— a de definir as funções respectivas da Comissão e do Tribunal de Justiça nesta matéria.

---

européen, 1978, 339 e ss.; J.A. VAN DAMME, *La politique de la concorrence dans la CEE*, Bruxelas, Kortrijk, 1980, 31 e ss.; P. BONASSIES, *Les fondements du droit communautaire de la concurrence: la théorie de la concurrence*, Etudes dédiées à A. Weil, Dalloz, Paris, 1983; T. RICOU e E. LOPES RODRIGUES, *Política Comunitária de Concorrência — um estímulo para os empresários portugueses*, Inquérito, Lisboa, 1990; C.-D. EHLERMANN, *Instruments internationaux de la politique de concurrence après 1992: point de vue de la Commission des Communautés européennes*, Conférence internationale de la concurrence, Berlin, Bundeskartellamt, 1991, 452 e ss.; M. MARQUES MENDES, *Antitrust in a world of interrelated economies*, Université de Bruxelles, Bruxelles, 1991; L.M. PAIS ANTUNES, *Concurrence*, Dictionnaire juridique des Communautés européennes, PUF, Paris, 1993; J. L. CRUZ VILAÇA e L. M. PAIS ANTUNES, *O direito comunitário da concorrência e a sua aplicação judicial*, Boletim de Concorrência e Preços, DGCeP, 13 e ss..

[2] No que respeita à regulamentação comunitária em matéria de concorrência, recomenda-se a consulta da publicação da Comissão das Comunidades Europeias, *Direito da concorrência nas Comunidades Europeias — Volume I: Regras aplicáveis às empresas*, Serviço das Publicações Oficiais das Comunidades Europeias, Bruxelas-Luxemburgo, 1990. Para o conhecimento da legislação nacional nesta matéria — e incluindo também a principal regulamentação comunitária — recomenda-se a publicação "Regras de concorrência — Síntese de Legislação 1993 — da série "Cadernos" da Direcção-Geral de Concorrência e Preços. As decisões da Comissão, bem como os acórdãos do Tribunal de Justiça e do Tribunal de Primeira Instância estão publicados, respectivamente, no Jornal Oficial das Comunidades Europeias (JO), série L, e na Colectânea da Jurisprudência do Tribunal de Primeira Instância e do Tribunal de Justiça das Comunidades Europeias.

Introdução 11

O Regulamento nº 17 do Conselho, de 6 de Fevereiro de 1962 (adiante designado "Regulamento nº 17")[3], constitui o primeiro regulamento relativo à definição das normas de execução dos artigos 85º e 86º do Tratado CE[4]. Nos termos deste regulamento, compete à Comissão, em ligação com as autoridades competentes dos Estados-membros, tomar as medidas necessárias para a aplicação dos princípios enunciados nestes artigos. Para o efeito, a Comissão, para além da cooperação das autoridades nacionais competentes dos Estados-membros, dispõe de um poder de exigir informações e de proceder às averiguações necessárias para detectar os acordos, decisões e práticas proibidas pelo nº 1 do artigo 85º, bem como a exploração abusiva de uma posição dominante proibida pelo artigo 86º, e da possibilidade de impor as sanções pecuniárias necessárias para assegurar o respeito das regras de concorrência do Tratado e das obrigações decorrentes do Regulamento nº 17.

Paralelamente, o referido regulamento consagra o direito de audiência das empresas objecto de um processo movido pela Comissão — bem assim como de terceiros que invoquem um interesse legítimo — antes da adopção de qualquer decisão

---

[3] Jornal Oficial das Comunidades Europeias (JO) nº 13 de 21.2.62, p. 204/62, Edição Especial de Língua Portuguesa (EE) 08, Fascículo 01 (08.01), 22.

[4] Certos sectores da actividade económica não se encontram abrangidos pelo Regulamento nº 17. Tal é o caso do sector dos transportes, conforme previsto no Regulamento nº 141 do Conselho. Contudo, no que diz respeito aos poderes de investigação da Comissão, as disposições constantes dos regulamentos aplicáveis (Regulamentos (CEE) nº 1017/68 do Conselho, JO nº L 175 de 23.7.1968, p. 1 — transportes terrestres —, nº 4056/86 do Conselho, JO nº L 378 de 31.12.1986, p. 4 — transportes marítimos — e 3975/87 do Conselho, JO nº L 374 de 31.12.1987, p. 1 — transportes aéreos — são idênticas às do Regulamento nº 17. Tal é igualmente o caso do regulamento relativo ao controlo das operações de concentração de empresas, Regulamento (CEE) nº 4064/89 do Conselho, JO nº L 395 de 30.12.1989, p. 1. Ao longo deste trabalho, limitar-nos-emos, por conseguinte, a referir unicamente as disposições pertinentes do Regulamento nº 17.

Introdução

susceptível de afectar os respectivos direitos ou interesses. As decisões tomadas pela Comissão em aplicação do Regulamento n° 17 estão sujeitas ao controlo da instituição "Tribunal de Justiça" — mais concretamente do Tribunal de Primeira Instância das Comunidades Europeias — nas condições definidas no Tratado (artigos 164° e seguintes)[5].

---

[5] Por decisão do Conselho de 24 de Outubro de 1988 (Decisão 88/591/ CECA, CEE, Euratom, JO n° L 319 de 25 de Novembro de 1988, p. 1, alterada pela rectificação publicada no JO n° L 241 de 17 de Agosto de 1989) foi instituído um tribunal (denominado Tribunal de Primeira Instância das Comunidades Europeias) que passou a exercer, em primeira instância, as competências conferidas ao Tribunal de Justiça pelos Tratados que instituem as Comunidades e pelos actos adoptados em sua execução, nomeadamente nos recursos de pessoas singulares ou colectivas contra as instituições comunitárias no domínio da aplicação das regras de concorrência. Das decisões do Tribunal de Primeira Instância cabe recurso, limitado à matéria de direito, para o Tribunal de Justiça. Por decisão de 31 de Outubro de 1989, o Presidente do Tribunal de Justiça declarou verificada a constituição regular do Tribunal de Primeira Instância. Com a publicação desta decisão (JO n° L 317 de 31 de Outubro de 1989), o Tribunal de Primeira Instância passou a exercer as competências que lhe foram conferidas pela Decisão do Conselho. No âmbito do presente trabalho, as referências ao exercício do controlo jurisdicional pelo Tribunal de Justiça devem ser entendidas como abrangendo igualmente o Tribunal de Primeira Instância, na esfera das suas competências. Sempre que algum aspecto particular o justifique, menção será feita no texto ao Tribunal de Primeira Instância. Sobre o Tribunal de Primeira Instância, veja-se, nomeadamente, T. MILLET, *The Court of First Instance of the European Communities*, Butterworths, London, Edinburgh, 1990; J. BIANCARELLI, *La création du tribunal de première instance des Communautés européennes: un luxe ou une nécessité ?*, RTDE, 1990, e J.L. CRUZ VILAÇA (com a colaboração de L.M. PAIS ANTUNES), *Le démarrage d'une nouvelle juridiction: le Tribunal de première instance des Communautés européennes un an après*, in *L'Europe et le droit, Mélanges en hommage de Jean Boulouis*, Dalloz, Paris, 1991, e *The Court of First Instance of the European Communities: A Significant Step towards the Consolidation of the European Community as a Community Governed by the Rule of Law*, Yearbook of European Law, Oxford, 1990.

As disposições de execução respeitantes ao exercício do direito de audição das empresas e associações de empresas, previsto no artigo 19° do Regulamento n° 17, encontram-se estabelecidas no Regulamento n° 99/63 da Comissão, de 25 de Julho de 1963 (adiante designado "Regulamento n° 99/63")[6].

O exercício, pela Comissão, dos poderes de investigação que lhe são atribuídos pelo Regulamento n° 17 tem suscitado forte oposição por parte das empresas objecto de um processo de aplicação das regras de concorrência do Tratado. Tem sido frequentemente invocado que o exercício de tais poderes pela Comissão não assegura o respeito dos direitos fundamentais das empresas, e em particular dos seus direitos de defesa, respeito esse que constitui, nos termos de uma jurisprudência constante do Tribunal de Justiça, um princípio fundamental da ordem jurídica comunitária[7].

O objectivo do presente trabalho é precisamente o de analisar a protecção dos direitos fundamentais face aos poderes de investigação da Comissão na aplicação do direito comunitário da concorrência. O primeiro capítulo será assim consagrado ao estudo dos diferentes elementos que constituem o núcleo dos poderes de investigação da Comissão (pedido de informações, inquéritos por sectores económicos e inspecções). O segundo capítulo, por seu lado, partindo de uma tentativa de definição do quadro global de protecção dos direitos fundamentais na ordem jurídica comunitária, procurará identificar os principais problemas suscitados pelo possível conflito entre o exercício dos poderes de investigação e o respeito dos direitos fundamentais das empresas — incluindo nestes os direitos de defesa — e as possíveis soluções no quadro do direito comunitário.

---

[6] JO n° 127 de 20 de Agosto de 1963, p. 2268, EE 08.01, p. 62.

[7] Ver, nomeadamente, Tribunal de Justiça das Comunidades Europeias (TJCE), acórdão de 9 de Novembro de 1983, *Michelin/Comissão*, proc° 322/81, Colectânea de Jurisprudência (Colect.) 1983, p. 3461 (3461), considerando 7.

CAPÍTULO I

OS PODERES DE INVESTIGAÇÃO DA COMISSÃO NA APLICAÇÃO DO DIREITO COMUNITÁRIO DA CONCORRÊNCIA [8]

Secção I

O PEDIDO DE INFORMAÇÕES [9]

Nos termos do nº 1 do artigo 11º do Regulamento nº 17, a Comissão, *"no cumprimento dos deveres que lhe são impostos*

---

[8] Sobre esta matéria, ver nomeadamente BLANCA RODRIGUEZ GALINDO, *L'application des règles de concurrence: les pouvoirs d'enquête de la Commission*, Revue du Marché Unique Européen, 1/1991, nº 2, 62 e ss.; CHANTAL LAVOIE, *The Investigative Powers of the Commission with Respect to Business Secrets under Comunity Competition Rules*, ELR, 17/92, 20 e ss; CHRISTOPHER HARDING, *European Community Investigations and Sanctions*, Leicester University Press, 1993; J. JOSHUA, *The powers of the Commission: Efficiency and Swiftness in Investigative Procedures*, in *Droits de la défense et droits de la Commission dans le droit communautaire de la concurrence*, Actas do Colóquio organizado em 24 e 25 de Janeiro de 1994 pela Associação Europeia dos Advogados, Bruylant, Bruxelles, 1994, 9 e ss..

[9] Ver, entre outros, H. PORTEU DE LA MORANDIÈRE, *Les pouvoirs d'information de la Communauté*, RMC, 1971, 300 e ss; J. JOSHUA, *Requests for Information in EEC Factfinding Procedures*, European Competition Law Review, 3/1982, nº 2, 173 e ss.; O. LIEBERKNECHT, *The Request for Information and the Rights of Defence*, in *Droits de la défense...*, cit., 38 e ss..

16   *Os poderes de investigação da comissão*

pelo artigo 89° e pelas disposições adoptadas em aplicação do artigo 87° do Tratado...", pode obter todas as informações necessárias junto dos Governos e das autoridades competentes dos Estados-membros, bem como das empresas e associações de empresas [10].

1. A noção de *informações*

A noção de *informações* na acepção do artigo 11° do Regulamento n° 17 deve ser interpretada em sentido amplo. Por *informações* deve entender-se não apenas as questões concretas, precisas e específicas que digam respeito a uma infracção objecto de investigação ou a práticas susceptíveis de beneficiar de uma decisão de isenção, mas igualmente os eventuais documentos relacionados com as questões colocadas. No entender da Comissão, cabem na noção de informações *"...as respostas às questões precisas..., as informações que ultrapassam o específico quadro dessas questões bem como as informações voluntariamente prestadas pela empresa e que não têm uma ligação directa com a questão específica colocada pela Comissão"* [11].

---

[10] No direito português, vejam-se o n° 3 do artigo 12° e as alíneas a) e b) do n° 1 do artigo 23° do Decreto-Lei n° 371/93, de 29 de Outubro, que estabelece o regime geral de defesa e promoção da concorrência, Diário da República n° 254, I Série-A, de 29 de Outubro de 1993.

[11] Ver Decisão da Comissão de 17 de Novembro de 1981, *Comptoir Commercial d'importation*, JO L 27 de 4 de Fevereiro de 1982, 31. O Tribunal de Justiça (TJCE, acórdão de 18 de Maio de 1982, *A.M. & S./ Comissão*, proc° 155/79, Colect. 1982, 1575, considerando 16) ao declarar que *"a correspondência entre advogado e cliente... releva da categoria dos documentos visados nos artigos 11° e 14°..."* parece confirmar a interpretação da Comissão. Ver igualmente as Decisões de 9 de Novembro de 1971, *SIAE*, JO L 254 de 17 de Novembro de 1971, de 26 de Maio de 1978, *RAI/ UNITEL*, JO L 157 de 15 de Junho de 1978, 39, e de 11 de Dezembro de 1981, *National Panasonic (Belgium) N. V.*, JO L 113 de 27 de Abril de 1978, 18.

2. A *necessidade* do pedido de informações

O primeiro requisito a que deve obedecer o pedido de informações é o da sua *necessidade*. A necessidade deverá, em primeiro lugar, ser aferida em função do objectivo que as regras de concorrência do Tratado visam atingir, isto é, o de que a concorrência não seja falseada no mercado comum. Por outro lado, a necessidade deve ser analisada no quadro dos deveres que são impostos à Comissão pelo artigo 89º — instruir, por sua própria iniciativa ou a pedido de um Estado-membro, os casos de infracção — e pelas disposições adoptadas em aplicação do artigo 87º — nomeadamente, definir as modalidades de aplicação do nº 3 do artigo 85º, assegurando uma fiscalização eficaz e simplificando tanto quanto possível o controlo administrativo.

Saber quando uma determinada informação é necessária para apreciar a existência de uma infracção às regras de concorrência ou para julgar se se encontram reunidas as condições para a concessão de um certificado negativo ou de uma decisão de isenção, é uma questão que releva da competência da Comissão e que não pode, por conseguinte, ser deixada ao critério do destinatário do pedido ou de terceiros [12].

Trata-se, assim, de um poder extremamente amplo, do qual apenas poderão ser excluídos, no nosso entender, os pedidos de informações relativos a questões que, de forma directa, não visem investigar a existência de uma infracção às regras de concorrência do Tratado ou obter os elementos susceptíveis de confirmar que se encontram preenchidas as condições para a concessão de um certificado negativo ou de uma decisão de isenção [13].

---

[12] Neste sentido, TJCE, acórdão de 18 Maio de 1982, *A.M. & S.*, cit., considerando 17.

[13] Tal seria, nomeadamente, o caso de um pedido de informações destinado a meros fins estatísticos.

3. Os destinatários do pedido de informações

Muito embora a Comissão se encontre habilitada a dirigir pedidos de informações aos Governos e às autoridades competentes dos Estados-membros, os principais destinatários de tais pedidos são as empresas e as associações de empresas [14]. Mas não são apenas as empresas e associações de empresas sobre as quais recai uma suspeita de participação em acordos ou práticas restritivas da concorrência, ou que tenham apresentado uma queixa ou um pedido de certificado negativo ou de isenção, que podem ser objecto de um pedido de informações. São igualmente destinatários potenciais todas aquelas empresas que, na sua qualidade de concorrentes, fornecedoras ou distribuidoras das primeiras, são susceptíveis de se encontrar na posse de elementos importantes para a investigação conduzida pela Comissão [15].

---

[14] O conceito de empresa no direito comunitário da concorrência é um conceito funcional que assenta essencialmente na existência de uma autonomia real de comportamento no mercado e que visa indistintamente as pessoas singulares e as pessoas colectivas, sejam ou não dotadas de personalidade jurídica. Nos termos duma jurisprudência constante dos tribunais comunitários, *a empresa é uma organização unitária de elementos pessoais, materiais e imateriais, ligada a um sujeito juridicamente autónomo e prosseguindo, de forma durável, um fim económico determinado*, cfr., recentemente, TPICE, acórdão de 10 de Março de 1992, *Shell/Comissão*, proc.º T-11/89, Colect. 1992, p. II-757. Sobre o conceito de "empresa" em direito comunitário, veja-se, entre outros, B. GOLDMAN, *Droit Commercial Européen*, Dalloz, Paris, 1983, 504 e ss.. Ver igualmente as decisões da Comissão de 2 de Dezembro de 1975, *AIOP/Beyrard*, JO L 6, de 13 de Janeiro de 1976, 8, que qualifica como empresa um inventor que comercializa as suas próprias patentes, e de 26 de Maio de 1978, *RAI/UNITEL*, cit., na qual a Comissão afirma que para saber se os artistas em causa constituem uma empresa é necessário obter informações sobre os efeitos económicos dos acordos relativos à exploração comercial das suas prestações artísticas.

[15] Solução semelhante parece estar consagrada na Alemanha, no artigo 46º do GWB (*Gesetz gegen Wettbewerbsbeschränkungen*) de 1957, e nos Estados Unidos da América, no *Hart Scott-Rodino Antitrust Improvements*

O *pedido de informações* 19

Uma cópia do pedido de informações dirigido a uma empresa ou associação de empresas deverá, nos termos do n° 2 do artigo 11°, ser enviada simultaneamente à autoridade competente do Estado-membro em cujo território tal empresa ou associação tenha a sua sede.

São obrigados a prestar as informações pedidas, nos termos do n° 4 do artigo 11, os proprietários das empresas ou os seus representantes e, tratando-se de pessoas colectivas ou de sociedades ou associações sem personalidade jurídica, as pessoas com poderes legais ou estatutários para as representarem. O reenvio às disposições da lei nacional em matéria de representação leva-nos a concluir que, em caso de prestação de informações falsas ou inexactas por pessoa que exceda os poderes de representação que a lei lhe confere, nenhuma responsabilidade poderá ser assacada à empresa e, por conseguinte, nenhuma sanção lhe poderá ser imposta. Tal não isenta, contudo, o titular da empresa ou o seu representante legal ou estatutário da obrigação de responder ao pedido de informações que lhe tenha sido dirigido.

Os Governos e as autoridades competentes dos Estados--membros, como acima referimos, são igualmente obrigados a prestar à Comissão as informações que lhes forem solicitadas [16].

Act de 1976, ao contrário do que se passa no Reino Unido onde o *Restrictive Trade Practices Act* de 1976 — artigo 36° n°s. 1 e 3 — limita tal possibilidade ao suspeito ou ao queixoso. Em Portugal, o n° 3 do artigo 12° do Decreto-Lei n° 371/93 confere poderes ainda mais amplos à Direcção-Geral de Concorrência e Preços (DGCeP) ao permitir-lhe "*solicitar a quaisquer empresas e associações de empresas, bem como às entidades que com elas tenham ligações comerciais, financeiras ou outras, as informações e documentos necessários, fixando para o efeito os prazos que entenda razáveis e convenientes*" (redacção semelhante, aliás, à da anterior legislação aplicável em Portugal — cfr. n° 1 do artigo 19° do Decreto-Lei n° 422/83; sublinhado nosso).

[16] No direito português, o n° 4 do artigo 12° do Decreto-Lei n° 371/93 prevê que a DGCeP "*pode ... solicitar a qualquer serviço da administração central, regional e local as informações julgadas necessárias para o desempenho das suas atribuições*".

Contudo, a Comissão, não obstante proceder à consulta das autoridades nacionais encarregadas da aplicação do direito da concorrência sempre que tal é necessário ou a isso a obriguem as disposições do Regulamento n° 17, não segue a prática de dirigir aos Estados-membros pedidos de informações ao abrigo das disposições do artigo 11°.

A expressão utilizada — Governos e autoridades competentes dos Estados-membros — é suficientemente ampla para abranger quaisquer serviços e organismos que desempenhem funções administrativas no território do Estado-membro. A existência de um tal poder da Comissão para obter junto dos Estados-membros as informações necessárias tem sido considerada como um corolário da obrigação que lhes é imposta pelo artigo 5° do Tratado CE de adoptar todas as medidas de carácter geral ou particular destinadas a assegurar a execução das obrigações resultantes do Tratado ou dos actos adoptados pelas instituições.[17]

4. As duas fases do pedido de informações

O artigo 11° do Regulamento n° 17 prevê que o pedido de informações se processe em duas fases distintas e sucessivas [18].

A primeira, prevista no n° 3 do artigo 11°, consiste num simples pedido de informações que não reveste um carácter obrigatório para a empresa ou associação de empresas a quem ele é dirigido (a que chamaríamos *pedido simples de informações*). A segunda, tal como resulta do n° 5 do artigo 11°, tem a forma de uma decisão — à qual o destinatário é obrigado a submeter-se, mas que se encontra sujeita a recurso para o

---

[17] Cfr. B. GOLDMAN, cit., 790. Acrescentaríamos ainda que tal poder resulta igualmente do artigo 213° do Tratado CE que permite à Comissão recolher todas as informações e proceder a todas as verificações necessárias, nos limites e condições fixadas pelo Conselho.

[18] Neste sentido, ver TJCE, 26 de Junho de 1980, *National Panasonic/Comissão*, proc° 136/79, Colect. 1980, 2040, considerando 10.

O pedido de informações 21

Tribunal — e prevê a imposição de sanções no caso de não serem prestadas as informações pedidas no prazo fixado (*decisão de pedido de informações*) [19].

Qual a razão para a instauração desse sistema "por etapas", tendo em conta que ambos os pedidos devem respeitar a forma escrita e indicar a finalidade a que se destinam e os fundamentos jurídicos sobre os quais se apoiam?

Duas razões essenciais têm sido apontadas. Trata-se, por um lado, de suscitar, numa primeira fase, as observações e a eventual colaboração da empresa e das autoridades competentes dos Estados-membros, colaboração essa que não deverá deixar de ser tomada em consideração no caso de posteriormente vir a ser adoptada uma decisão final ordenando a cessação da infracção; por outro lado, seria a forma de garantir o respeito do direito de audiência antes da adopção de uma decisão obrigatória para o destinatário [20].

---

[19] No direito português não encontramos essa distinção entre *pedido simples de informações* e *decisão de pedido de informações*, cfr. n° 3 do artigo 12° do Decreto-Lei n° 371/93. Todavia, a prática da DGCeP tem sido a de renovar o pedido inicial de informações, sempre que o respectivo destinatário não preste as informações solicitadas no prazo fixado. Caso o destinatário do pedido não dê então satisfação ao requerido, a DGCeP procede à abertura de processo de contra-ordenação, com vista à aplicação de uma sanção pecuniária que pode variar entre 50 000$00 e 5 000 000$00 (cfr. artigo 37°, n° 5, alínea *b*), do Decreto-Lei n° 371/93).

[20] Ver nomeadamente, C. KERSE, *EEC Antitrust Procedure*, European Law Center Ltd., London, 1988, 82, J. FERRY, *Procedure and Powers of the EEC Commission in Antitrust Cases*, EIPR, 1979, 128, e C.-D. EHLERMANN e D. OLDEKOP, *Due Process in Administrative Procedure*, Relatório ao 8° Congresso da FIDE (Federação Internacional para o Direito Europeu), 22 a 24 de Junho de 1978, Vol. 3, FIDE, Copenhagen, 1978, 11.4; ver igualmente as Conclusões do advogado-geral WARNER no caso *Transocean Marine Paint Association*, TJCE, 23 de Outubro de 1974, 17/74, Colect. 1974, 1063; para o direito de audiência, entendido num sentido amplo, ver A. PLIAKOS, *Les droits de la défense et le droit communautaire de la concurrence*, Bruylant, Bruxelles, 1987, 243, que considera — erradamente, a nosso ver — desempenhar o pedido "simples" de informações a função de "comunicação de acusações".

Se partilhamos inteiramente a primeira razão invocada, já o mesmo não poderemos dizer da segunda. Existe, com efeito, uma diferença substancial entre as decisões tomadas no exercício dos poderes de investigação e as decisões que impõem uma coima — ou uma sanção pecuniária compulsória — ou que declaram um determinado acordo ou prática restritiva da concorrência incompatível com o Tratado. Enquanto estas têm um objectivo claramente sancionatório, as primeiras apenas visam permitir à Comissão recolher as informações e a documentação necessária ao cumprimento dos deveres que lhe são impostos pelo Tratado. É esse, aliás, o motivo que justifica que o n° 1 do artigo 19° do Regulamento n° 17, ao mencionar quais as decisões antes de cuja adopção a Comissão deve dar às empresas e associações de empresas a oportunidade de se pronunciarem sobre as acusações formuladas, não faça qualquer referência às decisões a adoptar com base no n° 5 do artigo 11° [21].

Conforme referimos, o pedido "simples" de informações não reveste carácter obrigatório para o destinatário. Isso não significa, todavia, que a empresa ou associação de empresas seja livre de prestar as informações que bem entender. Com efeito, a comunicação de informações inexactas é passível da coima prevista na alínea b) do n° 1 do artigo 15° do Regulamento n° 17, cujo montante não pode ser inferior a 100 ecu, nem superior a 5 000 ecu.

Que deve entender-se por "informações inexactas"?

No entender da Comissão, "informações inexactas" são não apenas as que são inteiramente falsas, mas igualmente as que, por falta de todos os elementos necessários ao completo conhecimento da verdade dos factos, sejam susceptíveis de dar uma visão distorcida da realidade [22]. Deve aqui referir-se que a noção

---

[21] Cfr. TJCE, acórdão de 26 de Junho de 1980, *National Panasonic*, cit., considerando 21; B. GOLDMAN, cit., 791.

[22] Ver a Decisão da Comissão de 25 de Novembro de 1981, *Telos*, JO L 58 de 2 de Março de 1982, 19, e em especial as páginas 21, 22 e 23. Sobre a noção de "informação inexacta", ver A. PLIAKOS, cit., 248.

de "informação inexacta" tem suscitado algumas críticas e a manifestação de um certo receio quanto à severidade da Comissão na apreciação das informações que lhe são prestadas ao abrigo do n° 3 do artigo 11°. Tem sido salientado que, face ao risco — mesmo por simples negligência — de dizer muito pouco ou dizer demasiado, as empresas preferirão aguardar a notificação de uma decisão. A realidade, contudo, desmente semelhante perspectiva. São raras as empresas que não respondem a um pedido "simples" de informações e são mais raras ainda as informações consideradas pela Comissão como inexactas, num sentido tal que justificaria a imposição de uma coima [23].

O artigo 11°, n° 3, não prevê que o pedido "simples" de informações estabeleça qualquer prazo para a resposta da empresa ou associação de empresas. A necessidade de fixar tal prazo resulta, no entanto, de forma clara, das condições impostas pelo n° 5 do mesmo artigo para que a Comissão possa adoptar uma decisão de pedido de informações. Diz, com efeito, esta disposição que *se uma empresa ou associação de empresas não prestar as informações pedidas no prazo fixado pela Comissão ou se as fornecer de modo incompleto, a Comissão, mediante decisão, exigirá que a informação seja prestada*".

O prazo concedido para a resposta deve ser adaptado às circunstâncias do caso concreto e à natureza e quantidade das informações solicitadas. Embora o Regulamento n° 17 não contenha qualquer referência a prazos, cremos que a fixação do prazo deve obedecer a critérios semelhantes aos que se encontram previstos no artigo 11° do Regulamento n° 99/63. Referindo-se, nomeadamente, à fixação de prazos para a resposta à "comunicação de acusações" ou para a apresentação de observações de terceiros que tenham um interesse legítimo no

---

[23] Ver V. KORAH, *Narrow or Misleading Replies to Request for Information*, CLP, 1982, 3, 69.

24 *Os poderes de investigação da comissão*

caso, diz este artigo que a Comissão deverá tomar em consideração o tempo necessário para a apresentação das observações e a urgência do caso e que o prazo, que pode ser prorrogado, não será inferior a duas semanas [24].

Já quanto ao conteúdo das *decisões de pedido de informações* adoptadas pela Comissão, o Regulamento nº 17 estabelece critérios algo mais detalhados. Com efeito, nos termos do nº 5 do artigo 11º, deverão tais decisões obrigatoriamente:

— especificar as informações pedidas;

— fixar um prazo conveniente no qual a informação deverá ser prestada;

— indicar as sanções previstas no nº 1, alínea *c)*, do artigo 15º (coima) e no nº 1, alínea *c)*, do artigo 16º (sanção pecuniária compulsória), e

— indicar a possibilidade de recurso da decisão para o Tribunal.

Embora tal não seja especificado no texto do nº 5 do artigo 11º — ao contrário do seu nº 3 — a decisão deve também, de acordo com o artigo 190º do Tratado CE, indicar os seus fundamentos de direito e de facto. Saliente-se, no entanto, não ser necessária uma fundamentação exaustiva. Bastará que, para além da indicação da base jurídica, menção seja feita ao cumprimento dos deveres impostos pelo Tratado à Comissão (necessidade) e que seja referido de forma sumária o objecto do pedido de informações [25].

---

[24] O nº 3 do artigo 12º do Decreto-Lei nº 371/93 limita-se, a este propósito, a referir que a DGCeP deverá fixar *"os prazos que entenda razoáveis e convenientes"*.

[25] TJCE, acórdão de 14 de Abril de 1960, *Acciaierie e Tubificio di Brescia/Alta Autoridade*, procº 31/59, Colect. 1960, 151.

5. A notificação dos pedidos de informações

A decisão só produz efeitos depois de notificada ao seu destinatário, conforme o disposto no n° 3 do artigo 191° do Tratado CE, e não necessita de ser publicada. É considerada como notificada a decisão que *"entrou regularmente na esfera interna do destinatário..."* [26] ou que lhe foi comunicada e da qual ele pôde tomar conhecimento [27].

Se o pedido "simples" de informações — dado o seu carácter não obrigatório — não suscita problemas particulares quando a Comissão pretende utilizar os poderes que lhe são conferidos pelo artigo 11° para obter informações de empresas situadas fora do território comunitário [28], já o mesmo não se poderá dizer de uma decisão adoptada nos termos do n° 5 do mesmo artigo. A notificação de uma tal decisão implica a obrigatoriedade de prestar as informações solicitadas, sob pena da aplicação de sanções pecuniárias.

---

[26] TJCE, acórdão de 10 de Dezembro de 1957, *A.L.M.A./Alta Autoridade*, proc° 8/56, Colect. 1957, 179, 190.

[27] TJCE, acórdão de 26 de Novembro de 1985, *Cockerill-Sambre/ Comissão*, proc° 42/85, Colect. 1985, 3749. O Tribunal tem considerado que a decisão recebida nos escritórios da empresa destinatária deve ser considerada regularmente notificada, TJCE, despacho do Presidente de 4 de Novembro de 1984, *Metalgoi Spa/Comissão*, proc° 82/84, Colect. 1984, 2585; Tribunal de Primeira Instância das Comunidades Europeias (TPICE), acórdão de 29 de Maio de 1991, *Bayer/Comissão*, Colect. 1991, II-219. A existência de eventuais irregularidades na notificação de uma decisão, enquanto elemento estranho ao acto em si, não afecta a sua validade, cfr. TJCE, acórdão de 14 de Julho de 1972, *ICI/Comissão*, proc° 48/69, Colect. 1972, 630.

[28] No entender de J. BISCHOFF e R. KOVAR, *L'application du droit communautaire de la concurrence aux entreprises établies à l'extérieur de la Communauté*, JDI, Clunet, 1975, 675, 723, um pedido de informações, que não imponha qualquer obrigação, dirigido a uma empresa estrangeira sediada num país estrangeiro não constitui uma violação da soberania territorial do Estado onde a empresa se encontra sediada.

26   *Os poderes de investigação da comissão*

Sem pretender entrar na análise das complexas questões suscitadas pela aplicação do critério do efeito territorial no direito comunitário da concorrência e da sua compatibilidade com as regras de direito internacional público [29], cremos no entanto que o problema, no que à notificação das decisões diz respeito, deve ser relativizado.

Com efeito, tratando-se de empresas de países terceiros, as notificações são, em regra, efectuadas nas suas sucursais ou filiais estabelecidas no território comunitário. Nestes casos, o Tribunal de Justiça tem considerado que a empresa-mãe deve ser considerada como notificada a partir do momento que a filial ou sucursal pertencem à sua *"esfera interna"*. Do ponto de vista do direito internacional, no entender de B. GOLDMAN, *"o conhecimento certo e completo da decisão constitui uma exigência que se deve considerar satisfeita quando a empresa-mãe é informada através de um estabelecimento situado na Comunidade. Pela mesma razão, a notificação directamente enviada ao estrangeiro é regular, mesmo quando a decisão comunicada visa infligir uma sanção ao seu destinatário"* [30].

---

[29] No acórdão de 27 de Setembro de 1988 no caso "Wood Pulp" (*Ahlström e outros/Comissão*, proc°s apensos 89, 104, 114, 116, 117 e 125-129/85, Colect. 1988, 5193), o Tribunal de Justiça, depois de estabelecer uma distinção entre o lugar de celebração do acordo e o lugar onde este é aplicado, consagrou de forma clara o critério do "efeito territorial" ao considerar que o elemento determinante é o território onde o acordo é aplicado, independentemente da questão de saber se as empresas participantes agem ou não por intermédio de filiais ou representantes. Para uma análise do problema em geral ver, por todos, C. KERSE, cit., 236 e ss.; B. GOLDMAN, cit., 870 e ss.; J. BELLIS, *International Trade and the Competition Law of the European Economic Community*, 1979, CMLR, 16, 647; SLOT e GRABANDT, *Extraterritoriality and Jurisdiction*, 1986, CMLR, 23, 545.

[30] Cfr., B. GOLDMAN, cit., 885; contra, A. PLIAKOS, cit., 251 e ss.; ver, nomeadamente, TJCE, 14 de Fevereiro de 1972, *ICI/Comissão*, cit., considerandos 39 e 40; 14 de Julho de 1972, *Geigy/Comissão*, proc° 52/69, Colect. 1972, 787, considerando 11; 21 de Fevereiro de 1973, *Continental Can/Comissão*, proc° 6/72, Colect. 1973, 215, considerandos 10 e 12.

6. A protecção do segredo profissional [31]

As empresas e associações de empresas destinatárias de uma decisão de pedido de informações não poderão invocar a existência de segredos comerciais ou profissionais como justificação para a recusa de comunicar certos elementos ou documentos que lhe foram solicitados. Em contrapartida, a Comissão e as autoridades dos Estados-membros, bem como os seus funcionários e outros agentes, encontram-se obrigados, nos termos do artigo 214° do Tratado CE e do artigo 20° do Regulamento n° 17, a não divulgar as informações obtidas que, pela sua natureza, sejam abrangidas pelo segredo profissional [32].

A obrigação a que a Comissão se encontra submetida, nos termos do n° 2 do artigo 20°, de não comunicar as informações abrangidas pelo segredo profissional parece, à primeira vista, encontrar uma excepção na possibilidade de divulgar tais informações às outras partes interessadas no processo e aos terceiros a quem o artigo 19° do Regulamento n° 17 reconhece um direito de audiência (*"Sem prejuízo do disposto nos artigos*

---

[31] Fazemos uma breve referência ao segredo profissional, nesta secção, por ser esta a primeira fase do exercício dos poderes de investigação em que a questão é susceptível de se colocar. Sem prejuízo da abordagem diferente que faremos da questão na parte do nosso trabalho dedicada à protecção dos direitos fundamentais e dos direitos de defesa no direito comunitário da concorrência, as breves linhas que aqui escrevemos não serão repetidas quando analisarmos os inquéritos por sectores económicos e as inspecções. Sobre a questão da confidencialidade, ver B. GENESTE, *La confidentialité des documents recueillis au cours de l'enquête: le cas British Gypsum*, in *Droits de la défense et droits de la Commission...*, cit., 119 e ss.

[32] No direito português da concorrência, ver o n° 1 do artigo 19° do Decreto-Lei n° 371/93, nos termos do qual *"no exercício das suas competências, a Direcção-Geral de Concorrência e Preços guardará o mais rigoroso sigilo e observará as regras de confidencialidade a que está vinculada"*. Sobre a questão da protecção do segredo profissional no que respeita às informações recolhidas pela Comissão e transmitidas às autoridades dos Estados-membros, ver TPICE, acórdão de 12 de Dezembro de 1991, *SEP/Comissão*, proc° T-39/90, Colect. 1991, p. II-1497.

19º e 21º..."). Deverá, contudo, considerar-se que a necessidade de salvaguardar o legítimo interesse das empresas na protecção dos seus segredos comerciais — prevista no artigo 21º, nº 2, no que respeita à publicação das decisões — deverá aqui igualmente prevalecer.

Nesse sentido, o Tribunal de Justiça considerou que, em caso algum, a Comissão poderá comunicar a terceiros informações ou documentos que contenham segredos comerciais, sem obter o acordo prévio da empresa. Com efeito, segundo o Tribunal, se é à Comissão que compete apreciar se um determinado documento contém eventuais segredos comerciais, ela encontra-se, no entanto, impedida de o comunicar a terceiros sem dar previamente a possibilidade à empresa de interpor um recurso para o Tribunal contra uma decisão da Comissão de divulgar o conteúdo do referido documento [33].

---

[33] TJCE, acórdão de 24 de Junho de 1986, *AKZO/Comissão*, procº 53/85, Colect. 1986, 1965.

Secção II

OS INQUÉRITOS POR SECTORES ECONÓMICOS

Prevê o artigo 12º do Regulamento nº 17 que a Comissão pode decidir proceder a um inquérito geral num determinado sector económico e, no âmbito de tal inquérito, solicitar às empresas do sector as necessárias informações para a execução das tarefas que lhe estão confiadas na aplicação dos princípios enunciados nos artigos. 85º e 86º do Tratado CE.

A abertura do inquérito encontra-se sujeita a uma única condição prévia: a existência de razões que levem a presumir que, no sector económico em causa, a concorrência se encontra restringida ou falseada no mercado comum. A margem de manobra da Comissão é, nesta matéria, extremamente ampla. O próprio articulado, muito embora fixe alguns critérios que poderão servir de base a tal presunção — a evolução das trocas comerciais entre Estados-membros, as flutuações e a rigidez dos preços — não deixa de acrescentar a expressão *"outras circunstâncias"*, o que confere à Comissão um largo poder discricionário na sua apreciação.

Ao declarar, no seu nº 4, que é, nomeadamente, aplicável por analogia o disposto nos artigos 11º, 13º e 14º do mesmo regulamento, o artigo 12º estabelece quais os poderes de investigação que são atribuídos à Comissão para efeitos da realização de um inquérito num determinado sector económico. Na medida em que as regras aplicáveis ao pedido de informações já foram anteriormente expostas e que as relativas às

30 *Os poderes de investigação da comissão*

inspecções previstas no artigo 14º serão, de seguida, objecto de análise, prescindimos de as mencionar aqui e remetemos o leitor para as secções respectivas. Justifica-se, contudo, uma breve referência a três aspectos que, a nosso ver, merecem particular atenção.

Trata-se, em primeiro lugar, da possibilidade expressamente referida no nº 2 de solicitar a todas as empresas e grupos de empresas do sector a comunicação dos acordos, decisões de associações de empresas e práticas concertadas cuja notificação se encontra dispensada por força das disposições dos artigos 4º, nº 2, e 5º, nº 2, do mesmo regulamento. Embora a notificação dos acordos, decisões e práticas que preencham as condições mencionadas nestes artigos não seja obrigatória, nada impede a Comissão de, no exercício dos seus poderes de investigação, pedir às empresas as informações que considerar necessárias sobre esses mesmos acordos, decisões e práticas. No caso concreto do nº 2 do artigo 12º, a menção expressa da palavra *"nomeadamente"* — conjugada com a referência no nº 1 às *"informações necessárias para a aplicação dos princípios enunciados nos artigos 85º e 86º"* — afasta qualquer argumento no sentido de limitar os poderes da Comissão, nos inquéritos por sectores económicos, aos que se encontram especificamente previstos no próprio artigo 12º. Pensamos que a única razão para a inclusão desta disposição no articulado do artigo 12º é a de realçar que a não obrigatoriedade de notificação de certos acordos, decisões e práticas não impede a Comissão de solicitar informações sobre o seu conteúdo.

Deve igualmente ser considerada como referência meramente exemplificativa, que não limita os poderes gerais de investigação conferidos à Comissão, a que é feita, no nº 3 do artigo 12º, ao pedido dos elementos relativos à estrutura das empresas e ao seu comportamento, necessários para apreciar a sua situação face ao disposto no artigo 86º.

Saliente-se ainda a aplicação por analogia, no domínio dos inquéritos por sectores económicos, do disposto nos nºs. 3 a 6 do artigo 10º do mesmo regulamento que prevê a consulta do Comité Consultivo em matéria de acordos, decisões e práticas concertadas e de posições dominantes. C. KERSE considera que, em consequência da aplicação das referidas disposições do artigo 10º, a Comissão é obrigada a consultar o Comité antes de tomar qualquer decisão relativa a um inquérito geral, seja a de proceder a esse inquérito, seja a de lhe pôr fim. Temos algumas dificuldades em partilhar a sua opinião. O que está previsto no nº 3 do artigo 10º é que a consulta do Comité Consultivo deverá ter lugar *"antes da tomada de qualquer decisão na sequência de um processo nos termos do nº 1"* —isto é, na sequência de qualquer processo *"tendo em vista declarar verificadas infracções ao disposto no artigo 85º ou no artigo 86º do Tratado, ou obter um certificado negativo ou uma decisão de aplicação do nº 3 do artigo 85º"* — e *"de qualquer decisão respeitante à renovação, modificação ou revogação de uma decisão tomada nos termos do nº 3 do artigo 85º"*. Não nos parece ser este, manifestamente, o caso. Seria até dificilmente justificável que tal consulta fosse obrigatória antes da adopção de uma decisão de proceder a um inquérito geral, quando a Comissão pode dar início a qualquer processo, adoptar uma decisão de pedido de informações ou de realização de inspecções e enviar comunicações de acusações às empresas e associações de empresas sem proceder a essa mesma consulta.

Poder-se-á invocar, em sentido contrário, que, a exemplo dos artigos 15º, nº 3 (coimas), e 16º, nº 3 (sanções pecuniárias compulsórias), se trata de uma remissão expressamente referida no texto do artigo, constituindo dessa forma uma derrogação ao regime geral. Poder-se-ia ainda referir que, no quadro do Regulamento nº 19/65, o artigo 6º impõe à Comissão a obrigatoriedade de consultar o Comité Consultivo antes da publicação do projecto de um regulamento de isenção por categoria e da adopção do texto final do referido regulamento. No primeiro caso, trata-se, a nosso ver, de uma situação totalmente diferente. A decisão que impõe uma coima ou uma sanção pecuniária compulsória, mesmo se adoptada numa fase intermédia do processo — por exemplo, no caso de uma recusa de prestar informações exigidas mediante decisão — para além da sua natureza sancionatória, é uma decisão tomada na sequência de um processo na acepção do nº 1 do artigo 10º. No segundo caso, cremos ser evidente o paralelismo existente entre uma decisão de aplicação do nº 3 do artigo 85º do Tratado CE —ou as decisões que a visam modificar, renovar ou revogar — e um projecto de regulamento cujo objectivo é o de aplicar o mesmo nº 3 do artigo 85º a certas categorias de acordos.

Qual então a razão para a inclusão de tal remissão no articulado do artigo 12º?

A nosso ver, essa razão só poderá ser, a exemplo do regime geral previsto no artigo 10º, a de instituir a obrigatoriedade de consulta ao Comité Consultivo sempre que a Comissão tencione adoptar uma decisão <u>na sequência</u> da abertura de um inquérito geral. Com efeito, não sendo a eventual decisão de aplicação do artigo 85º do Tratado CE, tomada após o inquérito geral, uma *"decisão na sequência de um processo nos termos do nº 1 do artigo 10º"*, não estaria a Comissão, na falta de disposição em contrário, obrigada a proceder a essa consulta. Pensamos que a inexistência de uma tal <u>obrigação</u>, não impede, contudo, a Comissão de proceder a essa consulta, como aliás foi o caso nas duas decisões que mencionaremos de seguida.

Refira-se, por fim, que a utilização que a Comissão tem feito da possibilidade que lhe é conferida pelas disposições do artigo 12º tem sido até ao momento bastante limitada [34]. Com efeito,

---

[34] Razões atinentes, por um lado, a problemas de sobrecarga administrativa e, por outro lado, ao preenchimento das condições de aplicabilidade do artigo 12º, foram invocadas pela Comissão no seu 1º Relatório sobre a política de concorrência, 1972, ponto 124, como justificação para o limitado recurso à realização de "inquéritos gerais".

Os inquéritos por sectores económicos 33

são apenas conhecidos dois exemplos de abertura de tais inquéritos, respectivamente no sector das margarinas e no da cerveja [35].

---

[35] Para o primeiro, veja-se a decisão de 23 de Junho de 1965 e as referências no BCE n°s 8/1965, 35 e 8/1970, 6 69; para o segundo, ver decisão de 9 de Outubro de 1969, JO C 148 de 19 de Novembro de 1969, 3; na sequência deste último inquérito foram adoptadas três decisões com base no artigo 11°: Decisões de 18 de Junho de 1971, _Brasserie Espérance-Albra_, _Union des Brasseries_ e _Brasseries Maes_, todas publicadas no JO L 161 de 19 de Julho de 1971, respectivamente 2, 6 e 11. A Comissão tem, contudo, realizado outros inquéritos fora do âmbito do artigo 12°: comissões cobradas pelas instituições de crédito (ver decisão de 30 de Setembro de 1986, _Irish Banks' Standing Committee_, JO L 295 de 18 de Outubro de 1986, ponto 8., pág. 28) e empresas petrolíferas (5° Relatório..., 1976, ponto 9).

Secção III

OS PODERES DE INSPECÇÃO DA COMISSÃO

1. As inspecções previstas no artigo 14º do Regulamento nº 17 [36]

Ao prever que a Comissão pode proceder a todas as diligências de instrução necessárias junto das empresas e associações, o artigo 14º do Regulamento nº 17 estabeleceu dois tipos de inspecções: a inspecção com base num mandato escrito — artigo 14º, nº 2 — e a ordenada pela Comissão mediante a decisão prevista no nº 3 do mesmo artigo [37].

A principal diferença entre estes dois tipos de inspecção reside, não na extensão dos poderes de investigação que são conferidos aos agentes da Comissão — os seus poderes são, em qualquer das circunstâncias, os mencionados no nº 1 do artigo 14º — mas apenas na existência ou inexistência de uma obrigação de sujeição da empresa à diligência de instrução.

---

[36] No que ao direito nacional diz respeito, ver o artigo 23º do Decreto-Lei nº 371/93.

[37] O poder de inspecção, contrariamente ao de informação, não pode ser exercido junto dos Governos e autoridades competentes dos Estados membros. Isso não significa, todavia, que as empresas públicas ou as entidades dependentes do Estado que exerçam uma actividade de oferta de bens ou serviços no mercado — e que, como tal, devem ser consideradas como empresas para efeitos da aplicação do direito comunitário da concorrência — não sejam susceptíveis de constituir objecto de uma inspecção.

Com efeito, enquanto que nas inspecções previstas no nº 2 do artigo 14º as empresas não são obrigadas a sujeitar-se à diligência de instrução [38], na hipótese de inspecção ordenada mediante decisão o destinatário deve submeter-se obrigatoriamente à diligência, sob pena de ficar sujeito à aplicação das sanções previstas nos artigos 15º, nº 1, alínea c), e 16º, nº 1, alínea d) [39].

De entre as inspecções ordenadas mediante decisão será ainda possível estabelecer a existência de dois sub-tipos, a saber, as inspecções cuja realização é previamente comunicada à empresa e as chamadas "inspecções-surpresa", isto é, aquelas de que só é dado conhecimento às empresas da sua realização imediatamente antes do seu início.

O exercício do poder de efectuar "inspecções-surpresa", essencial para uma aplicação eficaz do direito comunitário da concorrência [40], suscitou as mais vivas reacções da parte das empresas e de certos sectores da doutrina [41]. Antes de 1979, as inspecções eram em geral notificadas com antecedência e os agentes da Comissão exerciam os seus poderes mediante a apresentação de um mandato escrito que especificava o objecto e a finalidade da diligência. Até essa altura, a adopção de decisões

---

[38] Contudo, tal como nos pedidos "simples" de informações, em caso de submissão à inspecção, a empresa está sujeita à aplicação da coima prevista no nº 1, alínea c), do artigo 15º, se apresentar de maneira incompleta os livros ou outros documentos profissionais que lhe forem solicitados.

[39] No direito português a oposição às diligências de instrução previstas no nº 1 do artigo 23º do Decreto-Lei nº 371/93 constitui contra-ordenação punível com coima de 100 000$00 a 10 000 000$00 (cfr. alínea a) do nº 4 do artigo 37º).

[40] Cfr. 9º relatório sobre a política de concorrência, Comissão das Comunidades Europeias, 1980, ponto 134.

[41] Cfr., nomeadamente, Observações escritas da IBM, in *House of Lords Select Committee on the European Communities*, 8th Report, Session 1981--1982, Minutes of evidence, 63; D. VAUGHAN e HALL, *The Law Society Gazette*, de 6 de Julho de 1976.

Os poderes de inspecção da comissão 37

com base no n° 3 do artigo 14° limitou-se, no essencial, aos poucos casos em que as empresas se recusavam a colaborar voluntariamente.

Esta prática da Comissão sofreu uma alteração importante no decurso dos últimos anos e, em particular, a partir de 1979. Desde essa data, o número de inspecções ordenadas por decisão tem aumentado constantemente, constituindo hoje em dia a regra em matéria de inspecções. As razões para a mudança de atitude da Comissão assentam, no essencial, em três factores:

— a não obrigatoriedade de submissão das empresas às inspecções a realizar com base num simples mandato, o que levou um número cada vez maior de empresas a recusar-se a prestar a sua colaboração;
— a existência de uma maior severidade por parte da Comissão na aplicação de coimas às empresas envolvidas em práticas restritivas da concorrência [42], o que fez com que as empresas evitassem pura e simplesmente a notificação dos acordos, decisões ou práticas em que se encontravam envolvidas ou, no caso em que tal notificação fosse feita, eliminassem qualquer referência às cláusulas mais restritivas;
— a anulação de certas decisões e a redução de algumas coimas pelo Tribunal de Justiça [43], por insuficiência dos elementos de prova, o que levou a Comissão, paralelamente ao aumento das garantias processuais oferecidas às empresas no decurso da instrução, a exercer plenamente os poderes que lhe foram conferidos pelo Regulamento n° 17.

---

[42] Cfr., nomeadamente, a coima de 4 350 000 unidades de conta —cerca de 800 mil contos — imposta na decisão *Pioneer*, JO 1979 L 60, p. 21, posteriormente reduzida para 2 milhões de unidades de conta pelo Tribunal de Justiça, acórdão de 7 de Junho de 1983, *Musique Diffusion Française/ Comissão*, proc° 100 a 103/80, Colect. 1983, 1825.

[43] Cfr., respectivamente, acórdãos de 21 de Fevereiro de 1973, *Continental Can*, cit., e de 13 de Fevereiro de 1979, *Hoffmann La Roche/ Comissão*, cit..

Os poderes de investigação da comissão

É, assim, na sequência dos desenvolvimentos a que acabamos de fazer referência, que a Comissão passa a efectuar, embora de forma não exclusiva, um número cada vez maior de inspecções ordenadas por via de decisão, sem prévia notificação à empresa.

O Tribunal de Justiça teve a oportunidade de se pronunciar, pela primeira vez, sobre a legalidade do exercício pela Comissão de tais poderes, no quadro de um recurso interposto pela empresa *National Panasonic* [44]. Tratava-se no essencial de saber, por um lado, se a Comissão se encontrava habilitada a proceder a uma tal inspecção ordenada por via de decisão sem previamente ter sido confrontada com a recusa da empresa em aceitar a realização de uma inspecção com base no n° 2 do artigo 14° e, por outro lado, em que medida poderia a Comissão adoptar essa decisão sem antes ter dado à empresa a possibilidade de se pronunciar sobre o seu conteúdo.

O Tribunal de Justiça considerou que o artigo 14° do Regulamento n° 17, ao contrário do seu artigo 11°, não prevê que o exercício dos poderes da Comissão seja efectuado em duas fases distintas e sucessivas. Tal diferença encontraria a sua justificação na própria natureza dos poderes de informação e de inspecção. Enquanto o primeiro pressupõe a colaboração das empresas e associações de empresas que detêm as informações que a Comissão necessita para o cumprimento dos deveres que lhe são impostos pelas regras do Tratado, o segundo tem precisamente por objectivo permitir *"controlar...a realidade e o alcance das informações que se encontram já na posse da Comissão..."* [45].

De igual modo, o Tribunal considerou que, não sendo o objectivo da inspecção o de pôr fim a uma eventual infracção às regras de concorrência do Tratado, mas tão só o de permitir

---

[44] TJCE, acórdão de 26 de Junho de 1980, *National Panasonic/Comissão*, proc° 136/79, Colect. 1980, 2040.

[45] Ibid, considerando 13.

Os poderes de inspecção da comissão 39

à Comissão recolher a documentação e os elementos necessários para determinar o alcance duma determinada situação de facto e de direito, seria apenas no quadro da eventual decisão de abertura de um processo, tal como previsto no Regulamento nº 99/63, que a empresa ou associação de empresas visada poderia invocar o direito de se pronunciar sobre as acusações contra ela formuladas [46].

Teremos a ocasião, no Capítulo seguinte, de analisar de forma mais aprofundada as diferentes questões relativas à compatibilidade do exercício do poder de inspecção que o artigo 14º do Regulamento nº 17 confere à Comissão com a protecção dos direitos de defesa. Interessa, por agora, estabelecer quais os requisitos a que deve obedecer o exercício de tal poder.

2. A *necessidade* da inspecção

A primeira condição definida pelo artigo 14º — a exemplo, aliás, do que se verifica em relação ao artigo 11º — é a do carácter *necessário* de tal inspecção para o cumprimento dos deveres impostos pelo Tratado à Comissão. No essencial, valem aqui os argumentos já aduzidos a propósito da necessidade do pedido de informações. Alguns aspectos, no entanto, merecem uma particular atenção.

Não obstante o artigo 14º não estabelecer que a Comissão deva encontrar-se previamente na posse de elementos de prova, parece-nos evidente que, tal como decorre do acórdão do Tribunal de Justiça no já referido caso "National Panasonic", nenhuma inspecção poderá ter lugar sem que a Comissão disponha já de elementos indiciadores da participação da empresa numa prática restritiva. É certo que o problema é essencialmente teórico. A partir do momento em que a Comissão não é obrigada a precisar as razões pelas quais decide optar por uma ou outra forma de investigação (seja um pedido de informações,

---

[46] Ibid, considerando 21.

40   *Os poderes de investigação da comissão*

seja uma inspecção "simples" ou uma inspecção-surpresa) e de que o próprio Tribunal reconheceu que é à Comissão que compete apreciar qual o instrumento mais adaptado ao desenrolar da investigação [47], um tal juízo de valor sobre a existência ou inexistência da *necessidade* repousa essencialmente sobre a Comissão. Salvo no caso extremo de manifesta inadequação da diligência instrutória à situação de facto, não nos parece que a questão venha a assumir alguma vez um relevo prático.

Muito embora a Comissão se encontre, nos termos do n° 1 do artigo 3° do Regulamento n° 17, habilitada a iniciar uma investigação por sua própria iniciativa, é em geral na sequência de uma queixa apresentada por terceiros ou da notificação de um acordo que é aberta a fase de inquérito pela Direcção-Geral da Concorrência (DG IV). Analisados os primeiros elementos do caso em questão pela divisão competente da DG IV encarregada de proceder à instrução, e considerada a oportunidade e a necessidade de se adoptar uma decisão de inspecção, um projecto é submetido pelos serviços da DG IV ao Serviço jurídico da Comissão a fim de recolher o seu parecer e, depois de obtido o seu acordo, enviado ao membro da Comissão responsável pelas questões de concorrência para posterior adopção da decisão [48].

3. O conteúdo da decisão de inspecção

A decisão adoptada com base no n° 3 do artigo 14° deverá indicar o seu objecto e a finalidade da diligência, a data em que esta se inicia, as sanções em que incorre a empresa em caso de não submissão à decisão ou de apresentação incompleta dos

---

[47] Cfr. acórdão de 18 de Maio de 1982, *AM & S*, cit..

[48] Até finais de 1984, competia exclusivamente aos serviços da Direcção "A" da DG IV — especialmente encarregada da fase investigatória dos processos — proceder às inspecções. Na sequência de uma reestruturação dos serviços da DG IV, o processo é agora conduzido desde o seu início pela divisão da DG IV competente em razão da matéria.

Os poderes de inspecção da comissão 41

livros e outros documentos profissionais e a possibilidade de recurso da decisão para o Tribunal [49].

A decisão deve ser expressa e suficientemente fundamentada. A indicação precisa do objecto da decisão e da finalidade da diligência constitui fundamentação suficiente na acepção do artigo 190° do Tratado. Não é necessário que a decisão mencione exaustivamente as razões e os factos que estiveram na origem da sua adopção, os eventuais indícios, elementos de prova ou informações na posse da Comissão, ou os motivos que justificam a preferência pelo tipo de inspecção escolhido [50]. De igual modo, a decisão de inspecção adoptada na sequência da recusa da empresa em submeter-se a uma inspecção com base num mandato escrito, não obriga a Comissão a responder aos argumentos eventualmente aduzidos pela empresa como justificação da sua recusa. A Comissão não poderia, com efeito, ser obrigada a fundamentar tal decisão com novos elementos que não lhe seriam exigíveis se tivesse adoptado directamente, como era seu direito, uma decisão com base no n° 3 do artigo 14° [51].

4. A não obrigatoriedade de publicação das decisões de inspecção

A exemplo das decisões de pedido de informações adoptadas com base no n° 5 do artigo 11°, também as decisões que ordenam a realização de uma inspecção não necessitam de ser

---

[49] O mandato escrito que habilita os agentes da Comissão a proceder à inspecção prevista no n° 2 do artigo 14°, para além da indicação do objecto e da finalidade da diligência, apenas deve mencionar a sanção a que se encontra sujeita a empresa ou associação de empresas no caso de apresentar de forma incompleta os livros e documentação exigidos.

[50] TJCE, acórdão no processo *National Panasonic*, cit., considerando 26, e despacho do Presidente do Tribunal de 26 de Março de 1987, *Hoechst/Comissão*, proc° 46/87-R, Colect. 1987, 1549, considerandos 27 e 28.

[51] Cfr. acórdão de 23 de Setembro de 1986, *AKZO/Comissão*, proc° 5/85, Colect. 1986, 2585, considerandos 19 e 20.

42 *Os poderes de investigação da comissão*

publicadas. Tal resulta, *a contrario*, do disposto no n° 1 do artigo 21° do Regulamento n° 17 que estabelece quais as decisões tomadas ao abrigo das disposições do referido regulamento que devem obrigatoriamente ser objecto de publicação. Isso não impede, no entanto, que, em certos casos, a Comissão publique, posteriormente à sua execução, certas decisões no Jornal Oficial, nomeadamente quando, tendo em conta certas particularidades que estiveram na origem da sua adopção, se pretende chamar a atenção das empresas para a interpretação de certas regras aplicáveis no domínio processual do direito comunitário da concorrência [52].

5. Os poderes dos agentes incumbidos pela Comissão de proceder a uma inspecção [53]

O artigo 14°, n° 1, do Regulamento n° 17 estabelece, de uma forma geral, quais os poderes de que se encontram investidos os agentes da Comissão incumbidos de proceder a uma inspec-

---

[52] Ver, entre outras, as Decisões de 31 de Janeiro de 1979, *Fides*, Milano, JO L 57 de 8 de Março de 1979, 33, e de 6 de Julho de 1979, *A.M. & S. Europe Ltd., Bristol*, JO L 199 de 7 de Agosto de 1979, 31. No seu acórdão de 15 de Julho de 1970, *ACF Chemiefarma/Comissão*, proc° 41/69, Colect. 1970, 661, considerando 44, o Tribunal de Justiça sublinhou que a publicação das decisões pode desempenhar um importante papel para assegurar o respeito das regras de concorrência do Tratado.

[53] Esta matéria encontra-se regulada, no direito nacional, no artigo 23° do Decreto-Lei n° 371/93. Nos termos do n° 1 deste artigo, a DGCeP, na âmbito da sua competência instrutória, goza, em regra, *"dos mesmos direitos e está submetida aos mesmos deveres dos órgãos de polícia criminal"*. Como teremos a ocasião de referir mais adiante, os funcionários da DGCeP dispõem de poderes mais alargados do que os conferidos aos agentes da Comissão Europeia incumbidos de proceder a uma inspecção, em particular no que diz respeito à busca de documentação que *"se encontre em lugar reservado ou não livremente acessível ao público"* [alínea c)]. A realização de tais buscas depende, todavia, de *"despacho da autoridade judiciária que autorize a sua realização, solicitado previamente pelo director-geral de Concorrência e Preços em requerimento devidamente fundamentado"* (n° 2).

Os poderes de inspecção da comissão   43

ção numa empresa ou associação de empresas. Tais poderes são os seguintes:

a) Inspeccionar os livros e outros documentos profissionais;
b) Tirar cópias ou extractos dos livros e documentos profissionais;
c) Solicitar localmente explicações verbais;
d) Ter acesso às instalações, terrenos e meios de transporte das empresas.

Justifica-se, no nosso entender, uma análise mais detalhada do conteúdo de cada um desses quatro poderes.

a) Inspeccionar os livros e outros documentos profissionais [54]

A noção de *"livros e outros documentos profissionais"* deve ser entendida em sentido amplo. Ela abrange igualmente toda a correspondência de carácter não privado, notas e memorandos internos, actas e relatórios de reuniões internas ou com representantes de outras empresas [55], bem assim como gravações, fotografias ou quaisquer documentos contidos em suportes informáticos [56].

Não existe, pelo contrário, qualquer obrigação para as empresas de conservarem, a exemplo do que se passa no domínio fiscal, certos livros e documentos profissionais destinados a serem examinados no quadro da aplicação do direito comuni-

---

[54] Ver, no caso português, a alínea *c)* do nº 1 do artigo 23º do Decreto-Lei nº 371/93.

[55] Ver, neste sentido, Decisão de 27 de Outubro de 1982, *Fédération Nationale des Industries de la Chaussure en France (FNICF)*, JO L 319 de 16 de Novembro de 1982, 12.

[56] C. KERSE, cit., 100, nota 128, menciona — a título de exemplo e referindo-se ao direito inglês — que no caso *Barker* v. *Wilson*, [1980] 2 All ER, 81, um microfilme foi considerada como fazendo parte dos "livros do banqueiro", na acepção da secção 9 do *"Banker's Books Evidence Act"* de 1979.

44 *Os poderes de investigação da comissão*

tário da concorrência. Nada impede, portanto, que as empresas adoptem uma prática de destruição sistemática dos documentos eventualmente comprometedores ou que os conservem fora das suas instalações, nomeadamente num banco ou no escritório dos respectivos advogados.

Se a destruição prematura de certos documentos pode dar azo a suspeitas e a um eventual pedido de informações sobre o respectivo conteúdo e a razão do seu desaparecimento, parece-nos no entanto que, mesmo que a Comissão disponha de elementos que provem ter tido essa destruição por objectivo eliminar todo e qualquer rasto sobre a participação da empresa em práticas restritivas da concorrência, um tal comportamento, na falta de uma obrigação legal de conservar esses mesmos documentos, não é por si só susceptível de justificar a imposição de uma sanção. Contudo, se a existência e o conteúdo desses livros e documentos resultar de forma clara de outros elementos de prova obtidos pela Comissão, a destruição voluntária poderá, a nosso ver, ser tomada em consideração para efeitos da determinação do montante da coima que eventualmente venha a ser aplicada à empresa.

Diferente será o caso quando tais documentos comprometedores se encontrarem guardados em lugar não acessível, nomeadamente fora das instalações da empresa. O facto de o Regulamento nº 17 apenas conferir aos agentes da Comissão o poder de aceder às instalações, terrenos e meios de transporte das empresas, não significa que estas não sejam obrigadas a fornecer para exame todo e qualquer documento que lhes seja solicitado [57]. Compete, com efeito, aos agentes da Comissão

---

[57] Neste sentido, ver as Decisões de 27 de Julho de 1977, *Stahlwerke Röchling Burbach GmbH*, JO L 243 de 22 de Setembro de 1977 — esta no âmbito do Tratado CECA — e de 20 de Dezembro de 1979, *Fabbrica Pisana*, JO L 75 de 21 de Março de 1980, 30; ver igualmente J. JOSHUA, *The Element of Surprise; EEC Competition Investigations under Article 14 (3) of Regulation 17*, ELR, 3, 1983, 10; contra GLEISS, HIRSCH, *Kommentar zum EWG Kartellrecht*, (3ª ed.), 1978, 507.

Os poderes de inspecção da comissão 45

determinar quais os livros e documentos profissionais a examinar. Com uma única excepção — a da protecção do carácter confidencial das comunicações entre a empresa e o seu advogado [58] — a empresa não pode invocar a natureza confidencial dos documentos cujo exame é solicitado. A confidencialidade das informações obtidas na sequência de uma inspecção, que pela sua natureza estejam abrangidas pelo segredo profissional, encontra-se garantida pela obrigação que impende sobre a Comissão, os seus funcionários e outros agentes, e sobre as autoridades competentes dos Estados-membros, de não divulgar essas informações [59].

Se são os agentes da Comissão que decidem quais os livros e documentos a examinar, esse facto não impede, no entanto, que, tal como consta do ponto 9 da nota explicativa que é entregue ao representante da empresa antes da realização da inspecção, a empresa possa chamar a atenção dos agentes da Comissão para outros documentos ou informações que ela considere úteis para o completo esclarecimento da verdade.

Diferente é ainda a questão de saber qual é a força probatória de certos documentos, encontrados numa determinada empresa e por esta elaborados, susceptíveis de envolver a responsabilidade de outras empresas. Não obstante a cautela de que a Comissão faz prova quando na presença de tais elementos, têm sido tomados em consideração para a determinação do envolvimento das empresas em certas práticas restritivas, aqueles — em particular, notas e memorandos internos relativos

---

[58] Cfr. TJCE, acórdão de 18 de Maio de 1982, *A.M. & S.*, cit., ver infra, Capítulo II.

[59] Ver os artigos 20° do Regulamento n° 17 e 214° do Tratado CE; ver igualmente a Decisão de 31 de Janeiro de 1979, *Fides*, cit., 33. A obrigação de respeito dos segredos profissionais contidos em certos documentos é, como acima referimos, atenuada em relação a um terceiro queixoso quando a comunicação desses documentos, ou dos elementos deles constantes, for necessária para o bom desenrolar do processo, TJCE, 24 de Junho de 1986, *AKZO/Comissão*, proc° 53/85, cit., cons. 29.

46 *Os poderes de investigação da comissão*

à realização de reuniões — onde são mencionadas, de forma clara e evidente, as declarações das empresas participantes [60].

b) Tirar cópias ou extractos dos livros e documentos profissionais

As empresas não se encontram formalmente obrigadas a facilitar a realização de fotocópias dos livros e documentos examinados. Na prática, contudo, as empresas não põem qualquer objecção à utilização das suas fotocopiadoras pelos agentes da Comissão. Frequentes vezes, aliás, as empresas permitem mesmo que um ou mais dos seus funcionários colabore na feitura das fotocópias e aproveite para fazer um segundo jogo de cópias para uso interno, o que lhes facilita um melhor controlo sobre o conteúdo dos elementos de prova na posse da Comissão. Conforme consta do ponto 8 da nota explicativa já acima mencionada, as empresas podem solicitar à Comissão a realização de um inventário, devidamente assinado, de todos os livros e documentos fotocopiados e o pagamento das fotocópias efectuadas.

c) Solicitar localmente explicações verbais

Determinar qual a verdadeira dimensão do poder de pedir explicações verbais no decurso de uma inspecção é uma questão que tem suscitado alguma controvérsia [61].

Certos autores consideram que as explicações solicitadas devem necessariamente limitar-se ao conteúdo dos livros e

---

[60] Ver nomeadamente a Decisão de 23 de Abril de 1986, *Polipropileno*, JO L 230 de 18 de Agosto de 1986, 1.

[61] Situação diferente é a que se verifica no direito português. Com efeito, o artigo 23° do Decreto-Lei n° 371/93 prevê expressamente que os funcionários devidamente mandatados — por credencial emitida pelo director-geral de Concorrência e Preços — podem *"inquirir os representantes legais das empresas ou associações de empresas envolvidas, bem como solicitar-lhes documentos e outros elementos de informação...convenientes ou necessários para o esclarecimentos dos factos"* [cfr. n° 1, alínea a)].

Os poderes de inspecção da comissão 47

documentos profissionais objecto de exame [62]. Caso assim não fosse, a Comissão encontrar-se-ia, por essa via, habilitada a contornar as disposições do artigo 11º do Regulamento nº 17 e a privar as empresas das garantias que lhe são reconhecidas por este artigo — nomeadamente as que resultam do facto de a Comissão apenas poder adoptar uma decisão exigindo a comunicação de certas informações, depois de o respectivo destinatário não ter respondido, ou tê-lo feito de forma incompleta, a um primeiro pedido de informações que lhe tenha sido dirigido. Outros sectores da doutrina têm-se manifestado no sentido de que as explicações verbais pedidas podem ser mais amplas, desde que relacionadas com o objecto da investigação [63].

A resposta a esta questão não é simples. Parece-nos claro que o objectivo do poder conferido aos agentes da Comissão não é o de permitir que, no decurso da inspecção, possam ser colocadas perguntas de carácter geral cuja resposta exija uma análise cuidada e uma eventual recolha de informações complementares. Por outro lado, estamos em crer que limitar a possibilidade de solicitar explicações ao conteúdo específico dos livros e documentos examinados constituirá interpretação demasiado restritiva da norma. Esta posição, defendida pelo Advogado-geral WARNER no caso "National Panasonic" [64], não foi inteiramente seguida pelo Tribunal de Justiça no seu acórdão. Com efeito, se o Tribunal considerou que a existência de um poder de colocar, no decurso de uma inspecção, questões específicas suscitadas pelo conteúdo dos livros e documentos examinados não era suficiente para concluir que uma inspecção prossegue os mesmos objectivos que o pedido de informações

---

[62] Cfr. J. THIESING, H. SCHRÖTER e I. HOCHBAUM, cit., 529; A. PLIAKOS, cit., 266.

[63] Cfr. B. GOLDMAN, cit., 739 e J. FERRY, *Procedures and Powers of the EEC Commission in Anti-Trust Cases*, EIPR, 1979, 126.

[64] TJCE, acórdão de 26 de Junho de 1980, *National Panasonic*, cit., 2040.

previsto no artigo 11° do Regulamento n° 17, daí não se poderá, no entanto, inferir que o Tribunal de Justiça tenha considerado que a possibilidade de solicitar explicações verbais se esgote nessas questões específicas.

Sem prejuízo do respeito das garantias constantes do artigo 11°, pensamos que o poder de pedir explicações verbais deve englobar, para além de todas as informações necessárias sobre o conteúdo dos livros e documentos a examinar — nomeadamente sobre a utilização de determinados símbolos, abreviaturas, nomes em código, referências a pessoas, etc. — a possibilidade de solicitar igualmente indicações sobre a existência ou inexistência, o sistema de arquivo e a localização desses mesmos livros e documentos [65]. Temos, contudo, dúvidas sobre a legitimidade de colocar, por outras vias que não sejam as previstas no artigo 11°, questões sobre aspectos que, embora no âmbito das práticas objecto de investigação tal como definidas na decisão da Comissão, apenas indirectamente resultem da análise dos elementos de prova encontrados nas instalações da empresa. Tal seria, por exemplo, o caso de perguntas que tivessem por objectivo obter informações sobre reuniões cuja realização se encontrava prevista num determinado documento mas das quais não foi encontrada qualquer referência.

Resta saber quais as pessoas que se encontram obrigadas a fornecer as explicações verbais solicitadas no decurso da inspecção. Invocando o disposto no n° 4 do artigo 11° — *"São obrigados a fornecer as informações pedidas os titulares das empresas ou seus representantes e, no caso de pessoas colectivas, de sociedades ou de associações sem personalidade jurídica, as pessoas encarregadas de as representar, segundo a lei ou os estatutos"* — certos autores têm considerado que apenas as pessoas encarregadas, nos termos da lei ou dos estatutos, de representar a empresa — ou os altos funcionários

---

[65] Neste sentido, ver C.KERSE, cit., 105.

Os poderes de inspecção da comissão 49

desta nomeados para a representar — estão obrigadas a fornecer essas explicações [66].

Manifestando opinião diferente, outros autores têm-se orientado mais no sentido de considerar que o funcionário especialmente encarregado do sector de actividade da empresa objecto de investigação ou aquele que seja responsável pela elaboração de um determinado documento deve poder ser interrogado pelos agentes da Comissão a fim de, dentro dos limites acima definidos, lhes fornecer as explicações necessárias sobre a localização ou o conteúdo de certos documentos a examinar ou em curso de exame [67].

Partilhamos, no essencial, esta última opinião. O legítimo direito — e, diríamos mesmo, o dever — que assiste às empresas de nomear um ou mais representantes para acompanharem os agentes da Comissão e fornecerem-lhes as indicações necessárias não impede que certas questões concretas possam ser colocadas a um outro funcionário especialmente responsável por um sector específico de actividade, sem que tal possa ser considerado como conferindo um poder geral de interrogar os funcionários da empresa.

É certo que na já referida Decisão "Fabbrica Pisana" [68], a Comissão considerou que é às empresas que compete designar quais os seus representantes que acompanharão os agentes da Comissão e lhes fornecerão as eventuais explicações pedidas. Mas tal afirmação não pode ser deslocada do seu contexto. Tratava-se, com efeito, de responder ao argumento invocado pela empresa na sua defesa contra a acusação de ter violado a alínea *c)* do n° 1 do artigo 15° do Regulamento n° 17 — apresentação de forma incompleta dos livros e documentos

---

[66] Ver A. PLIAKOS, cit., 266, e V. KORAH, citada por J. JOSHUA, cit., 12, nota 46.

[67] Cfr. J. JOSHUA, cit., 12, e J. DAVIDOW, *Fact-Finding Procedures in Competition Cases: An American Critique*, CMLR, 1977, 14, 181.

[68] Cit., 32 e 33, mencionada em favor da sua tese por A. PLIAKOS, cit., 266.

50   *Os poderes de investigação da comissão*

profissionais. A empresa apresentava como justificação o facto do seu representante (director de vendas) apenas há pouco tempo se encontrar no desempenho dessas funções, o que o impedia de estar inteiramente ao corrente das práticas objecto de investigação. A posição da Comissão deve ser interpretada no sentido de que tal argumento não poderá ser aceite como causa justificativa, dado não ser aos agentes que realizam a inspecção que compete escolher o representante da empresa. Refira-se, ainda que, a solicitação da empresa, ou por iniciativa dos agentes da Comissão, o conteúdo das explicações fornecidas será registado em acta da qual uma cópia ficará na posse da empresa.

d) Ter acesso às instalações, terrenos e meios de transporte das empresas

O direito de acesso a todas as instalações, terrenos e meios de transporte das empresas, conferido aos agentes da Comissão, constitui uma condição prévia do exercício eficaz dos restantes poderes acima descritos. Não teria sentido, por exemplo, habilitar a Comissão a inspeccionar os livros e documentos profissionais, se a possibilidade de aceder aos diferentes locais das empresas onde tais livros e documentos se encontram guardados não lhe fosse garantida. Contudo, este direito de acesso não é ilimitado. Estão, obviamente, excluídos da noção de *"instalações, terrenos e meios de transporte das empresas"*, as residências privadas dos seus directores e demais funcionários, os estabelecimentos bancários e os escritórios de advogados onde sejam conservados certos documentos que apresentem um interesse particular para a investigação conduzida pela Comissão [69].

---

[69] A. PLIAKOS, cit., 266, engloba igualmente na noção de instalações, terrenos e meios de transporte das empresas às quais os agentes da Comissão não têm um direito de acesso, "os locais privados que se situem no interior do espaço ocupado pela empresa". Não temos qualquer dúvida em partilhar a sua opinião no que diz respeito, por exemplo, às residências que certas empresas põem à disposição dos seus altos funcionários nos terrenos

Mas os limites ao direito de acesso de que gozam os agentes da Comissão incumbidos de realizar uma inspecção não se esgotam na interpretação da noção de *"instalações, terrenos e meios de transporte das empresas"*. Se é certo que o nº 3 do artigo 14º do Regulamento nº 17 estipula que as empresas e associações de empresas *"são obrigadas a sujeitar-se às diligências de instrução que a Comissão tenha ordenado mediante decisão"*, não se conclua, no entanto, que a conjugação dessa obrigação de sujeição por parte das empresas com o direito de acesso dos agentes da Comissão confere a estes um direito de forçar a entrada. Em caso de oposição da empresa à realização da inspecção é ao Estado-membro em cujo território deva efectuar-se a diligência de instrução que, nos termos do nº 6 do mesmo artigo 14º, compete prestar, como veremos, a assistência necessária para permitir aos agentes da Comissão executar as diligências ordenadas por decisão.

Por outro lado, os poderes atribuídos aos agentes da Comissão também não conferem a estes — como teremos a ocasião de ver — um qualquer poder de busca ou de apreensão dos livros e documentos a examinar[70]. Compete às empresas proceder à abertura dos gabinetes, armários, arquivadores e secretárias e colocar os documentos profissionais solicitados à disposição dos agentes da Comissão. A sua recusa em colaborar é passível das sanções previstas nos artigos 15º (coimas) e 16º (sanções pecuniárias compulsórias) do Regulamento nº 17.

---

ocupados pela própria empresa, ou aos veículos particulares por estes utilizados. Não cremos, contudo, que tal entendimento se justifique em relação aos veículos da empresa confiados aos funcionários. Por outro lado, se os agentes da Comissão não podem invocar um direito de acesso aos locais que não sejam considerados "instalações, terrenos e meios de transporte das empresas", isso não significa que eles não tenham o direito de exigir da empresa a apresentação dos livros e documentos profissionais que se encontrem guardados em locais cujo acesso lhes esteja vedado (cfr., neste sentido, C. KERSE, cit., 108, e J. JOSHUA, cit., 10).

[70] Ao contrário do que se verifica no direito português da concorrência, cfr. alínea *c)* do nº 1 do artigo 23º do Decreto-Lei nº 371/93.

6. O exercício dos poderes de investigação pelos agentes da Comissão no decurso de uma inspecção

Cada inspecção tem as suas características próprias em função das particularidades que cada caso individual apresenta. Os agentes da Comissão deverão poder, no respeito das garantias e dos direitos das empresas, conduzir a inspecção da forma que lhes pareça a mais adequada às circunstâncias. Não seria, assim, apropriado estabelecer regras rígidas quanto à forma de exercício dos poderes conferidos aos agentes da Comissão pelo nº 1 do artigo 14º do Regulamento nº 17.

É, no entanto, possível definir as grandes linhas de actuação dos agentes da Comissão aquando da realização de uma inspecção não notificada previamente, as chamadas "inspecções-surpresa" que tantas objecções suscitaram há alguns anos. Saliente-se, contudo, que, à excepção dos momentos que antecedem o início da inspecção e do espírito de colaboração das empresas, não existem diferenças substanciais entre os três tipos de inspecção permitidos pelo artigo 14º do Regulamento nº 17: as inspecções efectuadas com base num simples mandato escrito, as inspecções ordenadas mediante decisão previamente comunicada à empresa e as inspecções ordenadas por decisão sem prévia notificação.

Os agentes da Comissão — em regra geral, dois ou três, acompanhados por um representante das autoridades nacionais que têm por missão, nos termos do nº 5 do artigo 14º, prestar-lhes assistência no cumprimento das suas tarefas — identificam-se na recepção e solicitam a presença de um membro da administração, da direcção ou do contencioso da empresa. Logo que recebidos pelo representante da empresa, comunicam-lhe o objectivo da visita e deixam ao seu critério a escolha do local mais apropriado para proceder à notificação da decisão que ordena a inspecção e ao cumprimento das formalidades necessárias. Após a entrega da decisão ao representante da empresa, os agentes da Comissão solicitam-lhe que proceda à leitura da mesma, bem como da nota informativa que a acompanha, e comunicam-lhe a sua disponibilidade para fornecer as necessárias explicações, sem contudo aceitar qualquer discussão quanto à legalidade ou oportunidade da decisão. A empresa, na pessoa do seu representante — ao qual é deixado um curto lapso de tempo para, se necessário, contactar a direcção — é em seguida convidada a declarar se está disposta a submeter-se à diligência de instrução. No caso de a empresa declarar de forma clara e inequívoca que não deseja submeter-se à decisão, os agentes da Comissão — que não se encontram habilitados a efectuar a inspecção contra a vontade da empresa — comunicam-lhe que tal recusa é passível das sanções previstas nos artigos 15° e 16° do Regulamento n° 17 e que será solicitada a assistência do Estado-membro, conforme estipulado no n° 6 do artigo 14°, a fim de que lhes seja permitido executar a diligência de que foram incumbidos.

Caso a empresa não disponha de um consultor jurídico nos seus quadros de pessoal, ou caso este se encontre ausente, os agentes da Comissão podem aguardar pela chegada de um consultor jurídico ou advogado exterior. Contudo, esse período de espera não poderá ser de natureza a atrasar a realização da inspecção de uma forma susceptível de comprometer o seu efeito útil. Na realidade, tudo depende das circunstâncias que envolvam o caso particular e da existência de um maior ou menor risco de desaparecimento dos documentos a examinar.

Após a empresa se ter declarado disposta a submeter-se à inspecção, os agentes da Comissão pedem para ser conduzidos ao(s) gabinete(s) do(s) funcionário(s) competente(s) para os sectores de actividade da empresa objecto da inspecção ou aos arquivos onde os livros e documentos a consultar se encontram guardados. Está excluída a possibilidade de deixar ao critério da empresa a escolha dos documentos a apresentar. Os agentes da Comissão e o funcionário da autoridade nacional que lhes presta assistência, acompanhados de um representante da empresa, podem agir separadamente, a fim de repartir de forma mais eficaz o trabalho de consulta. No decurso da inspecção podem ser pedidas explicações verbais quanto à localização dos gabinetes e dos arquivos e respectivo conteúdo, a certas menções encontradas nos documentos ou sobre os métodos seguidos pela empresa para o seu arquivo. O objectivo de tais questões é essencialmente o de permitir uma mais rápida realização da inspecção. Em caso de não colaboração da empresa é prática corrente não insistir em obter uma resposta.

Analisado o conteúdo dos diferentes livros e documentos profissionais, respeitantes ao sector de actividade objecto da inspecção, com o objectivo de verificar quais os que apresentam um interesse relevante para a investigação em curso, o agente da Comissão solicita que lhe seja facultado fazer as fotocópias necessárias e convida a empresa a fazer ela própria um segundo conjunto de fotocópias. No final da inspecção é lavrada uma acta, por iniciativa da Comissão ou a pedido da empresa, na qual ficarão consignadas as eventuais observações por esta formuladas.

7. A oposição à realização da inspecção

Não obstante, como acima dissemos, a oposição ao exercício dos poderes conferidos aos agentes da Comissão pelo artigo 14º do Regulamento 17 constituir uma excepção, tal não significa que essa oposição não se manifeste por vezes e em diferentes graus. Com efeito, para além da recusa pura e simples à realização da inspecção, outros comportamentos podem constituir um obstáculo ao desempenho das funções de que estão incumbidos os agentes da Comissão. É o caso, nomeadamente, da apresentação por forma incompleta dos livros ou documentos profissionais exigidos ou da recusa em facilitar o acesso a um determinado gabinete ou armário em que se encontram arquivados certos documentos relativos ao assunto objecto da inspecção.

Os poderes de inspecção da comissão   55

Saber em que medida tais comportamentos devem ou não ser considerados como uma recusa à realização da inspecção é igualmente uma questão que depende da análise do caso concreto. O critério a seguir parece-nos dever ser o do eventual comprometimento do efeito útil da inspecção. A diferença entre a recusa em submeter-se à inspecção e a simples oposição ao desenrolar normal dessa mesma inspecção não é uma mera questão de estilo. Enquanto a primeira pode dar lugar à imposição da coima e da sanção pecuniária compulsória, previstas respectivamente nos artigos 15°, n° 1, alínea *c)*, e 16°, n° 1, alínea *d)*, a segunda apenas é passível de coima. O montante desta é, aliás, fixado tendo em consideração, nos termos do terceiro parágrafo do n° 2 do artigo 14°, a gravidade da infracção.

Ao contrário, o problema da recusa absoluta da empresa em aceitar a realização da inspecção ordenada por via da decisão prevista no n° 3 do artigo 14° é um problema relativamente novo. Com efeito, e muito embora já no passado ele se tivesse colocado de forma mitigada [71], só mais recentemente assumiu

---

[71] Com efeito o Reino Unido, invocando o facto de que o Regulamento n° 17 outorga direitos e impõe obrigações que são directamente aplicáveis sem necessidade de quaisquer medidas complementares, nunca adoptou as medidas previstas no n° 6 do art. 14°. Encontra-se, contudo, previsto que, em caso de oposição da empresa, o *"Attorney General"*, a pedido das autoridades competentes, solicite da *"High Court"* uma *"ex parte order"* obrigando a empresa em questão a submeter-se à inspecção ordenada pela Comissão; no único caso conhecido em que uma empresa se recusou submeter-se à inspecção ordenada, foi efectivamente obtida uma *"ex parte order"*, mas a empresa abandonou entretanto a sua atitude de recusa. A emissão de uma tal *"ex parte order"* não envolve qualquer apreciação da fundamentação da decisão ou dos elementos ou informações cuja posse é invocada pela Comissão. O Tribunal limita-se a uma apreciação formal e a certificar a decisão. O desrespeito da "ex parte order" da *"High Court"* é considerado como *"contempt of Court"*. Sobre o conceito de *"contempt of Court"* e a sua função coercitiva, ver, nomeadamente, J. CALVÃO DA SILVA, *Cumprimento e sanção pecuniária compulsória,* Coimbra, 1987, 382 e ss.

56 *Os poderes de investigação da comissão*

uma importância particular, na sequência dos factos ocorridos na Alemanha aquando da inspecção que se deveria realizar nas instalações da empresa alemã *Hoechst*.

Na sequência da análise de certos elementos na sua posse, e em razão de uma forte suspeita da participação desta empresa em determinados acordos e/ou práticas concertadas relativos à fixação de preços e de quotas de mercado no sector do PVC e do polietileno, a Comissão, após informação e consulta do *Bundeskartellamt*, autoridade nacional competente no território alemão, adoptou em 15 de Janeiro de 1987 uma decisão com base no n° 3 do artigo 14° do Regulamento n° 17 ordenando a realização de uma inspecção nas instalações da referida empresa. A decisão foi notificada pessoalmente pelos agentes da Comissão, acompanhados de um funcionário nacional, no dia 20 de Janeiro do mesmo ano. Confrontada com a recusa da empresa "Hoechst" em sujeitar-se a uma inspecção ordenada por decisão, a Comissão solicitou às autoridades alemãs a assistência necessária e obteve a garantia de que, se necessário com a ajuda das forças policiais, o acesso dos seus agentes às instalações e móveis de escritório da empresa seria facilitado. Contudo, as autoridades alemãs recusaram-se a exercer quaisquer poderes de busca, dado a lei alemã de aplicação do Regulamento n° 17 não lhes conferir tais poderes sem um mandato de busca. A empresa obteve, entretanto, a 23 de Janeiro, do Tribunal de Frankfurt, a suspensão do despacho que autorizava o Bundeskartellamt a tomar as providências necessárias para a realização da inspecção. O *Bundeskartellamt*, por sua própria iniciativa, solicitou, em 6 de Fevereiro, ao *Amtsgericht* de Frankfurt a emissão de um mandato de busca, mandato esse que lhe foi negado por decisão de 12 do mesmo mês, com base na ausência de quaisquer elementos susceptíveis de permitir a esse Tribunal apreciar a existência de uma presunção de participação da empresa Hoechst nos referidos acordos ou práticas contrárias ao artigo 85° do Tratado de Roma. Simultaneamente, a empresa "Hoechst" interpôs, no Tribunal de Justiça, um

Os poderes de inspecção da comissão

57

recurso de anulação contra a decisão que ordenava a realização da inspecção e, ao abrigo do artigo 186º, apresentou um pedido de medidas provisórias com vista à suspensão da referida decisão, invocando nomeadamente vícios de forma e a violação do direito fundamental à inviolabilidade do domicílio [72].

8. A intervenção das autoridades competentes dos Estados-membros

Nos termos do nº 4 do artigo 14º do Regulamento nº 17, como já tivemos oportunidade de referir, a Comissão é obrigada, antes de adoptar a decisão, a ouvir a autoridade competente do Estado-membro [73], em cujo território deva efectuar-se a inspecção. Em geral, a par da cópia do projecto de decisão que é enviada à autoridade nacional, os funcionários da Comissão encarregados da instrução comunicam igualmente as circunstâncias que envolvem o caso em questão e os motivos que justificam a necessidade da realização da inspecção.

Se é certo que a autoridade nacional não dispõe de um qualquer poder de veto, não se conclua, contudo, que se trata de uma mera formalidade [74]. As eventuais objecções suscitadas

---

[72] Por despacho de 26 de Março de 1987 do Presidente do Tribunal de Justiça, foi rejeitado o pedido de medidas provisórias por não se considerar justificado a suspensão dessas decisões. Por acórdão de 21 de Setembro de 1989, o Tribunal de Justiça rejeitou o recurso interposto pela empresa Hoechst contra a decisão da Comissão, em termos que teremos a oportunidade de analisar no Capítulo seguinte.

[73] No caso português, trata-se da Direcção-Geral de Concorrência e Preços, nos termos do nº 2 do artigo 12º do Decreto-Lei nº 371/93. Antes da entrada em vigor deste diploma, ver o Despacho Normativo nº 59/87 de 9 de Julho, Diário da República, Iª Série, nº 155, 2699.

[74] Ver a questão parlamentar nº677/79, JO C 310, 1979, p. 31. As autoridades nacionais são informadas por escrito, com uma antecedência mínima de duas semanas, salvo em caso de particular urgência; neste caso, a consulta das autoridades nacionais poderá igualmente ser feita por via telefónica, sem que tal facto seja susceptível de afectar a regularidade do processo, dado

58   *Os poderes de investigação da comissão*

serão tomadas em consideração e serão comunicadas ao membro da Comissão responsável pelas questões de concorrência, a fim de serem devidamente ponderadas no momento da adopção da decisão.

De igual modo, em caso de realização da inspecção prevista no nº 2 do artigo 14º, a Comissão deve informar de tal facto, em tempo útil antes da diligência, a autoridade competente do Estado-membro em cujo território a mesma deva efectuar-se, indicando igualmente a identidade dos agentes encarregados de proceder à inspecção.

A intervenção das autoridades competentes dos Estados--membros, no que diz respeito à realização das inspecções previstas no Regulamento nº 17, não se limita, contudo, à sua audição ou informação prévia. Com efeito, as autoridades nacionais podem igualmente ser chamadas a intervir de três formas diferentes: seja indicando, por sua própria iniciativa ou a pedido da Comissão, os seus agentes que acompanharão os inspectores da Comissão no cumprimento das suas tarefas; seja procedendo elas próprias, a pedido da Comissão, à realização das inspecções; seja ainda prestando aos agentes da Comissão, em caso de oposição de uma empresa à inspecção ordenada pela decisão prevista no nº 3 do artigo 14º, a assistência necessária para lhes permitir executar essa diligência.

A realização das inspecções pelas autoridades competentes dos Estados-membros encontra-se prevista no artigo 13º do Regulamento nº 17. Os agentes da autoridade nacional encarregados de proceder à diligência gozam dos mesmos poderes que os reconhecidos aos agentes da Comissão e deverão exercê-los

---

que a existência de documento escrito não constitui condição necessária da regularidade da audição da autoridade nacional competente. No entender do Tribunal de Justiça — cfr. o acórdão no caso *AKZO*, procº 5/85, cit., considerando 24 — a Comissão deve estar habilitada a tomar a decisão prevista no nº 3 do artigo 14º sem estar sujeita a requisitos formais que provocariam um atraso na adopção das medidas; ver igualmente, HLSC, Session 1983--1984, 18th Report, Memorandum do *Office of Fair Trading*, 45, nº 10.

Os poderes de inspecção da comissão

mediante a apresentação de mandato escrito emitido pela autoridade nacional competente. Poder-se-ão igualmente fazer acompanhar, a pedido da Comissão ou da autoridade competente do Estado-membro, de agentes da Comissão que lhes prestarão assistência no desempenho das suas tarefas.

A assistência a prestar aos agentes da Comissão em caso de oposição da empresa à realização da inspecção ordenada mediante decisão não tem que ser prestada necessariamente pela autoridade nacional competente. O n° 6 do artigo 14° do Regulamento n° 17 fala, aliás, de Estado-membro. É a este que compete tomar as necessárias providências nesse sentido [75]. A forma como tal assistência deve ser prestada não deixa de suscitar problemas complicados e, em particular, o da eventual

---

[75] Os Estados membros deveriam ter adoptado tais medidas, após consulta da Comissão, até 1 de Outubro de 1962 — no que a Portugal e Espanha diz respeito, a data a tomar em consideração era a de 1 de Julho de 1986, conforme resulta do n° 4 do artigo 25° do Regulamento n° 17. Na verdade, tais medidas foram adoptadas com algum atraso. Em Portugal, ver, actualmente, a alínea a) do n° 2 do artigo 12° e a alínea d) do n° 1 do artigo 23° do Decreto-Lei n° 371/93 — e, antes da sua entrada em vigor, o já citado Despacho Normativo n° 59/87, cujo n° 5 previa que os agentes e funcionários da DGCP poderão solicitar a intervenção das autoridades policiais sempre que fôr necessário. Em relação aos outros Estados-membros, ver nomeadamente na Bélgica, o Decreto Real de 18 de Janeiro de 1966; na Dinamarca, a Lei n° 505° de 29 de Novembro de 1972; em França, o Decreto n° 72-151 de 18 de Fevereiro de 1972; em Espanha, o Decreto Real n° 1882/1986 de 29 de Agosto de 1986; na Alemanha, a Lei de 17 de Agosto de 1967 adoptada em aplicação do Regulamento n° 17 do Conselho; na Itália, o Decreto do Presidente da República n° 1884 de 22 de Setembro de 1963; no Luxemburgo, o Regulamento Grão-Ducal de 26 de Maio de 1965; na Holanda, a Lei de 10 de Julho de 1966 adoptada em aplicação do Regulamento n° 17 do Conselho. O Reino Unido, por considerar que o Regulamento n° 17 cria por si próprio direitos e impõe obrigações que são directamente aplicáveis no seu território, não adoptou qualquer legislação. Tivemos a oportunidade, quando nos debruçámos sobre a oposição das empresas à realização das inspecções, de analisar esta situação mais em pormenor.

60   *Os poderes de investigação da comissão*

existência de violação do direito fundamental à inviolabilidade do domicílio, no caso das autoridades nacionais não se encontrarem munidas de um mandato judicial. Descrevemos já, no essencial, as questões que se colocam neste dominío quando analisámos a oposição das empresas à realização das inspecções. O assunto, contudo, não deixará de ser abordado numa outra perspectiva quando, no Capítulo seguinte, nos debruçarmos sobre a questão da protecção dos direitos fundamentais e dos direitos de defesa no quadro do direito comunitário da concorrência.

9. A adopção de decisões por habilitação

Até finais de 1980, as propostas de decisão com base no nº 3 do artigo 14º — a exemplo, aliás, de todas as decisões em matéria de concorrência — eram submetidas pela DG IV ao colégio dos membros da Comissão, e por este adoptadas nos termos previstos no artigo 17º do Tratado que institui um Conselho único e uma Comissão única das Comunidades Europeias [76]. Estabelece este artigo que *"as deliberações da Comissão são tomadas por maioria do número de membros previsto no artigo 10º. A Comissão só pode reunir validamente se estiver presente o número de membros fixado pelo seu Regulamento interno"*. Contudo, tendo em conta o aumento considerável do número de decisões a adoptar nos diferentes domínios da política comunitária, e no sentido de proporcionar à Comissão condições para o desempenho efectivo das suas funções, certos poderes foram, por decisão da Comissão de 5 de Novembro de 1980, delegados no seu membro responsável pelas questões de concorrência.

A possibilidade de delegação de certos poderes, inicialmente prevista no artigo 27º do Regulamento interno provisório da

---

[76] Tratado de Fusão de 8 de Abril de 1965, JO L 152, de 13 de Julho de 1967.

Comissão [77], foi considerada pelo Tribunal de Justiça compatível com o respeito do princípio da colegialidade a que se encontra obrigada a Comissão [78]. O Tribunal considerou que tal sistema, da forma como é executado, não priva a Comissão do exercício de um poder próprio nem implica a sua transferência para o delegatário. Com efeito, as decisões da Comissão que habilitam um dos seus membros a tomar em seu nome certas medidas, adoptadas em reunião plenária e susceptíveis de serem revistas, visam apenas a prática de actos de gestão e de administração corrente. O delegatário apenas pode fazer uso dos seus poderes após acordo dos serviços competentes [79] e depois de se ter assegurado que a decisão em causa não deve ser tomada colegialmente; todas as decisões tomadas por delegação são comunicadas no dia seguinte aos restantes membros da Comissão e a todos os serviços. A Comissão assume inteira responsabilidade pelos actos adoptados com base numa decisão de

---

[77] *"A Comissão pode, desde que o princípio da sua responsabilidade colegial seja plenamente respeitado, autorizar os seus membros a tomar, em seu nome e sob o seu controlo, medidas de gestão e de administração claramente definidas"*; cfr. Regulamento interno provisório de 23 de Julho de 1975, JO L 199, p. 43, EE 01, fasc. 2, 27. Em 1993, a Comissão adoptou um novo Regulamento interno (Regulamento interno da Comissão de 17 de Fevereiro de 1993, 93/492/Euratom, CECA, CEE, JO L 230, 15, modificado em último lugar pela Decisão 95/148/CE, Euratom, CECA, de 8 de Março de 1995, JO L 97, 82). Não obstante o texto da disposição correspondente ao antigo artigo 27º — actual artigo 11º — ter sofrido modificações importantes, essas modificações não afectam, no essencial, o princípio já estabelecido.

[78] Cfr. acórdãos de 17 de Janeiro de 1984, *VBVB e VBBB/Comissão*, procº 43 e 63/82, Colect. 1984, 19 e de 23 de Setembro de 1986, *AKZO/ /Comissão*, procº 5/85, cit.. Sobre a questão, ver, mais recentemente, o acórdão do Tribunal de Justiça de 15 de Junho de 1994, *Comissão/BASF e o.*, procº C-137/92 P, Colect. 1994, I-2555, em especial os considerandos 62 e seguintes

[79] No caso, a Direcção-Geral da Concorrência (DG IV) e o Serviço jurídico da Comissão.

62   *Os poderes de investigação da comissão*

habilitação, sendo tais actos passíveis de recurso de anulação nas mesmas condições em que o seriam se fossem aprovados colegialmente.

No domínio específico do direito da concorrência, a decisão de habilitação de 5 de Novembro de 1980 delega no membro responsável pelas questões de concorrência o poder de tomar certas medidas, nomeadamente de dar início ao processo, de adoptar a decisão de pedido de informações prevista no artigo 11° n° 5 e de adoptar a decisão que obriga a empresa destinatária a sujeitar-se à inspecção prevista no artigo 14° do Regulamento 17. Salvo em caso de urgência, o membro da Comissão habilitado previne os restantes membros da intenção de adoptar uma tal medida, sem prejuízo da sua obrigação de submeter o assunto ao Colégio sempre que tal se justificar, nomeadamente por razões de ordem política. A questão de saber se uma decisão adoptada com base no n° 3 do artigo 14° constitui um acto de gestão ou de administração, susceptível de poder ser abrangida por uma delegação de poderes, foi já suscitada perante o Tribunal de Justiça. No seu acórdão de 23 de Setembro de 1986, o Tribunal salientou que essa decisão, enquanto medida instrutória, constitui uma verdadeira decisão de gestão, mesmo quando a empresa destinatária se oponha à realização da inspecção [80].

---

[80] Cfr. proc° 5/85, *AKZO/Comissão*, cit., considerando 38. O Tribunal de Justiça não deixou de salientar igualmente que o princípio da segurança jurídica e a necessária transparência das decisões administrativas obrigam a Comissão a proceder à publicação das decisões de delegação e das regras internas que, como a já citada decisão de 23 de Julho de 1975, definem o quadro geral dessas decisões. Contudo, a não publicação de tais decisões, na medida em que não privou os recorrentes da possibilidade de contestar a regularidade dessas decisões (sublinhado nosso), não constitui motivo para a sua anulação.

CAPÍTULO II

A PROTECÇÃO DOS DIREITOS FUNDAMENTAIS FACE AOS PODERES DE INVESTIGAÇÃO DA COMISSÃO NA APLICAÇÃO DO DIREITO DA CONCORRÊNCIA

Foi apenas na última década que se começou a assistir a um movimento generalizado de contestação das disposições que regem o procedimento administrativo da Comissão nas suas relações com os particulares e, de uma forma especial, no domínio do direito da concorrência. Ao mesmo tempo que certos sectores da doutrina [81] começavam a colocar abertamente a questão do efectivo respeito dos direitos de defesa nos processos de aplicação das regras de concorrência, várias empresas recorriam para o Tribunal de Justiça de decisões que lhes tinham sido dirigidas, invocando, com base nos princípios gerais de direito comuns aos Estados-membros, a violação de

---

[81] Ver, entre outros, V. KORAH, *The rights of the defense in Administrative Procedures Under Community Law*, CLP, 1980; I.VAN BAEL, *EEC Anti-trust enforcement and adjudication as seen by defense counsel*, Revue Suisse de Droit International de la Concurrence, Setembro 1979; L. GOFFIN, *La jurisprudence de la Cour de Justice sur les droits de la défense*, CDE, 1980, 127; F. Ch. JEANTET, *La défense dans les procédures répressives en droit de la concurrence*, RTDE, 1986, 53.

64 A protecção dos direitos fundamentais

direitos fundamentais [82] e o desrespeito dos seus mais elementares direitos de defesa pela Comissão [83].

---

[82] A definição de *direitos fundamentais* suscita problemas complexos. De uma forma geral, poder-se-ía dizer que, num sentido amplo, a expressão *direitos fundamentais* abrange todo o conjunto de liberdades, direitos e garantias de que beneficiam as pessoas num Estado de Direito. Esta concepção ampla não deixa, contudo, de apresentar fortes inconvenientes. Como refere M. WAQUET, *La protection des droits fondamentaux en France*, Relatório ao 7° Congresso da FIDE, Bruxelles, 1975, 1, "*se todos os direitos são considerados como fundamentais, o termo fundamental deixa de ter razão de ser*". Uma noção mais restritiva da noção de direitos fundamentais aponta no sentido de apenas serem considerados como tal aqueles que encontram a sua consagração expressa na Constituição (Lei fundamental). Parece, contudo, ser hoje em dia opinião dominante a de que devem ser considerados direitos fundamentais não apenas os consagrados no texto constitucional, mas igualmente quaisquer outros constantes da lei (entendendo-se esta em sentido amplo) e das regras de direito internacional que pela sua finalidade ou função ofereçam analogia com os que se encontram constitucionalmente consagrados. Tal é nomeadamente a noção que parece encontrar-se estabelecida no artigo 16° da Constituição Portuguesa. Ver, por todos, VIEIRA DE ANDRADE, *Os direitos fundamentais na Constituição Portuguesa de 1976*, Coimbra, 1983, J. J. GOMES CANOTILHO, *Direito Constitucional*, Lições, Lisboa, 1980, 15 e ss., C.A. COLLIARD, *Libertés Publiques*, Paris, 1982.

[83] Preferimos a expressão "direitos de defesa" (num sentido que abrange todos os direitos e instrumentos necessários e adequados que o administrado pode fazer valer perante a administração), igualmente referida no preâmbulo do Decreto-Lei n° 232/79, de 24 de Julho, que instituiu o ilícito de mera ordenação social, à expressão igualmente utilizada de "garantias de defesa". Ver G. CANOTILHO, V. MOREIRA, *Constituição...*, cit., anotação ao artigo 32° da CRP, 214. Estes autores, na sua anotação ao artigo 32° da Constituição, relativo às garantias de processo criminal, consideram que, não obstante ser de afastar uma aplicação directa e global dos princípios da "constituição processual criminal" aos outros processos sancionatórios — como é o caso do ilícito de mera ordenação social — alguns dos direitos de defesa "que...fazem parte do cerne do princípio do Estado de direito democrático" — e, nomeadamente, o princípio de audiência e defesa do arguido e o recurso aos tribunais — devem ter-se por inerentes a esse tipo de processos. Ver também SILVA CAMPOS, *Os direitos de defesa no inquérito criminal: algumas notas*, Revista da Ordem dos Advogados, 1989, p. 1011 e ss.

A protecção dos direitos fundamentais   65

Na ordem jurídica comunitária, o Tratado que institui a Comunidade Europeia caracteriza-se pela quase inexistência de disposições que assegurem o respeito dos direitos de defesa [84]. É no direito comunitário derivado, e nomeadamente nos regulamentos aplicáveis em matéria de concorrência, que um certo número de direitos de defesa se encontra consagrado de uma forma mais sistematizada. Tal não significa, no entanto, que, mesmo nesse domínio, se possa concluir pela existência de um quadro exaustivo regulamentador do exercício desses direitos. Nem, por outro lado, que o seu reconhecimento implícito ou explícito em determinadas disposições do direito derivado constitua um elemento susceptível de posicionar tais direitos na hierarquia das normas de direito comunitário.

À excepção de certas regras processuais, definidas de uma forma sumária em determinados regulamentos aplicáveis num ou noutro sector de actividade da Comissão, o direito comunitário não possui, com efeito, nenhum conjunto de regras gerais de processo, claramente definidas, que estabeleçam os direitos e os deveres das partes no decurso dos processos de

---

[84] Constituem excepções a obrigatoriedade de fundamentação dos actos das instituições (artigo 190º) e o facto de as directivas e decisões adoptadas apenas produzirem efeitos após a sua notificação aos respectivos destinatários (artigo 191º, terceiro parágrafo). O direito de audiência, por exemplo, apenas se encontra expressamente consagrado em normas que se dirigem exclusivamente aos Estados-membros, como é o caso dos artigos 93º e 169º. O mesmo se poderá dizer, de uma forma mais geral, no que respeita à existência de disposições protectoras dos direitos fundamentais. Contrariamente aos projectos de Tratado de Comunidade Europeia de Defesa e de Estatuto da Comunidade Política Europeia elaborados pela Assembleia *ad hoc*, que previam expressamente uma tal protecção, no Tratado de Roma, e no entender de M. ZULEEG, *Fundamental rights and the law of the European Communities* (CMLR, 1971, 446), a inclusão de tais disposições não se justificaria dado o carácter essencialmente económico e técnico deste Tratado.

66 *A protecção dos direitos fundamentais*

natureza administrativa perante a Comissão [85]. Saliente-se, no entanto, que o direito comunitário da concorrência (a exemplo, aliás, do direito da função pública comunitária) poderá ser considerado como fazendo parte da excepção à regra. Embora de forma não exaustiva, os Regulamentos nº 17 e nº 99/63 e as decisões (CECA) nº 26/54 e nº 379/84 [86] definem um conjunto de normas processuais aplicáveis nas relações entre a Comissão, enquanto autoridade investida de poderes administrativos, e os particulares. Contudo, dada a natureza de disposições de princípio que caracteriza essas mesmas regras e a existência de lacunas que só a evolução dos direitos de defesa dos administrados veio colocar a descoberto, o Tribunal de Justiça tem sido chamado a proceder à sua interpretação e por vezes, como veremos, à definição, por via jurisprudencial e com base nos princípios gerais de direito e nas tradições constitucionais comuns aos Estados-membros, de novas regras processuais.

Ao qualificar o direito de audição previsto no Regulamento nº 99/63 como a expressão de *uma regra geral* segundo a qual os destinatários das decisões das autoridades públicas que afectam de maneira sensível os seus interesses devem poder beneficiar da possibilidade de se pronunciar em tempo útil, o acórdão do Tribunal de Justiça no caso "Transocean Marine Paint" [87]

---

[85] Como o Tribunal de Justiça teve a oportunidade de salientar, o processo de aplicação das regras de concorrência pela Comissão é um processo de natureza administrativa, e não um processo de natureza judicial. Se é certo, como veremos, que a Comissão se encontra obrigada ao respeito dos direitos de defesa previstos pelo direito comunitário, tal não significa, contudo, que ela possa ser qualificada como um tribunal na acepção do artigo 6º da CEDH e que deva, em conformidade, organizar o desenrolar do processo como se de um processo de natureza judicial se tratasse; cfr. TJCE, acórdão de 20 de Outubro de 1980, *Fedetab/Comissão*, procº 209/78, Colect. 1980, 3125.

[86] JO da Alta Autoridade nº 9, de 11 de Maio de 1954, 345, e JO L 46 de 16 de Fevereiro de 1984, 23.

[87] TJCE, acórdão de 23 de Outubro de 1974, procº 17/74, Colect. 1974, 1063, considerando 15.

A *protecção dos direitos fundamentais* 67

suscitou, pela primeira vez, de uma forma clara a questão da natureza jurídica de tais direitos na ordem jurídica comunitária.

Se a qualificação dos direitos de defesa como *regra geral* mais não constituía do que uma manifestação concreta do apelo constante que o Tribunal faz aos princípios gerais de direito sempre que a interpretação de um texto à luz dos objectivos próprios da Comunidade não permita por si só atingir um nível suficientemente protector dos direitos individuais, essa indicação, em si não conclusiva, era já contudo um primeiro passo decisivo na definição do lugar de particular relevo que o respeito dos direitos de defesa viria a merecer na jurisprudência ulterior do Tribunal de Justiça.

É assim que, no seu acórdão de 13 de Fevereiro de 1979 no caso "Hoffmann-La Roche"[88], o Tribunal declara que "*o respeito dos direitos de defesa em todo o processo susceptível de conduzir à aplicação de sanções, nomeadamente de coimas ou de sanções pecuniárias compulsórias, constitui um <u>princípio fundamental do direito comunitário, que deve ser observado, mesmo num processo de natureza administrativa</u>*" (sublinhado nosso).

A importância desta jurisprudência não pode passar despercebida. Com efeito, se o reconhecimento dos direitos de defesa perante os Tribunais constitui um património comum às ordens jurídicas internas dos Estados-membros, já o mesmo não se podia, então, afirmar, de forma inequívoca, em relação ao respeito dessas mesmas garantias perante as autoridades administrativas[89]. A ideia de que o administrado deverá beneficiar

---

[88] TJCE, acórdão de 13 de Fevereiro de 1979, *Hoffmann-La Roche/ Comissão*, proc° 85/76, Colect. 1979, 511, considerando 9.

[89] Ver, em particular, a análise feita pelo Advogado-Geral WARNER no já citado caso *Transocean Marine Paint*, Colect. 1974, 1063; ver igualmente, entre outros, A. PLIAKOS, cit., 44 e ss., W. J. GANSCHOF VAN DER MEERSCH, *Les droits de la défense, principe général du droit. Réflexions sur les arrêts récents*, in *Mélanges Jean Dabin*, Tome II, 569; M. DISTEL, *Le droit d'être entendu dans la procédure administrative en Grand-Bretagne*, thèse dactyl., Paris II, 1980, 169.

68 *A protecção dos direitos fundamentais*

de uma protecção efectiva dos seus direitos antes da adopção de uma decisão susceptível de afectar os seus direitos ou interesses legalmente protegidos é uma ideia relativamente recente cuja afirmação é, por um lado, "uma conquista da consciência jurídica moderna"[90] e, por outro lado, a consequência de um cada vez maior exercício pelas autoridades administrativas de funções quasi-jurisdicionais, se não verdadeiramente jurisdicionais.

Se, como vimos, resulta claramente da jurisprudência do Tribunal de Justiça no caso "Hoffmann-La Roche" que o respeito dos direitos de defesa deve ser considerado como um princípio fundamental do direito comunitário igualmente aplicável nos processos de natureza administrativa — e que tais direitos devem, por conseguinte, ser considerados como direitos fundamentais na ordem jurídica comunitária — importa, contudo, precisar numa primeira fase qual o grau de protecção que os direitos fundamentais merecem, em geral, no direito comunitário e qual a evolução que tal protecção conheceu no quadro comunitário, desde os primeiros anos da Comunidade até ao momento actual (Secção I), para em seguida nos determos sobre os principais problemas que se colocam no domínio da delimitação dos direitos de defesa reconhecidos pelo direito comunitário e da sua protecção, bem como da protecção dos direitos fundamentais em geral, face aos poderes de investigação da Comissão (Secção II).

---

[90] Cfr., M. WALINE, *Le principe audi alteram parti*, in *Livre Jubilaire du Conseil d'Etat du Grand Duché du Luxembourg*, 1957, 495.

Secção I

A EVOLUÇÃO DA PROTECÇÃO DOS DIREITOS FUNDAMENTAIS NA ORDEM JURÍDICA COMUNITÁRIA: BREVE ANÁLISE [91]

Os Tratados que instituiram as Comunidades Europeias não contêm — à excepção, talvez, do artigo 6º do Tratado CE que proíbe as discriminações em razão da nacionalidade — nenhuma disposição de princípio que proteja os direitos e liberdades individuais fundamentais do cidadão contra os actos das instituições comunitárias. Apenas algumas disposições isoladas, em grande parte ligadas ao respeito do princípio da igualdade (como por exemplo, o artigo 40º, nº 3, do Tratado CE, no domínio da política agrícola comum) não chegavam por si só para colmatar uma lacuna importante e que seria susceptível, como o foi, de suscitar alguma inquietação e sérias reservas, nomeadamente de certos sectores da doutrina e dos Tribunais Constitucionais de alguns Estados-membros e, principalmente, dos Tribunais Constitucionais alemão e italiano.

Coube ao Tribunal de Justiça, na sequência de uma jurisprudência nem sempre uniforme, mas que hoje se pode considerar bem estabelecida, assegurar efectivamente um grau de protecção eficaz desses direitos e liberdades fundamentais.

---

[91] Ver, por todos, F. MANCINI e V. DI BUCCI, *Le développement des droits fondamentaux en tant que partie du droit communautaire*, in *Recueil des Cours de l'Académie de droit européen de Florence*, 1990, 29.

Justificar-se-á, assim, uma breve análise da génese e dos principais desenvolvimentos dessa jurisprudência, bem assim como do debate suscitado em torno da questão dos direitos fundamentais ao nível das instituições políticas da Comunidade, como forma de melhor apreender a dimensão exacta da protecção que esses direitos merecem no quadro comunitário.

Entendemos, contudo — não obstante o facto de isso poder parecer, à primeira vista, algo desajustado em relação ao objecto deste estudo — que se impõe, numa primeira fase, reservar algumas páginas do nosso trabalho para um comentário e análise da jurisprudência das jurisdições constitucionais alemã e italiana em matéria de protecção dos direitos fundamentais, vista na perspectiva das relações entre a ordem jurídica comunitária e a ordem jurídica dos Estados-membros. A razão principal desta opção assenta no inegável e importante papel que tais Tribunais, independentemente das críticas que a sua atitude — por vezes qualificada de "anti-comunitária" — possa ter merecido, desempenharam — e que, a nosso ver, continuam a desempenhar — na sensibilização do Tribunal de Justiça e das demais instituições comunitárias para a importância desta questão.

Uma tal análise permitir-nos-á ainda, por um lado, apreender de forma global todo um conjunto de questões que estiveram na origem das diferentes fases que caracterizam a evolução da protecção dos direitos fundamentais na ordem jurídica comunitária e, simultaneamente, compreender em que medida uma evolução futura do grau de protecção assegurado pelo direito comunitário não deixará de influenciar, de forma decisiva, a atitude destes tribunais. Assume aqui um particular relevo a questão da protecção dos direitos fundamentais face ao exercício dos poderes de investigação da Comissão na aplicação do direito comunitário da concorrência, questão sobre a qual o Tribunal de Justiça se pronunciou mais recentemente em termos que teremos a oportunidade de abordar mais adiante.

1. A questão da protecção dos direitos fundamentais na ordem jurídica comunitária na óptica do Tribunal Constitucional Federal alemão e do Tribunal Constitucional italiano

Se a origem do conflito que durante largos anos marcou a atitude extremamente reservada destas jurisdições relativamente à questão da efectiva protecção dos direitos fundamentais na ordem jurídica comunitária nasceu essencialmente da existência de um controlo "a posteriori" da constitucionalidade das normas e da concepção dualista das relações entre o direito interno e o direito internacional consagrada tanto na Lei Fundamental alemã como na Constituição italiana, seria contudo errado não ver na dimensão que a protecção dos direitos fundamentais assume nesses dois países — e especialmente na Alemanha — uma séria razão para a atitude desses dois Tribunais [92].

---

[92] O controlo "a posteriori" da constitucionalidade das normas e a concepção dualista das relações entre o direito interno e o direito internacional não podem, contudo, ser consideradas, por si só, como a causa da existência de um tal conflito. Veja-se, aliás, a atitude do *"Conseil d'Etat"* francês (Supremo Tribunal Administrativo), também ela objecto de severas críticas, não apenas na utilização abusiva da chamada teoria do "acto claro" (cfr., nomeadamente, os acórdãos de 22 de Dezembro de 1978, *Cohn-Bendit*, Dalloz, 1979, J. 155 e, mais recentemente, de 19 de Novembro de 1986, *Smanor*, Actualité Juridique, 1986, 715), mas igualmente no total desrespeito por vezes manifestado em relação aos princípios do primado do direito comunitário e da unidade da jurisprudência (entre outros, acórdão de 13 de Dezembro de 1985, *International Sales*, Actualité Juridique, 1986, 174, e, recusando-se a aplicar decisões a título prejudicial do Tribunal de Justiça relativas à questão da validade de determinados regulamentos comunitários, acórdão de 26 de Julho de 1985, *O.N.I.C./Maïserie de la Beauce*, Actualité Juridique, 1985, 615), e do efeito directo das directivas (o já citado caso Cohn-Bendit) não obstante a inexistência de um controlo de constitucionalidade "a posteriori" e a consagração no artigo 55º da Constituição do monismo com primado do direito internacional. Sobre a questão, em geral, vejam-se os artigos de M. DARMON, *Juridictions constitutionnelles et droit communautaire*, RTDE, (2), 1988, 217, e G. OLMI, *Les hautes juridictions*

Não deixa, aliás, de ser sintomático que o problema do respeito dos direitos fundamentais se tenha sentido de uma forma particularmente importante na Itália e na Alemanha, dois países saídos de um período de ditadura em que os direitos e liberdades fundamentais eram profundamente ignorados. O lugar de honra que a sua protecção merece nos textos constitucionais e o firme controlo exercido pelos Tribunais Constitucionais mais não são que o reflexo dessa mesma importância.

1.1. A jurisprudência do Tribunal Constitucional Federal alemão

Com o acórdão de 22 de Outubro de 1986 do *Bundesverfassungsgericht* (BVG) — Tribunal Constitucional Federal alemão — um importante passo em frente foi dado no sentido de pôr termo a um conflito de há anos existente na questão das relações entre o direito comunitário e os direitos nacionais dos Estados-membros e, em particular, no que diz respeito ao problema da protecção dos direitos fundamentais na ordem jurídica comunitária [93]. Com efeito, na sua decisão, o

---

nationales, juges du droit communautaire, in *Du droit international au droit de l'intégration*, Liber Amicorum Pierre Pescatore, Baden-Baden, 1987, 499. Merece, contudo, uma chamada de atenção muito particular o acórdão de 20 de Outubro de 1989 do *Conseil d'Etat* (*Nicolo*, *JCP*, 1989, II, 21371), aonde este Tribunal aceita implicitamente, pela primeira vez, o primado das disposições do Tratado de Roma sobre a lei posterior contrária. Sobre o assunto, veja-se H. CALVET, *Le Conseil d'Etat et l'article 55 de la Constitution: une solitude révolue*, La Semaine Juridique, n° 6, 7 de Fevereiro de 1990. Mais recentemente, aceitando o primado do regulamento e da directiva comunitária sobre a lei posterior, vejam-se respectivamente os acórdãos do *Conseil d'Etat* de 24 de Setembro de 1990, *Boisdet*, AJDA, 1990, 906, e de 28 de Fevereiro de 1992, *SA Rothmans International France et SA Philip Morris France*, RTDE, 1992, 426.

[93] Ver *Europäische Grundrechte Zeitschrift* (EuGrZ) de 23 de Janeiro de 1987, 10; uma tradução francesa, da responsabilidade do Serviço jurídico da Comissão Europeia, foi publicada na Rivista de Diritto comunitario e degli scambi internazionali, 1987, 459; ver, nesta mesma revista, o

A evolução da protecção dos direitos fundamentais 73

BVG pronunciou-se claramente a favor de uma solução que assegura ao direito comunitário uma condição jurídica interna que responde às exigências decorrentes da sua especificidade. Ao reconhecer, por um lado, o Tribunal de Justiça das Comunidades Europeias como *"juiz legal"* [94], na acepção do segundo parágrafo do n° 1 do artigo 101° da "Grundgesetz" (GG) — Lei Fundamental — e ao estabelecer, por outro lado, que os actos de direito comunitário derivado não mais poderão ser objecto do controlo de constitucionalidade previsto no n° 1 do artigo 100° da GG (*"Konkrete normenkontrolle"*), o BVG exclui, desta forma, qualquer possibilidade de controlo da validade do direito comunitário derivado no sentido de verificar a sua conformidade com o nível de protecção dos direitos fundamentais assegurado pela Lei Fundamental alemã.

---

comentário de N. LORENZ, *Una sentenza decisiva della Corte Costituzionale tedesca: un passo avanti nell'integrazione europea ?*, 475; veja-se igualmente o comentário de R. IGLESIAS e V. WOELKER, *La decisión del Tribunal constitucional Federal aleman de 22 de octubre de 1986*, Revista de Instituciones Europeas, 1987, 667. Esta jurisprudência foi entretanto confirmada no acórdão do BVG de 10 de Abril de 1987, 2 BvR 1236/86, no qual este Tribunal declara que *"as jurisdições especializadas ou as autoridades da República Federal não estão autorizadas, nem são obrigadas a controlar a compatibilidade dos actos das instituições das Comunidades Europeias com os direitos fundamentais garantidos pela Lei Fundamental"*. Ver igualmente, a este propósito, o acórdão do BVG de 12 de Outubro de 1993, a propósito da ratificação do Tratado de Maastricht, cuja síntese em língua portuguesa se encontra publicado em anexo ao livro *Portugal no Centro da Europa: Propostas para uma Reforma Democrática do Tratado da União Europeia*, (AA. VV.), Quetzal, Lisboa, 1995, 183 e ss..

[94] Na nossa Constituição, o princípio do *juiz legal* encontra-se consagrado no artigo 32°, n° 7: "Nenhuma causa pode ser subtraída ao tribunal cuja competência esteja fixada em lei anterior". Sobre o conceito de juiz legal, ver G. CANOTILHO e V. MOREIRA, *Constituição da República Portuguesa Anotada*, 2ª Ed., 1° Volume, 218; sobre a sua qualificação como direito fundamental "processual", veja-se G. CANOTILHO, *Direito Constitucional*, 4ª Ed., Coimbra, 1986, 772.

74 *A protecção dos direitos fundamentais*

a) a origem do conflito

O artigo 100° da GG, como acima referimos, a exemplo da Constituição portuguesa e nomeadamente do seu artigo 280°, prevê a possibilidade de um controlo da constitucionalidade de qualquer norma jurídica posterior à entrada em vigor do texto constitucional. Se é certo que no seu acórdão de 18 de Outubro de 1967 [95] o BVG havia rejeitado de uma forma genérica a possibilidade de exercer um tal controlo no que diz respeito aos regulamentos comunitários — dado estar-se em presença não de actos do poder público alemão, mas de actos de "...*uma organização interestadual...à qual a República Federal da Alemanha e os outros Estados transferiram certos poderes de soberania...*" e que "...*em conformidade não podem ser nem confirmados nem ratificados pelos Estados e não podem doravante ser anulados por estes*" — a hipótese de tal controlo vir a ser suscitado a fim de se verificar a conformidade do direito comunitário com os direitos fundamentais garantidos pela GG tinha ficado explicitamente em aberto.

Na origem deste conflito — que é, em larga medida, um reflexo da concepção dualista das relações entre o direito nacional e o direito internacional, consagrada na ordem constitucional alemã — encontrava-se o elevado grau de protecção que a Lei Fundamental alemã confere aos direitos fundamentais.

Confrontado com tal questão, no quadro de um recurso interposto contra um regulamento comunitário, o BVG, não obstante reconhecer que o Tribunal de Justiça se havia já manifestado por diversas vezes em sentido favorável à protecção desses direitos, decidiu, por acórdão de 29 de Maio de 1974 [96], que enquanto as Comunidades não fossem dotadas de um Parlamento democraticamente eleito, detentor de poderes legislativos

---

[95] Ver *Entscheidungen des Bundesverfassungsgerichts (BVerfGE)*, Tomo 22, p. 293; cfr. também "Révue de Droit Européen", n° 1/1968, p. 203.

[96] Cfr. BVerfGE, Tomo 37, 271 (acórdão conhecido sob o nome de "Solange").

A evolução da protecção dos direitos fundamentais   75

e perante o qual os órgãos comunitários fossem plenamente responsáveis no plano político, e enquanto as suas instituições não fossem obrigadas a respeitar um catálogo de direitos fundamentais, o juiz constitucional alemão reservar-se-ia a competência para apreciar a conformidade de um acto de direito comunitário derivado com as normas da Lei Fundamental e, consequentemente, para determinar a sua aplicabilidade ou inaplicabilidade no território alemão.

A solução defendida pela alta jurisdição alemã assentava de certa forma num compromisso entre a necessidade constitucional de garantir a protecção dos direitos fundamentais e a ausência de competência para apreciar a validade de um regulamento comunitário [97]. No entender do BVG, o juiz de instância, confrontado com a existência de um eventual conflito entre um direito fundamental e um acto de direito comunitário derivado, deveria dirigir-se inicialmente ao Tribunal de Justiça, utilizando para tal o mecanismo do reenvio a título prejudicial previsto no artigo 177º do Tratado CE. Apenas no caso do Tribunal de Justiça não vir a reconhecer a violação do direito fundamental em causa — anulando em consequência o referido acto — poderia então o juiz da causa dirigir-se ao BVG que, caso confirmasse a existência dessa violação, não se pronunciaria quanto à validade desse acto, mas declaria inconstitucional qualquer acto do poder público que o aplicasse.

Segundo o BVG, esta solução encontrava apoio no artigo 24º da GG e na aplicação da teoria chamada da *"congruência estrutural"* entre o estádio de desenvolvimento do direito comunitário e o grau de protecção oferecido pela ordem jurídica interna. Com efeito, se o nº 1 do referido artigo 24º, ao estipular

---

[97] Com efeito, já no citado acórdão de 18 de Outubro de 1967 o BVG tinha recusado pronunciar-se sobre a validade de um acto de direito comunitário derivado por se tratar de um acto proveniente de uma instituição duma organização internacional, na acepção do artigo 24º da Lei Fundamental, à qual a Alemanha tinha transferido certos poderes de soberania.

76 A protecção dos direitos fundamentais

que "*a Federação pode transferir por via legislativa direitos de soberania a organizações internacionais*", permite abrir a ordem jurídica interna ao direito proveniente dessas organizações internacionais, tal não implicava, no entanto, que ele estabeleça a existência de um efeito ou aplicabilidade directas das normas elaboradas por essas instituições, ou que regule directamente as relações entre esse direito e o direito interno. Era, nestes termos, claro, aos olhos da jurisdição alemã, que o nº 1 do artigo 24º da GG, longe de constituir uma norma de conflito que assegura o primado do direito emanado de uma instituição internacional, deveria, pelo contrário, ser interpretado como uma disposição que se limita a habilitar o Estado a concluir certos acordos internacionais e a transferir certos poderes de soberania. O direito ao "*juiz legal*" conferido pelo segundo parágrafo do nº 1 do artigo 101º da GG exigiria, portanto, a admissibilidade do recurso apresentado por um cidadão alemão que suscitasse uma eventual inconstitucionalidade da norma de direito comunitário.

Esta decisão não deixou de suscitar, inclusive no próprio BVG, uma viva reacção negativa [98]. A unidade, a aplicação uniforme e mesmo a própria natureza do direito comunitário seriam gravemente afectadas se os Estados-membros fossem livres de decidir quais os actos comunitários aplicáveis no seu território. Acresce, ainda, que o acórdão da jurisdição alemã, ao colocar a tónica na inexistência de um catálogo de direitos fundamentais cujo conteúdo fosse inalterável no presente e no futuro e que permitisse verificar se os direitos protegidos

---

[98] Com efeito, três dos Conselheiros fizeram declaração de voto de vencido, cfr. BVerfGE, tomo 37, cit., 300; ver igualmente, C.-D. EHLERMANN, *Primauté du droit communautaire mise en danger par la Cour constitutionnelle fédérale allemande*, RMC, 1975, 10, e *Resolução do Parlamento Europeu sobre o primado do direito comunitário e a salvaguarda dos direitos fundamentais*, Debates do PE, 16 de Junho de 1976, JO C 159 de 12 de Julho de 1976, 13.

A *evolução da protecção dos direitos fundamentais* 77

na Comunidade correspondiam aos garantidos na República Federal alemã, sobrestimava o aspecto formal em detrimento da aplicação pelo Tribunal de Justiça dos princípios gerais de direito comuns aos Estados-membros [99].

Teremos a oportunidade de verificar que a jurisprudência consagrada no acórdão de 22 de Outubro de 1986 — vulgarmente designado por "Solange II" — não obstante ter permitido ao BVG chegar a uma conclusão que, por ora, põe um ponto, diríamos, quase final ao conflito que se vinha arrastando, não constitui uma modificação de fundo da posição anteriormente perfilhada pelo BVG.

b) A solução perfilhada pelo BVG no seu acórdão de 22 de Outubro de 1986

Na sequência de uma decisão do Verwaltungsgericht (Tribunal administrativo) de Frankfurt que havia rejeitado um pedido de apreciação de validade de um Regulamento comunitário, o demandante interpôs recurso para o Bundesverwaltungsgericht — Supremo Tribunal Administrativo alemão (BVWG) — e requereu que o Tribunal de Justiça fosse solicitado a pronunciar-se, nos termos do artigo 177° do Tratado de Roma, sobre a validade do referido regulamento.

O Tribunal de Justiça, após considerar que a aplicação das disposições do regulamento em questão exigia a fixação ulterior de uma percentagem a aplicar à quantidade de referência e que, portanto, a questão prejudicial colocada pela jurisdição alemã dizia efectivamente respeito aos dois regulamentos de execução

---

[99] Cfr. BVerfGE, Tomo 37, cit., n° 4; neste sentido, G. OLMI, que chama a atenção para o facto de, poucos dias antes da decisão do BVG, o Tribunal de Justiça, no seu acórdão de 14 de Maio de 1974, *Nold*, proc° 4/73, Colect. 1974, 491, se ter orientado no sentido de um nível elevado de protecção dos direitos fundamentais reconhecidos nos Estados-membros, *Les rapports entre droit communautaire et droit national dans les arrêts des juridictions supérieures des Etats membres*, RMC, 1981, 188 e 190.

78   *A protecção dos direitos fundamentais*

entretanto adoptados pela Comissão, declarou que o respectivo exame não tinha relevado quaisquer elementos susceptíveis de afectar a sua validade [100].

Não satisfeito com a decisão, o recorrente defendeu a necessidade de se proceder a novo reenvio a título prejudicial ao Tribunal de Justiça e, invocando a jurisprudência do BVG no sentido da sua competência para exercer um controlo sobre a conformidade do direito comunitário derivado com os direitos fundamentais consagrados na Lei Fundamental — e nomeadamente com o princípio do contraditório cujo respeito não teria sido assegurado pelo Tribunal de Justiça — considerou que o BVWG não se encontrava vinculado pelo acórdão do Tribunal de Justiça. Face à rejeição dos argumentos por si avançados, o recorrente interpôs novo recurso da decisão do BVWG para o BVG.

No seu acórdão de 22 de Outubro de 1986, que pôs fim a este longo processo, o BVG considerou, como vimos, que o Tribunal de Justiça é *"juiz legal"* na acepção do segundo parágrafo do nº 1 do artigo 101º da Lei Fundamental alemã. No entender da jurisdição constitucional alemã [101], o Tribunal de Justiça é um órgão jurisdicional de última instância, criado pelos Tratados que instituiram as Comunidades Europeias, que adopta as suas decisões em completa independência e aplica de forma definitiva, em matéria substantiva e processual, as regras fixadas pelos Tratados. Ainda segundo o BVG, as regras processuais aplicáveis nos processos perante esse Tribunal garantem a tutela dos direitos de defesa segundo o princípio da legalidade e, nomeadamente, o princípio do contraditório,

---

[100] TJCE, procº 126/81, *Wünsche/Alemanha*, Colect. 1982, 1479. Tratava-se do Regulamento nº 2107/74 da Comissão, de 8 de Agosto de 1974, relativo às medidas de salvaguarda aplicáveis à importação de cogumelos em conserva, JO L 218, 54. A referida percentagem foi fixada pelos Regulamentos nºs. 1412/76, de 18 de Junho de 1976 (JO L 158, 37), e 2284/76, de 21 de Setembro de 1976 (JO L 258, 5).

[101] Cfr. BVerfGE, Tomo 22, cit.

A evolução da protecção dos direitos fundamentais 79

o direito a recorrer aos meios processuais adequados e a uma assistência jurídica competente e livremente escolhida.

Baseando-se numa análise exaustiva da jurisprudência do Tribunal de Justiça em matéria de protecção dos direitos fundamentais e no compromisso assumido pelas instituições políticas da Comunidade de respeitar tais direitos — compromisso que teremos a ocasião de analisar mais adiante — o BVG considera que, enquanto as Comunidades Europeias, e em particular o Tribunal de Justiça, assegurarem de uma forma geral uma protecção efectiva dos direitos fundamentais contra o exercício dos poderes atribuídos à Comunidade, protecção essa que estabeleça um nível equivalente ao garantido pela Lei Fundamental alemã na ordem jurídica interna, se encontram reunidas as condições para que renuncie ao exercício da sua competência jurisdicional própria em matéria de aplicação do direito comunitário derivado sempre que a apreciação da validade de tal direito seja suscitada perante os tribunais alemães. Em consequência, todo e qualquer recurso com base no artigo 100º da GG que pretenda suscitar uma tal apreciação seria doravante, de acordo com a tese perfilhada pelo BVG, declarado inadmissível.

c) a concepção dualista exprimida pelo BVG

Não obstante pôr termo, no imediato, ao conflito grave que se vinha arrastando de há largos anos num domínio particularmente importante — o das relações entre o direito interno e o direito comunitário derivado — a decisão do BVG nem por isso deixa de ser menos tributária de uma concepção marcadamente dualista. Ao dizer que "...*o direito internacional público actual não contém nenhuma regra geral resultante de uma prática e de uma convicção jurídica concordantes dos Estados, pela qual os Estados sejam obrigados a incorporar no seu direito interno os Tratados dos quais são parte e a reconhecer-lhe um primado de validade e de aplicação nesse direito interno...*" [102], dificil-

---

[102] Cfr. BVerfGE, Tomo 22, cit., ponto II, 1, do acórdão.

mente poderia o BVG afirmar de forma mais clara a opção pela concepção dualista na questão das relações entre o direito interno e o direito internacional. No seu entendimento, o eventual primado do direito internacional sobre o direito interno apenas poderá resultar de uma manifestação expressa da vontade desse mesmo Estado mesmo quando em presença de *"...tratados que obrigam as partes contratantes a reconhecer o primado de validade ou de aplicação das suas disposições no plano interno"*[103]. Seria, pois, a lei de ratificação dos Tratados que instituíram as Comunidades Europeias, e não a própria natureza do direito comunitário, a conferir um efeito directo aos regulamentos comunitários e a estabelecer o seu primado sobre a lei nacional. Aqueles que são os dois atributos maiores reconhecidos ao direito comunitário — o efeito directo e o primado — decorreriam, deste modo, não da própria natureza daquele, mas da norma de recepção que o Estado adoptou em aplicação da sua Constituição.

Numa segunda fase, o BVG considera que, se é certo que o artigo 24º da GG permite transferir certos poderes de soberania, tal possibilidade não deixa, contudo, de encontrar igualmente certos limites. Com efeito, o artigo 24º não permite renunciar ao carácter específico da ordem constitucional vigente na República Federal, por forma a que sejam postos em causa os fundamentos e os elementos estruturais dessa mesma ordem. Tal será o caso, em particular, dos direitos fundamentais, elemento essencial e intangível, parte integrante da Lei Fundamental.

É, como vimos, na base de uma evolução da jurisprudência do TJCE e de uma prática reiterada das instituições comunitárias no seu conjunto, entretanto verificadas, que o BVG considera que a protecção dos direitos fundamentais no quadro comunitário atingiu, no essencial, um grau que, pelo seu conteúdo e pelo seu modo de aplicação, é compatível com o nível

---

[103] Ibid.

de protecção assegurado pelo direito alemão. A solução perfilhada pelo BVG faz, assim, depender a validade do direito emanado das organizações internacionais, e nomeadamente o direito comunitário, da sua conformidade com as regras constitucionais internas. O mesmo é dizer que, ao sujeitar a autoridade dessa regra exterior à ordem interna ao consentimento explícito dessa mesma ordem, a tese dualista acaba por consagrar apenas a protecção dos valores da ordem jurídica nacional, ao mesmo tempo que reafirma a natureza precária da aplicação do direito comunitário na ordem jurídica interna.

Argumentar-se-á, com apoio na importância da solução encontrada para um conflito que se arrastava, que a tese perfilhada pelo BVG assegura, de forma eficaz, a autoridade do direito comunitário na ordem interna. Resta saber em que medida uma tal solução não poderá vir a constituir, no futuro, uma "arma de dois gumes".

1.2. A jurisprudência do Tribunal Constitucional italiano

Do mesmo modo que na República Federal da Alemanha, também a Constituição italiana prevê a possibilidade de um controlo *a posteriori* da constitucionalidade das leis. O Tribunal Constitucional italiano viu-se assim chamado por diversas vezes a pronunciar-se sobre a compatibilidade dos Tratados que instituíram as Comunidades Europeias com a Constituição. Em dois importantes acórdãos, o Tribunal Constitucional teve a oportunidade de reconhecer uma tal compatibilidade, não com base no reconhecimento do primado do direito comunitário sobre o direito constitucional nacional, mas com apoio no texto da própria Constituição [104].

---

[104] Cfr. TCI, 27 de Dezembro de 1965, *Acciaierie S. Michele*, n° 98, Foro Italiano, 1966, I, 8 — ver comentário de N. CATALANO, publicado no mesmo tomo do Foro Italiano — e 27 de Dezembro de 1973, *Frontini*, n° 183, Foro Italiano, I, 314; ver comentário de J.V. LOUIS, Journal des Tribunaux, 1974, 409.

82 A protecção dos direitos fundamentais

Com efeito, no entender da jurisdição italiana, essa compatibilidade assenta, no essencial, em dois grandes argumentos: por um lado, é a própria Constituição, no seu artigo 11º, que permite, em condições de igualdade com outros Estados, a transferência de certos poderes de soberania em favor das Comunidades; por outro lado, o modo como as Comunidades estão estruturadas e a forma como estas regularam o exercício dos seus próprios poderes releva da ordem jurídica comunitária — ordem autónoma e distinta em relação à ordem jurídica nacional — e encontra-se, por conseguinte, fora do âmbito de aplicação das normas constitucionais do Estado e, nomeadamente, das que reservam ao Estado o exercício dos poderes judiciário e legislativo.

Parecia legítimo concluir-se que, a partir do momento em que a legitimidade da adesão às Comunidades resultava de uma norma específica da Constituição e que a estrutura das Comunidades implicava a existência de uma ordem jurídica autónoma cujos princípios não deviam necessariamente coincidir com os das Constituições de todos os Estados-membros, nada justificaria que fosse posta em causa a validade de determinados actos comunitários de direito derivado em razão da existência de uma eventual contradição com as disposições constitucionais. Não o entendeu assim, contudo, o Tribunal Constitucional italiano, no que à protecção dos direitos fundamentais diz respeito.

Com efeito, já no citado caso "Acciaierie S. Michel", o Tribunal Constitucional havia considerado que os efeitos da actividade comunitária na ordem interna não poderiam constituir um entrave *"ao direito de cada um à protecção jurisdicional; um tal direito figura entre os direitos invioláveis do homem que a Constituição garante no seu artigo 2º"*. Mas não deixou igualmente de acrescentar que essa protecção contra os actos das instituições comunitárias dever-se-ia considerar assegurada pela existência de um Tribunal de Justiça *"que foi constituído e funciona segundo princípios correspondentes às orientações fundamentais da nossa ordem jurisidicional, mesmo se não aplica integralmente as mesmas regras, por inadequadas a uma instituição de formação internacional"* [105].

No também já citado acórdão "Frontini", o Tribunal Constitucional teve a oportunidade de melhor precisar a sua posição. No seu entender, seria de excluir que a transferência de certos poderes de soberania operada em favor das Comunidades *"...pudesse por qualquer forma atribuir aos órgãos da CE o poder inadmissível de violar os princípios fundamentais da nossa ordem constitucional ou os direitos inalienáveis da pessoa humana"*. Concluía assim que *"se porventura uma interpretação de tal forma aberrante devesse ser dada ao artigo 189º, não deixaria de ser assegurada em tal hipótese a garantia de controlo jurisdicional deste Tribunal"*, devendo, contudo, esse controlo limitar-se à análise *"da compatibilidade do Tratado com os referidos direitos fundamentais"* e excluir qualquer controlo sobre a validade de um particular regulamento.

Não obstante passar em claro toda a jurisprudência do Tribunal de Justiça que consagrou o princípio segundo o qual os direitos fundamentais fazem parte integrante do direito comunitário cujo respeito é por si assegurado, o acórdão "Frontini" foi considerado pela doutrina como apresentando uma dupla vantagem sobre a posição defendida pelo Tribunal Constitucional Federal alemão: por um lado, porque consagrava o princípio de que enquanto a ordem jurídica comunitária garantir o respeito dos direitos fundamentais nenhum tipo de controlo seria exercido pelo Tribunal Constitucional italiano; por outro lado, porque afastava, de forma clara e inequívoca, contrariamente à jurisprudência então dominante do BVG, a possibilidade de ser interposto qualquer recurso que tivesse por objecto suscitar a apreciação da constitucionalidade de actos de direito derivado [106].

---

[105] Cit., nota 25.

[106] Cfr. nomeadamente, G. OLMI, *Les Rapports...*, cit., 189.

84 *A protecção dos direitos fundamentais*

O problema, no entanto, estava longe de se poder considerar resolvido. Com efeito, depois de um período caracterizado por grandes hesitações da jurisprudência em reconhecer o primado do direito comunitário em relação à lei nacional posterior [107], a consagração pelo Tribunal Constitucional do princípio segundo o qual a norma nacional posterior contrária ao direito comunitário violava o artigo 11° da Constituição — disposição ao abrigo da qual a Itália havia renunciado ao exercício de certos poderes de soberania em favor das Comunidades — não impediu, contudo, que o mesmo Tribunal considerasse que o juiz da instância estava impedido de declarar a inconstitucionalidade da norma nacional. Colocado perante a existência de um conflito, o juiz não poderia afastar a aplicação da norma nacional sem previamente obter do Tribunal Constitucional a declaração de inconstitucionalidade [108].

---

[107] No acórdão n° 14, de 7 de Março de 1964, *Costa/ENEL*, Foro italiano, 1964, I, 465, o Tribunal Constitucional recusou-se a examinar se a lei relativa à nacionalização do sector da energia eléctrica violava o Tratado CE, considerando que tal Tratado, aplicável por força de uma lei ordinária, não possuía uma força superior à lei interna do mesmo nível e que, por conseguinte, em presença de duas leis incompatíveis entre si, dever-se-ia aplicar o princípio *lex posteriori derogat priori*: "*se a violação do Tratado implica uma responsabilidade do Estado no plano internacional, um tal facto em nada afecta o pleno efeito da lei em conflito com o Tratado*".

[108] Cfr. acórdãos n°s. 232 de 30 de Outubro de 1975, *ICIC*, Foro italiano, 1975, I, 2661, e 205 de 28 de Julho de 1976, Foro italiano, 1976, I, 2229; apoiando a jurisprudência *ICIC*, embora com certas reservas, ver nomeadamente R. MONACO, Foro italiano, 1975, I, 425, e N. CATALANO, *Rapporto fra l'ordinamento comunitario e gli ordinamenti nazionali*, in *Studi di diritto europeo in onore de Riccardo Monaco*, Milano, 1977, 25; contra, invocando a natureza própria do direito comunitário, ver P. PESCATORE, *Rapport sur l'application du droit communautaire dans les Etats membres*, Congrès d'études pour magistrats et professeurs universitaires, 27 e 28 Setembro 1976, Luxemburgo, 1976; contra, na base da presunção de conformidade da regra nacional às obrigações internacionais, ver A. TIZZANO, Foro italiano, 1976, I, 2229.

A evolução da protecção dos direitos fundamentais   85

Esta solução, dificilmente justificável do ponto de vista prático, na medida em que complicava inutilmente o processo e — como o salientou o Tribunal de Justiça no seu acórdão "Simmenthal"[109] — contrária aos princípios do efeito directo e do primado, foi, à primeira vista, finalmente abandonada em 1984 no acórdão do Tribunal Constitucional no processo "Granital"[110].

Baseando-se no facto de que a ordem jurídica comunitária é autónoma e distinta da ordem jurídica interna, o Tribunal Constitucional renunciou ao exercício do seu poder de controlo relativamente à análise da compatibilidade entre a lei nacional e um Regulamento comunitário. No entender do Tribunal Constitucional, e visto que a lei interna não interfere no domínio regido pelo direito comunitário, o regulamento comunitário dever-se-ia aplicar independentemente da existência de lei interna, anterior ou posterior, com ele incompatível. Caberia ao juiz, em caso de dificuldade de interpretação ou de aplicação, recorrer à utilização do mecanismo de reenvio prejudicial previsto no artigo 177º do Tratado CE.

Se acima dissemos "à primeira vista" é porque, com efeito, o mesmo acórdão faz uma reserva, a nosso ver, importante. Invocando que só são directamente aplicáveis as normas de direito comunitário claras e incondicionais que, na ausência de um poder discricionário reservado a outra autoridade, sejam susceptíveis de ser aplicadas pelo juiz no exercício da sua

---

[109] TJCE, acórdão de 9 de Março de 1978, procº nº 106/77, Colect. 1978, 629.

[110] Acórdão nº 170 de 8 de Junho de 1984, Foro italiano, 1984, I, 2063; ver o comentário de A. TIZZANO no mesmo tomo do Foro italiano; para uma análise deste acórdão, ver ainda os artigos do então Presidente do Tribunal Constitucional italiano, A. LA PERGOLA, e de P. DEL LUCA, *Community Law, International Law and the Italian Constitution*, in *American Journal of International Law*, 1985, 598 e ss., e de P. TREMPL, *Justicia comunitaria, justicia constitucional y tribunales ordinarios frente al derecho comunitario*, REDC, 1985 (5), 157 e ss.

86   *A protecção dos direitos fundamentais*

função jurisdicional, o Tribunal Constitucional considera que a sua intervenção se justifica nos casos em que a lei interna posterior ao direito comunitário originário se situe num domínio em que a competência das instituições da Comunidade não tenha ainda sido exercida por via legislativa. Parece-nos evidente a reafirmação da jurisprudência "Frontini" e, em particular, a importância que tal excepção pode assumir no campo dos direitos fundamentais [111].

Não obstante a evolução francamente positiva que o caso "Granital" marca na orientação jurisprudencial do Tribunal Constitucional italiano — prontamente seguida por um número importante de acórdãos do Supremo Tribunal [112] — restam ainda algumas zonas "cinzentas" que apenas o futuro permitirá eliminar [113]. É, todavia, uma indicação positiva no sentido da resolução gradual dos pontos de conflito entre o direito italiano e o direito comunitário, o facto de o acórdão, já posterior, do Tribunal Constitucional no processo "BECA" ter vindo consagrar que a obrigação do juiz nacional de afastar a lei nacional posterior contrária ao direito comunitário directamente aplicável existe igualmente quando essa incompatibilidade se manifesta em relação a um princípio estabelecido por via da interpretação do direito comunitário pelo Tribunal de Justiça, no quadro de um pedido de decisão prejudicial [114].

---

[111] Nesse sentido, embora de forma não conclusiva, D. LOPEZ GARRIDO, *Libertades economicas y derechos fondamentales en el sistema comunitario europeo*, Madrid, 1986, 115.

[112] Ver nomeadamente os acórdãos nº 5129 de 18 de Outubro de 1985, nº 2717 de 16 de Abril e nº 4761 de 25 de Julho de 1986.

[113] A. BARAV considera que o Tribunal Constitucional italiano continua prisioneiro da sua própria jurisprudência e profundamente ligado à ideia da separação das ordens jurídicas comunitária e nacional, cfr. *Cour constitutionnelle italienne et droit communautaire: le fantôme de Simmenthal*, in RTDE, 1985, nº 2, 336 e ss.

[114] Cfr. acórdão nº 113 de 23 de Abril de 1985, Foro italiano, 1985, I, 1960.

2. A protecção dos direitos fundamentais na jurisprudência do Tribunal de Justiça [115]

Remonta a 1959 a primeira vez que o Tribunal de Justiça foi chamado a pronunciar-se sobre a questão da protecção dos direitos fundamentais na ordem jurídica comunitária. Interrogado, no quadro de um pedido de decisão prejudicial, sobre a questão de saber se deveria ser considerado válido um regulamento comunitário que violasse um direito fundamental consagrado na Constituição de um Estado-membro, o Tribunal de Justiça pronunciou-se, inicialmente, no sentido de que a validade de um acto de direito comunitário derivado não poderia ser apreciada em função do direito interno dos Estados-membros e que não lhe competia a ele, Tribunal de Justiça, assegurar o respeito das regras internas, mesmo que de normas de natureza constitucional se tratasse, em vigor num ou noutro desses Estados-membros [116].

Na atitude "defensiva" [117] do Tribunal de Justiça entrevia-se claramente a necessidade de preservar a aplicação uniforme do direito comunitário e de assegurar o primado absoluto da

---

[115] Sobre esta matéria, ver em particular J. WEILER, *Eurocracy and Distrust: Some Questions concerning the Role of the European Court of Justice in the Protection of Fundamental Human Rights within the Legal Order of the European Communities*, in *Washington Law Review*, 1986, 1103; M. DIEZ DE VELASCO, *La Declaración de los derechos y libertades fundamentales del Parlamento Europeu y la jurisprudencia del Tribunal de Justicia de las Comunidades Europeas*, in *Estudos em Homenagem ao Prof. Doutor António de Arruda Ferrer Correia*, Coimbra, 1990; F. MANCINI, *La tutela dei diritti dell'uomo: il rolo della Corte di giustizia delle Comunità europee*, in *Rivista trimestrale di diritto e procedura civile*, 1989, 1.

[116] Cfr. TJCE, acórdão de 4 de Fevereiro de 1959, *Stork/Alta Autoridade*, proc° 1/58, Colect. 1958-1959, 43; ver também o acórdão de 15 de Julho de 1960, *Ruhrkohlenverkaufsgesellschaften/Alta Autoridade*, proc°s. 35, 36 e 40/59, Colect. 1960, 827.

[117] Assim a qualificou P. PESCATORE, *Les exigences de la démocratie et de la légitimité de la Communauté Européenne*, CDE, 1974, 499.

norma comunitária sobre <u>toda</u> a norma nacional contrária. Para o Tribunal, e dada a disparidade entre o grau de protecção dos direitos fundamentais existente nas diferentes ordens jurídicas internas, aceitar que a protecção dos direitos do cidadão pudesse variar em função das diferentes disposições aplicáveis em cada uma das ordens jurídicas internas dos Estados-membros, constituía uma grave ameaça para a uniformidade de aplicação do direito comunitário. Mais do que procurar outras "fórmulas interpretativas", tratava-se, acima de tudo, de afirmar a autonomia da ordem jurídica comunitária face à ordem jurídica interna de cada um dos Estados-membros [118].

É apenas no final dos anos 60 que o Tribunal aprofunda a análise do problema e estabelece que, se certos direitos são reconhecidos como fundamentais pelas Constituições dos Estados-membros, tais direitos deverão ser considerados como fazendo parte de um património comum aos princípios gerais que constituem parte integrante do direito comunitário e cujo respeito por si deve ser assegurado no quadro da estrutura e dos objectivos da Comunidade [119].

Estavam assim lançadas as bases para a definição de uma protecção comunitária dos direitos fundamentais: os direitos fundamentais serão protegidos contra a sua eventual violação pelas instituições comunitárias, não enquanto direitos cuja protecção é garantida pelas diferentes Constituições nacionais, mas como princípios gerais de direito integrados no direito comunitário.

Uma questão permanecia, contudo, em aberto. Os direitos fundamentais cujo respeito o Tribunal asseguraria limitar-se-

---

[118] Cfr. P. PESCATORE, *Fundamental rights and freedoms in the system of the European Communities*, American Journal of Comparative Law, 1970, 343.

[119] Ver TJCE, 12 de Novembro de 1969, *Stauder/Ulm*, proc° 29/69, Colect. 1969, 419, e 17 de Novembro de 1970, *Internationale Handelsgesellschaft*, proc° 11/70, Colect. 1970, 1125.

A evolução da protecção dos direitos fundamentais

-iam aos que se inspiram nas tradições constituicionais comuns e aos expressamente consagrados nas Constituições dos Estados-membros ou, pelo contrário, abrangeriam igualmente todos aqueles que apenas são garantidos pela ou pelas Constituições mais avançadas neste domínio?

O Tribunal de Justiça, no seu acórdão no processo "Nold", parece ter-se orientado no sentido do nível de protecção mais elevado. Com efeito, o Tribunal, para além de reafirmar que os direitos fundamentais são parte integrante dos princípios gerais de direito cujo respeito é por si assegurado, declarou igualmente não poder admitir *"medidas incompatíveis com os direitos fundamentais garantidos pelas Constituições nacionais"* [120]. Essa afirmação, longe de configurar a adopção do critério do "menor denominador comum", consagra efectivamente um grau de protecção que não pode, em nenhuma circunstância, ser inferior ao de qualquer Constituição de qualquer Estado-membro. Por outro lado, ao acrescentar *"que os tratados internacionais relativos à protecção dos direitos do homem em que os Estados-membros tenham cooperado ou a que aderiram podem igualmente fornecer indicações que convém tomar em consideração no quadro do direito comunitário"*, o Tribunal de Justiça salienta a importância desses tratados, e em particular da Convenção Europeia dos Direitos do Homem (CEDH), enquanto elemento interpretativo a que se deve recorrer para a aplicação dos direitos fundamentais no quadro comunitário [121].

Mas o acórdão do Tribunal no caso "Nold" traz consigo ainda uma segunda, mas não menos importante, precisão à jurisprudência consagrada no já citado acórdão "Internationale Handelsgesellschaft". Neste último caso, ao declarar que a salvaguarda dos direitos fundamentais deveria ser assegurada

---

[120] Cfr. TJCE, 14 de Maio de 1974, cit.

[121] Cfr. G. OLMI, *Les Rapports...*, cit., 188; ver igualmente M. HILF, *The protection of fundamental rights in the Community*, in *European Law and the individual*, ed. F. JACOBS, 1976, 149.

no quadro da estrutura e dos objectivos da Comunidade, o Tribunal de Justiça havia deixado em aberto a questão de saber até que ponto poderiam as instituições comunitárias limitar certos direitos fundamentais susceptíveis, em determinadas situações, de constituir um obstáculo à realização dos objectivos da Comunidade. A resposta que tal questão mereceu no caso "Nold" esclareceu todo o possível equívoco. Com efeito, o Tribunal declarou que, tal como as Constituições nacionais garantem a substância e o gozo dos direitos fundamentais por elas enunciados, deixando ao poder legislativo ou regulamentar a faculdade de fixar as respectivas modalidades de exercício, também na ordem jurídica comunitária parece legítimo reservar a possibilidade de determinar certos limites a esses direitos, desde que justificados por objectivos de interesse geral prosseguidos pela Comunidade, sem que a sua substância seja afectada. Asseguradas que sejam a substância e o gozo desses direitos, o legislador comunitário, a exemplo do legislador nacional, apenas pode restringir certas modalidades do seu exercício.

Ao passo importante que o acórdão "Nold" constituiu na consolidação de uma construção comunitária de um catálogo não escrito de direitos fundamentais, não são estranhos dois factos de particular relevo:

— o primeiro é, indubitavelmente, a atitude de desconfiança então manifestada pelos Tribunais Constitucionais alemão e italiano e a consequente ameaça para a aplicação uniforme e para o primado do direito comunitário caso tais Tribunais começassem a controlar a compatibilidade de certos actos de direito comunitário derivado com as disposições nacionais garantes do respeito dos direitos fundamentais;

— o segundo, de natureza essencialmente conjuntural, é o depósito, a 3 de Maio de 1974, pela França — único Estado-membro da Comunidade Europeia que não havia ainda ratificado a CEDH - do instrumento de ratificação da Convenção.

A evolução da protecção dos direitos fundamentais   91

A partir de então, o debate sobre a eventual aplicação dessa Convenção no quadro comunitário passou a ser uma constante que a jurisprudência do Tribunal de Justiça não deixará de reflectir.

Será finalmente no caso "Rutili" que o Tribunal fará, pela primeira vez, de uma forma explícita, referência a disposições específicas da CEDH como elemento de interpretação para a definição do grau de protecção dos direitos fundamentais no quadro comunitário [122]. A referência a disposições da CEDH, enquanto fonte de inspiração dos princípios gerais de direito cujo respeito é por si salvaguardado, passará, desde então, a constituir um elemento frequentemente presente na jurisprudência do Tribunal de Justiça em matéria de protecção de direitos fundamentais, sem que tal signifique, contudo, que o Tribunal passe a considerar a Convenção como sendo parte integrante do direito comunitário [123] [124].

---

[122] TJCE, 28 de Outubro de 1975, proc° 36/75, Colect. 1975, 1219, *"...no seu conjunto, estes limites aos poderes dos Estados-membros em matéria de polícia de estrangeiros apresentam-se como a manifestação específica de um princípio mais geral consagrado nos artigos 8°, 9°, 10° e 11° da Convenção dos Direitos do Homem e das Liberdades Fundamentais, assinado em Roma a 4 de Novembro de 1950 e ratificada por todos os Estados-membros, e pelo artigo 2° do Protocolo n° 4 da mesma Convenção, assinado em Estrasburgo a 16 de Setembro de 1963, as quais dispõem, em idênticos termos, que as restrições aos direitos garantidos pelos artigos citados, justificadas por necessidades de ordem e segurança públicas, não podem exceder o que se mostre necessário para a salvaguarda de tais necessidades 'numa sociedade democrática'".*

[123] O Tribunal de Justiça, nos seus acórdãos de 8 de Abril de 1976, *Royer*, proc° 48/75, Colect. 1976, 497, e de 7 de Julho de 1976, *Watson e Belmann*, proc° 118/75, Colect. 1976, 1185, rejeitou de forma clara o argumento segundo o qual a CEDH faria parte integrante do direito comunitário. Veja-se, contudo, a posição assumida pelo Tribunal no seu acórdão no processo *Demirel*, TJCE, 30 de Setembro de 1987, proc° 12/86, Colect. 1987, 3719, aonde considerou que, muito embora lhe cumpra assegurar o

92 A protecção dos direitos fundamentais

É assim na base dos princípios gerais de direito, com o sentido e a amplitude de que demos conta nas linhas precedentes, que o Tribunal de Justiça construiu, por via jurisprudencial, um quadro comunitário de protecção dos direitos fundamentais, hoje plenamente consagrado, e do qual se justifica uma breve tentativa de catalogação, não exaustiva, que nos permitirá, mais adiante, tirar algumas conclusões quanto à sua perspectiva de aplicação no domínio dos poderes de investigação da Comissão no direito comunitário da concorrência.

---

respeito dos direitos fundamentais no quadro do direito comunitário, não lhe compete verificar a compatibilidade de uma regulamentação nacional, que não se situe no quadro do direito comunitário, com as disposições da CEDH. A expressão utilizada pelo Tribunal — já constante, aliás, do seu acórdão no processo *Cinétheque*, TJCE, 11 de Julho de 1985, proc° 60/84, Colect. 1985, 2618 — deixa entrever a possibilidade de exercer um controlo nesta matéria sobre as normas nacionais que se insiram "no quadro comunitário". Sobre esta matéria, veja-se o interessante artigo de J. WEILER, *The European Court at a Crossroads: Community Humam Rights and Member State Action*, in *Du droit international au droit de l'intégration*, cit., 821.

[124] Tem sido indicado por certa doutrina — veja-se LOPEZ GARRIDO, cit., 140, citando L. MARCOUX, *Le concept de droits fondamentaux dans le droit de la Communauté économique européenne*, RIDC, 4, 1983, 715 — que o Tribunal de Justiça teria ido mesmo mais longe no afastamento da possibilidade de aplicação da CEDH ao declarar, no caso *Surjit Kaur/Lord Advocate*, que os Tribunais escoceses não se encontravam obrigados a aplicar a CEDH — a Convenção, embora ratificada pelo Reino Unido, não é directamente aplicável no seu território em virtude de não terem sido adoptadas pelo Parlamento nacional as necessárias disposições de incorporação na ordem jurídica interna. Trata-se certamente de manifesto lapso. O acórdão proferido no referido processo, de 6 de Junho de 1980, é da *Court of Session of Scotland (Outer House)* e não do Tribunal de Justiça (ver CMLR, 3, 1980, 79); para a referência a disposições da CEDH na jurisprudência do Tribunal de Justiça ver igualmente, entre outros, TJCE, 13 de Dezembro de 1979, *Hauer*, proc° 44/79, Colect. 1979, 3727; 26 de Junho de 1980, *National Panasonic*, proc° 136/79, cit. e, mais recentemente, 15 de Maio de 1986, *Johnston/The Chief Constable of the Royal Ulster Constabulary*, proc° 222/84, Colect. 1986, 1651.

A evolução da protecção dos direitos fundamentais 93

Paralelamente às liberdades formais consagradas nos Tratados que instituiram as Comunidades Europeias, e que constituem verdadeiros direitos fundamentais de claro conteúdo económico [125], destaca-se na jurisprudência do Tribunal de Justiça a consagração, enquanto património comum aos princípios gerais de direito que o Tribunal deve salvaguardar, de outros direitos fundamentais cujo respeito é igualmente garantido pelas Constituições dos Estados-membros, seja de natureza igualmente económica, como é o caso do direito à propriedade e à liberdade de actividade económica [126], seja de natureza diferente, como o são a liberdade de associação [127], a liberdade de expressão e de informação [128], a protecção da família [129] ou a liberdade de religião [130].

É ainda como princípios gerais de direito que o Tribunal consagra, entre outros, os princípios da proporcionalidade [131] e

---

[125] Neste sentido, ver LOPEZ GARRIDO, op. cit., 141; como "direitos fundamentais económicos" consideramos, nomeadamente, no âmbito do Tratado CE, as normas dos artigos 6° — princípio de não discriminação em razão da nacionalidade —, 48° e seguintes — livre circulação dos trabalhadores —, 52° e seguintes — liberdade de estabelecimento —, 59° e seguintes — livre prestação de serviços — e 119° — igualdade de tratamento entre homens e mulheres no que diz respeito às remunerações.

[126] TJCE, *Hauer*, proc° 44/79, cit.; 27 de Novembro de 1984, *Agricola Commerciale*, proc° 232/81, Colect. 1984, 3881.

[127] TJCE, 8 de Outubro de 1974, *Syndicat de la fonction publique européenne*, proc° 175/73, Colect. 1974, 917.

[128] TJCE, 18 de Junho de 1991, *ERT*, proc° C-260/89, Colect. 1991, I-2925.

[129] TJCE, 13 de Fevereiro de 1985, proc° 267/83, *Diatta*, Colect. 1985, 1456.

[130] TJCE, 27 de Outubro de 1976, *Prais*, proc° 130/75, Colect. 1976, 1589.

[131] TJCE, 6 de Novembro de 1984, *Fearon*, proc° 182/83, Colect. 1984, 3667; ver igualmente os já citados acórdãos nos processos *Nold* e *Internationale Handelsgesellschaft*.

da segurança jurídica [132], o princípio *non bis in idem* [133], a obrigação de fundamentação das decisões susceptíveis de lesar interesses individuais [134] e o princípio do contraditório [135], enquanto elementos fundamentais da ordem jurídica comunitária.

3. A questão dos direitos fundamentais e as instituições políticas da Comunidade

Se a obra de criação jurisprudencial do Tribunal de Justiça na definição de um nível elevado de protecção dos direitos fundamentais na ordem jurídica comunitária assume um relevo primordial, não se poderá, contudo, dizer que as restantes instituições comunitárias tenham estado ausentes de todo o debate suscitado à volta desta questão[136].

É, com efeito, a partir de 1974, com o primeiro impulso político da iniciativa da Cimeira dos Chefes de Estado e de Governo dos dias 9 e 10 de Dezembro, em Paris, e a afirmação da necessidade de garantir ao cidadão a protecção dos seus

---

[132] TJCE, 6 de Fevereiro de 1973, *Brasseries de Haecht (II)*, proc° 48/72, Colect. 1973, 77.

[133] TJCE, 10 de Julho de 1984, *Regina/Kent Kirk*, proc° 63/83, Colect. 1984, 2689.

[134] TJCE, 14 de Novembro de 1984, *Intermills*, proc° 323/82, Colect. 1984, 3809.

[135] TJCE, 26 de Junho de 1980, *National Panasonic*, cit.

[136] Uma descrição global das diferentes fases deste debate poderá ser encontrada em ANGEL CHUECA SANCHO, *Los Derechos Fundamentales en la Comunidad Europea*, Bosch, Barcelona, 1989, e nas diferentes contribuições contidas em *Europa e Diritti umani*, Actas do Convegno internazionale di studi su *"Le Comunità europee e i diritti dell'uomo"*, Veneza, 9, 10 e 11 de Novembro de 1979, Eda, Torino, 1981 e, nomeadamente, G. OLMI, *La protection des droits de l'homme dans le cadre communautaire. L'actuation de la Commission des Communautés Européennes;* ver igualmente, *Parlamento Europeo, forze politiche e diritti dei cittadini,* vários autores, Ed. Franco Angeli, 1980.

A evolução da protecção dos direitos fundamentais   95

direitos especiais, que se inicia uma fase de intenso diálogo e colaboração entre a Comissão, o Parlamento Europeu e o Conselho que, longe de ter terminado com a adopção da Declaração Comum de 5 de Abril de 1977, se prossegue ainda hoje no quadro do debate sobre a eventual adesão à Convenção Europeia dos Direitos do Homem.

A Comissão, no seu Relatório de 4 de Fevereiro de 1976 ao Parlamento Europeu sobre a protecção dos direitos fundamentais na Comunidade Europeia, não obstante considerar que o Tribunal de Justiça constitui um garante da protecção desses direitos a um nível máximo, conclui que, em virtude da jurisprudência do Tribunal, a Comunidade se encontra obrigada a respeitar os direitos fundamentais inscritos na CEDH, sem que tal implique necessariamente uma adesão formal a essa Convenção. Mas afirma igualmente julgar conveniente que a importância dos direitos fundamentais seja sublinhada de uma forma solene [137].

O Parlamento e o Conselho acolhem favoravelmente a declaração de intenções manifestada pela Comissão e solicitam-lhe a elaboração de um projecto que virá mais tarde a constituir a base para a discussão e aprovação da Declaração comum de 5 de Abril de 1977 [138]. Nesta declaração, as três instituições

---

[137] Ver *La protection des droits fondamentaux lors de la création et du développement du droit communautaire,* Suplemento 5/76 ao BCE, 5-18; o relatório da Comissão inspirou-se em particular no estudo solicitado ao Prof. Bernhardt, Director do Instituto Max Planck de Direito Público e de Direito Internacional de Heidelberg; ver, no mesmo Boletim, *Problèmes liés à l'établissement d'un catalogue des droits fondamentaux pour les Communautés européennes,* 25-73. Já no seu Memorando de 26 de Junho de 1975 sobre a União Europeia (Suplemento 5/75 ao BCE, 26) a Comissão se tinha pronunciado no sentido de considerar a protecção dos direitos do homem *"um elemento fundamental da nova construção política e do funcionamento das suas instituições"*, defendendo a necessidade de incluir no acto de constituição dessa União um catálogo de direitos fundamentais.

[138] JO C 103 de 27 de Abril de 1977, 1.

96 *A protecção dos direitos fundamentais*

sublinham a importância essencial que atribuem ao respeito dos direitos fundamentais tal como estes resultam em particular das Constituições dos Estados-membros e da CEDH e comprometem-se a respeitar, no presente e no futuro, tais direitos.

Esta tomada de posição, de natureza essencialmente política, tinha por objectivo imediato responder às já mencionadas preocupações manifestadas pelos Tribunais Constitucionais alemão e italiano, relativamente à inexistência no direito comunitário de um catálogo de direitos fundamentais que as instituições fossem obrigadas a respeitar. Mas, no entender da Comissão, tal declaração não era desprovida de certos efeitos jurídicos, na medida em que, por um lado, reconhecia uma "eficácia geral" à jurisprudência em matéria de protecção dos direitos fundamentais que o Tribunal de Justiça tinha aplicado na solução de determinados casos e, por outro lado, permitia uma interpretação dos actos jurídicos emanados das instituições comunitárias à luz dos direitos fundamentais a cujo respeito essas instituições se tinham comprometido [139].

O Conselho Europeu dos dias 7 e 8 de Abril de 1978, em Copenhaga, vem acrescentar ao compromisso político já assumido uma nova declaração "sobre a democracia" — e que, simultaneamente, constitui também uma tomada de posição clara em relação aos pedidos de adesão às Comunidades entretanto depositados pela Grécia, pela Espanha e por Portugal — na qual afirma de forma solene que o respeito e a manutenção da democracia e dos direitos do homem são elementos essenciais da participação nas Comunidades Europeias.

O Parlamento Europeu, ao pronunciar-se sobre o alargamento das Comunidades, solicita dos Estados-membros, actuais e futuros, um compromisso formal quanto ao respeito dos direitos civis e políticos consagrados nas suas legislações nacionais respectivas e nos Tratados internacionais aos quais aderi-

---

[139] Cfr., resposta da Comissão à questão parlamentar nº 129/77, JO C 168 de 14 de Julho de 1977, 23.

A evolução da protecção dos direitos fundamentais   97

ram e vai mesmo ao ponto de propor que o desrespeito desses princípios, declarado pelo Tribunal de Justiça, implique uma incompatibilidade com a qualidade de membro da Comunidade [140].

Mas é na sua Resolução de 27 de Abril deste mesmo ano que o Parlamento, na sequência de uma "mesa-redonda" por si organizada em Florença, no mês de Outubro de 1978, dá início a uma nova fase no debate interinstitucional sobre a protecção dos direitos fundamentais no espaço comunitário, ao pronunciar-se declaradamente a favor da adesão das Comunidades à Convenção Europeia dos Direitos do Homem e, simultaneamente, propondo a criação de um comité de peritos encarregado da elaboração de uma "carta europeia dos direitos civis" [141]. Tal Resolução é prontamente seguida pelo Memorando da Comissão sobre a adesão das Comunidades à Convenção Europeia dos Direitos do Homem de 2 de Maio de 1979, onde esta instituição, contrariamente à posição que havia assumido nos já mencionados Relatórios de 1975 e 1976, se manifesta claramente favorável a uma tal adesão, sem por isso excluir a possibilidade de elaboração de um catálogo comunitário de direitos fundamentais [142].

Uma tal adesão suscita, contudo, problemas de vária ordem — de que, aliás, o referido Relatório faz eco — não apenas nos aspectos técnico e institucional, mas igualmente ao nível das obrigações que decorrem da Convenção e dos riscos de perturbação do sistema jurisdicional comunitário [143].

---

[140] Cfr. Resolução de 18 de Janeiro de 1979, JO C 39 de 12 de Fevereiro de 1979, 47.

[141] Cfr. BCE 2/79.

[142] Ibid.

[143] A questão da adesão da Comunidade à CEDH encontra-se de novo na ordem do dia, após a entrada em vigor do Tratado do Maastricht, tendo em conta, em particular, o disposto no seu artigo F, n° 2. Com efeito, o Tribunal de Justiça foi recentemente chamado a pronunciar-se sobre a questão, ao abrigo do n° 6 do artigo 228° do Tratado CE. Ver o pedido de

98 A protecção dos direitos fundamentais

Não cremos ser este trabalho a sede própria para uma análise das implicações resultantes duma tal adesão e dos obstáculos que ela deve necessariamente enfrentar. Saliente-se, apenas, que a Comissão tem participado, desde Maio de 1983, como observador nos trabalhos do Conselho da Europa relacionados com o problema da protecção dos direitos fundamentais no quadro da CEDH e que a questão da adesão tem igualmente sido discutida ao nível do COREPER — onde, saliente-se a discussão foi interrompida a 20 de Dezembro de 1983 e só muito recentemente foi retomada — e junto dos Governos dos Estados-membros que não têm deixado de manifestar algumas reticências [144]. Por outro lado, novas declarações, de conteúdo essencialmente político, são entretanto adoptadas em 1986,

---

parecer nº 2/94 apresentado pelo Conselho, solicitando ao Tribunal que se pronunciasse sobre a seguinte questão: *A adesão da Comunidade Europeia à Convenção para a Protecção dos Direitos do Homem e das Liberdades Fundamentais, de 4 de Novembro de 1950, é compatível com o Tratado que institui a Comunidade Europeia?*, JO C 174, de 25 de Junho de 1994, 8. Até à data, o Tribunal ainda não emitiu o seu parecer.

[144] Para uma visão de conjunto das questões suscitadas pela eventual adesão das Comunidades à CEDH veja-se, entre outros, P. PESCATORE, *La Cour de justice des Communautés européennes et la Convention européenne des droits de l'homme*, in F. Matscher, H. Petzold (eds), *Protecting Human Rights: The European Dimension, Studies in honour of G. J. Wiarda*, Heyman, Köln, 1988, 441; G. COHEN-JONATHAN, *La problématique de l'adhésion des Communautés Européennes à la Convention Européenne des Droits de l'Homme*, Mélanges P. H. TEITGEN, 1984, 81; SPEROUTI, *Trattati CE e Convenzione di Roma sui diritti dell'uomo e libertà fondamentali*, RSPI, 1980; LOPÉZ GARRIDO, *Libertades economicas...*, cit., 163; F. CAPOTORTI, *A propos de l'adhésion éventuelle des Communautés à la Convention européenne des droits de l'homme*, Das Europa der zweiten Generation, Gedächtnisschrift für Christoph Sasse, Nomos, Baden-Baden, 1981, volume II, 714; *L'Adhésion des Communautés européennes à la Convention européenne des droits de l'homme*, colóquio promovido pela Fundação P.-H. SPAAK, sob a presidência de GANSHOF VAN DER MEERSCH, Ed. Bruylant, Bruxelles, 1981.

A evolução da protecção dos direitos fundamentais

acompanhadas de inúmeras acções no domínio da chamada "Europa dos cidadãos" [145].

A adopção do Acto Único Europeu, em 1986, veio reforçar de forma clara, num contexto jurídico, os compromissos políticos entretanto assumidos e consagrar a progressiva tomada de consciência do importante papel que o respeito dos direitos fundamentais deve desempenhar na actividade das instituições comunitárias. Duas breves referências permitem ilustrá-lo:

— por um lado, a menção no terceiro parágrafo do seu preâmbulo dos "...*direitos fundamentais reconhecidos nas Constituições e legislações dos Estados-membros,...Convenção de Protecção dos Direitos do Homem e das Liberdades Fundamentais...Carta Social Europeia*" como base da acção conjunta dos Estados-membros no sentido de promover a democracia;

— por outro lado, o compromisso solene assumido pelos Estados-membros da Comunidade, no quinto parágrafo do mesmo preâmbulo, de "...*fazer valer muito especialmente os princípios da democracia e do respeito pelo Direito e pelos Direitos do Homem, aos quais aderem...*".

Mas é com o Tratado da União Europeia, assinado a 7 de Fevereiro de 1992, que a protecção dos direitos fundamentais vem a obter, por fim, consagração explícita na "lei fundamental comunitária", mais concretamente no seu artigo F, n° 2, nos termos do qual "*a União respeitará os direitos fundamentais tal como os garante a Convenção Europeia de Salvaguarda dos Direitos do Homem e das Liberdades Fundamentais, assinada*

---

[145] Ver Declaração Comum do Parlamento, da Comissão e do Conselho contra o racismo e a xenofobia, assinada em Estrasburgo no dia 11 de Junho de 1986, JO C 158 de 25 de Junho de 1986, e a Declaração solene sobre a necessidade do respeito universal dos Direitos do Homem, adoptada em 21 de Julho de 1986 pelos Ministros dos Negócios Estrangeiros reunidos no âmbito da cooperação política, BCE, 6/1986, ponto 2.4.3.

em Roma em 4 de Novembro de 1950, e tal como resultam das tradições constitucionais comuns aos Estados-membros, enquanto princípios gerais do direito comunitário". Volta, assim — como já atrás referimos — a estar em cima da mesa a questão da eventual adesão da Comunidade Europeia à CEDH.

Secção II

OS DIREITOS DE DEFESA ENQUANTO DIREITOS FUNDA-MENTAIS E A SUA PROTECÇÃO FACE AOS PODERES DE INVESTIGAÇÃO DA COMISSÃO

No âmbito de aplicação do direito comunitário da concorrência, é, em particular, no decurso da fase de investigação das práticas restritivas da concorrência que o conflito entre o exercício eficaz da actividade administrativa e a protecção dos direitos de defesa se coloca de forma mais premente. Não se trata, já o dissemos, de um problema novo. Contudo, não se poderá igualmente dizer que estejamos perante uma questão ultrapassada. Com efeito, algumas das questões de fundo, de particular relevo nesta matéria, não receberam ainda uma resposta definitiva por parte das autoridades comunitárias, enquanto outras só recentemente foram objecto de análise pelo Tribunal de Justiça ou pelo Tribunal de Primeira Instância. Sem prejuízo de uma tentativa de sistematização global dos princípios a que obedece a protecção dos direitos de defesa face aos poderes de investigação da Comissão, a nossa atenção concentrar-se-á de forma especial nas questões que mais recentemente foram suscitadas, procurando analisar as soluções adoptadas e as possíveis alternativas, bem como as razões que as justificam.

Como acima salientámos, o respeito dos direitos de defesa constitui um princípio fundamental do direito comunitário, que deve ser observado mesmo nos processos de natureza administrativa. Analisar em que medida são respeitados os direitos

102   *A protecção dos direitos fundamentais*

de defesa nos processos de aplicação das regras comunitárias de concorrência implica, assim, ter obrigatoriamente em consideração os princípios aplicáveis no direito comunitário em matéria de protecção dos direitos fundamentais, que brevemente atrás analisámos. Todavia, se a definição dos princípios gerais aplicáveis em matéria de protecção dos direitos fundamentais na ordem jurídica comunitária constitui uma condição prévia para poder determinar o grau de protecção dos direitos de defesa face aos poderes de investigação da Comissão na aplicação das regras de concorrência, a definição de tais princípios gerais revela-se insuficiente, por si só, para nos permitir determinar, por um lado, quais os direitos de defesa que merecem a qualificação de princípio fundamental e, por outro lado, qual o verdadeiro alcance dessa mesma protecção.

Na ordem jurídica interna dos Estados-membros, o respeito dos direitos de defesa é considerado como um direito fundamental da pessoa em todas as fases do processo criminal. Embora de forma não explícita, solução idêntica parece ser acolhida igualmente no que respeita a todos os processos sancionatórios de natureza não criminal, como o sejam o ilícito de mera ordenação social e o ilícito disciplinar [146].

---

[146] À semelhança do que aconteceu na Alemanha com a *Gesetz gegen Wettbewerbsbeschränkung* ("Lei contra as práticas restritivas da concorrência" de 27 de Julho de 1957, alterada em último lugar pela lei de 7 de Julho de 1986), também o legislador portugês optou por definir, proibir e sancionar as práticas restritivas da concorrência como contra-ordenações, cfr. Decreto-Lei nº 422/83, de 3 de Dezembro, e, desde 1 de Janeiro de 1994, o Decreto-Lei nº 371/93, de 29 de Outubro. Sobre o conceito de contra-ordenação, ver COSTA ANDRADE, *Contributo para o Conceito de Contra-Ordenação. A experiência alemã*, RDE, 1980/81, 81. A questão da qualificação precisa das práticas restritivas da concorrência no direito comunitário como ilícito de mera ordenação social, ilícito penal administrativo ou ilícito penal-económico não nos parece merecer aqui um tratamento particular. Do ponto de vista do respeito dos direitos de defesa, o elemento a ter presente é o da qualificação do processo de aplicação do direito comunitário da concorrência como processo de natureza administrativa

Os direitos de defesa enquanto direitos fundamentais   103

A qualificação de um direito como *direito fundamental* implica por si só a existência de um regime jurídico especial, distinto do dos demais direitos. Constituem, nomeadamente, elementos estruturais do regime especial de que beneficiam os direitos fundamentais, a sua aplicabilidade directa, independentemente da eventual intervenção do legislador, e a vinculação imediata dos poderes públicos (legislativo, executivo e judiciário) e das entidades privadas. A questão da qualificação como direitos fundamentais dos direitos de defesa perante as autoridades administrativas coloca-se, contudo, de forma diferente.

É certo que determinados direitos de defesa, de aplicação não limitada ao processo penal, se encontram hoje expressamente consagrados no texto constitucional de alguns Estados-membros. Trata-se da definição pelo legislador de um conjunto de verdadeiros direitos fundamentais "processuais" que, embora inicialmente elaborados como princípios do processo penal e do direito criminal, não se esgotam nesta forma de processo [147]. É igualmente certo que no direito interno dos Estados-membros, a intervenção do legislador se vem orientando, cada vez mais, no sentido de proteger os administrados face aos poderes crescentes das autoridades administrativas e de estabelecer, em conformidade, um conjunto de garantias gerais de defesa dos administrados nos processos de natureza administrativa. Tal

---

susceptível de conduzir à imposição de sanções. De uma forma geral, o respeito de tais garantias perante os Tribunais, sejam eles de natureza criminal, civil ou administrativa, encontra-se reconhecido na generalidade dos Estados membros, seja no próprio texto constitucional (ver, por exemplo, os artigos 103° da Lei Fundamental alemã e 24° da Constituição italiana), seja na lei ordinária ou na jurisprudência. Para uma visão de conjunto, ver nomeadamente R. BERNHARDT, *Problèmes liés à l'établissement d'un catalogue de droits fondamentaux pour les Communautés Européennes*, BCE, 1976, 4, 30 e ss. No âmbito do nosso estudo, contudo, tratar-se-á essencialmente de analisar o reconhecimento de tais garantias ao nível dos processos perante as autoridades administrativas.

[147] Ver G. CANOTILHO, *Direito Constitucional*, Coimbra, 1986, 772.

intervenção, no entanto, revela-se em muitos casos fragmentada e hesitante, fenómeno a que não é estranho o cuidado do legislador de não entravar demasiado a administração no exercício da sua principal função que é a da prossecução do interesse público [148].

Mas a qualificação dos direitos de defesa como "direitos fundamentais" debate-se igualmente com o problema da definição de um conceito de direitos de defesa, conceito esse que apresenta, ao nível das ordens jurídicas internas dos Estados-membros, um conteúdo variável. Assim, de entre todo um conjunto de regras de maior ou menor generalidade que exprimem de forma mais específica as exigências de defesa dos direitos e posições jurídicas subjectivas perante a administração, algumas não foram previstas pelo legislador, seja porque não seriam em princípio susceptíveis de entrar em conflito com os poderes da administração, seja porque poderiam comprometer de forma irremediável o exercício eficaz dos poderes a esta atribuídos. Se o eventual conflito entre as exigências de eficiência da actividade administrativa e de protecção dos direitos de defesa não pode deixar de nos obrigar a procurar traçar uma linha de demarcação dos respectivos limites, não se poderá, contudo, negar que por vezes o reconhecimento de uma conduz inevitavelmente à exclusão da outra.

1. Os princípios gerais de direito aplicáveis nos processos de natureza administrativa e a protecção dos direitos de defesa

Se quando mencionámos pela primeira vez neste trabalho a expressão *direitos de defesa* deixámos claro que a interpretávamos num sentido que abrange todos os direitos e instrumentos adequados que o administrado pode fazer valer perante

---

[148] Ver, em geral, *Due Process in the administrative procedure*, FIDE, vol. 1 e 3, Copenhague, 1978, 1979.

Os direitos de defesa enquanto direitos fundamentais   105

a administração — no caso concreto, a empresa ou associação de empresas perante a Comissão — uma questão ficou, no entanto, por precisar. Trata-se, com efeito, de determinar, com precisão, quais os direitos de defesa que são susceptíveis de ser qualificados como princípio geral comum às ordens jurídicas dos Estados-membros e que podem, por conseguinte, mesmo na ausência de disposição expressa, ser considerados como fazendo parte integrante do direito comunitário. É nesse sentido que se impõe uma referência aos princípios gerais comuns aos ordenamentos jurídicos dos Estados-membros em matéria de protecção dos direitos de defesa nos processos de natureza administrativa e uma breve análise da sua aplicação no quadro do direito comunitário da concorrência.

Esta questão mereceu uma profunda reflexão por ocasião do 8° Congresso da Federação Internacional para o Direito Europeu (FIDE), realizado em Copenhaga nos dias 22 a 24 de Junho de 1978 [149]. Já, aliás, no ano anterior, mas no âmbito do Conselho da Europa, o Comité de Ministros desta instituição, na sequência de um estudo semelhante de direito comparado, havia adoptado uma Resolução relativa à protecção da pessoa face aos actos das autoridades administrativas [150]. As conclusões dos dois estudos acima referidos, baseadas numa análise global da situação existente nos Estados-membros, orientam-se num sentido convergente [151].

Permita-se-nos aqui distinguir, de uma forma necessariamente breve, quais os cinco grandes princípios fundamentais em matéria de respeito dos direitos de defesa que, na óptica dos

---

[149] Para uma visão de conjunto, ver J.P. WARNER, *Due Process in Administrative Procedure — General Report, Rapports du 8ème Congrès, Vol. 3*, FIDE, Copenhagen, 1978, 1 e ss.

[150] Resolução 77/31, de 28 de Setembro de 1977, *On the protection of the individual in relation to the acts of administrative authorities.*

[151] Ver neste sentido, P. KUYPER e T. VAN RIJN, *Procedural Guarantees and Investigatory Methods in European Law, with Special Reference to Competition,* Yearbook of European Law 1982, Oxford, 1983, 2 e ss.

106 *A protecção dos direitos fundamentais*

dois estudos acima mencionados, devem presidir aos processos de natureza administrativa [152] e, simultaneamente, analisar a sua aplicação no direito comunitário da concorrência.

1.1. *O direito de audiência* [153]

Num processo de natureza administrativa, toda a pessoa cujos direitos, liberdades ou interesses possam ser afectados deve beneficiar, antes como depois da tomada de decisão pela administração, da possibilidade de invocar, por escrito ou oralmente, todos os factos, argumentos e provas em sua defesa, elementos esses que deverão ser devidamente ponderados pelas autoridades administrativas [154]. Um tal direito, contudo, pode

---

[152] Por *processos de natureza administrativa* entende-se qualquer processo que vise a adopção por uma autoridade pública administrativa (distinta das autoridades legislativas ou judiciais e distinta de uma autoridade privada) de uma decisão susceptível de afectar os direitos ou expectativas legítimas de uma ou mais pessoas; cfr. J. P. WARNER, cit., 1.2..

[153] Preferimos a expressão *"direito de audiência"*, consagrada no nº 8 do artigo 32º da CRP, e igualmente referida por G. CANOTILHO e V. MOREIRA, *Constituição...*, cit., 217, à expressão *"direito de audição"*, utilizada no artigo 50º do Decreto-lei nº 433/82, de 27 de Outubro, relativo ao ilícito de mera ordenação social. Ver também AA. VV., *Código do Procedimento Administrativo Anotado*, anotação ao artigo 100º, 2ª edição, Almedina, Coimbra, 1995, 162. M. CAETANO, no seu *Manual de Direito Administrativo*, Lisboa, 1969, Tomo II, 1203, considera a audição do arguido em processo administrativo gracioso (e, havendo interesses alheios susceptíveis de ser afectados, a de todos os interessados) como uma formalidade essencial e fonte de nulidade insuprível.

[154] No direito português, o Código de Procedimento Administrativo (Decreto-Lei nº442/91, de 15 de Novembro) prevê, nos seus artigos 100º e seguintes, que os interessados têm o direito de ser ouvidos no procedimento, por escrito ou oralmente, antes de ser tomada a decisão final, excepto quando a decisão for urgente ou *"quando seja razoavelmente de prever que a diligência possa comprometer a execução ou a utilidade da decisão"*. Já no regime geral das contra-ordenações, estabelece o artigo 50º do Decreto-Lei nº 433/82 que *"não será permitida a aplicação de uma coima sem antes*

Os direitos de defesa enquanto direitos fundamentais   107

ser suspenso em determinadas situações de urgência. Por outro lado, os referidos direitos devem ser extensíveis aos terceiros que invoquem um interesse legítimo no processo.

No direito comunitário da concorrência, o direito de audiência encontra-se amplamente reconhecido [155]. O artigo 19º do Regulamento nº 17 estabelece, com efeito, que, antes de tomar qualquer das decisões previstas nos artigos 2º (certificados negativos), 3º (cessação das infracções), 6º (aplicação do nº 3 do artigo 85º do Tratado), 7º (disposições específicas para os acordos, decisões e práticas existentes à data de entrada em vigor do Regulamento nº 17), 8º (vigência, revogação ou modificação das decisões de aplicação do nº 3 do artigo 85º), 15º (coimas) e 16º (sanções pecuniárias compulsórias) desse mesmo regulamento, a Comissão deve dar às empresas ou associações de empresas interessadas — bem como às pessoas singulares ou colectivas que manifestem um interesse legítimo e que solicitem ser ouvidas — a possibilidade de se pronunciarem sobre as acusações por ela formuladas.

Por seu lado, o Regulamento nº 99/63, que veio regulamentar o exercício do direito de audiência previsto nos nºs. 1 e 2 do artigo 19º do Regulamento nº 17, estipula que:

— a Comissão procederá a uma audição, nos termos do nº 1 do Regulamento nº 17, antes de consultar o Comité Consultivo em matéria de acordos, decisões e práticas concertadas e de posições dominantes (artigo 1º);

---

se ter assegurado ao arguido a possibilidade de se pronunciar sobre o caso". Vem sendo considerado pelos tribunais que *"mesmo na fase administrativa do processo de contra-ordenação, a falta de audição do arguido sobre a matéria objecto do processo constitui nulidade insanável, por corresponder a uma violação do preceito do nº 8 do artigo 32º da Constituição",* cfr. acórdão do Tribunal da Relação de Évora de 24 de Março de 1992, Colectânea 1992, Tomo II, 308.

[155] No direito português da concorrência, ver o artigo 25º do Decreto-Lei nº 371/93.

108   *A protecção dos direitos fundamentais*

— as empresas e associações de empresas devem apresentar por escrito, no prazo fixado, os seus pontos de vista sobre as acusações que lhes tenham sido comunicadas por escrito, podendo aduzir todos os meios de prova, alegar todos os factos considerados necessários para a sua defesa, juntar quaisquer documentos comprovativos dos factos alegados e propor a audição de pessoas que os possam confirmar (artigo 3°);

— a Comissão, nas suas decisões, apenas poderá tomar em consideração as acusações relativamente às quais as empresas ou associações de empresas destinatárias tenham tido a oportunidade de se pronunciar (artigo 4°);

— as pessoas singulares ou colectivas que invoquem um interesse legítimo na questão devem igualmente beneficiar da possibilidade de se pronunciar por escrito no prazo que lhes fôr fixado pela Comissão; caso esta considere que, face aos elementos ao seu dispor, não se justifica dar provimento ao pedido, deverá informar os requerentes das suas razões e fixar-lhes um prazo para apresentarem por escrito as suas observações (artigos 5° e 6°);

— a Comissão deverá facultar às empresas susceptíveis de virem a sofrer a aplicação de uma coima ou sanção pecuniária compulsória, ou que manifestem um interesse legítimo, a possibilidade de se pronunciarem oralmente, quando tal por elas for solicitado nas respectivas observações escritas (artigo 7°);

O facto de as audições serem organizadas e presididas pela mesma entidade que dirige as investigações (a Direcção-Geral da Concorrência) suscitou alguma apreensão e crítica [156]. Foi inclusivamente sugerida pelo Parlamento Europeu a nomeação de uma entidade independente com competência para analisar os resultados e conclusões a que conduziram as investigações

_____

[156] Ver Debates do Parlamento Europeu, (n° 1-253), 34, Março de 1980; UNICE, *Memorandum on EEC Procedures in Competition Cases*, Fevereiro de 1980.

realizadas pela Direcção-Geral de Concorrência [157]. Tal solução — que no entender da Comissão não seria justificada — implicaria necessariamente, a ser adoptada, a criação de uma nova instituição e as consequentes alterações ao sistema institucional pelo qual se rege a Comunidade.

Muito embora a Comissão contestasse a alegada "natureza não equitativa" do processo de audições — salientando, a este propósito, que a própria organização interna da DG IV e as suas relações com o Serviço Jurídico, por um lado, e o acesso que as empresas interessadas passariam a ter aos elementos constantes do processo, por outro lado, asseguravam um tratamento objectivo dos casos objecto de investigação [158] — o certo é que, a partir de 1 de Setembro de 1982, as referidas audições passaram a ser presididas por um "conselheiro auditor", cuja missão é a de assegurar o respeito dos direitos de defesa das empresas e contribuir para a aplicação correcta e eficaz das regras de concorrência do Tratado.

Com vista a assegurar a sua independência funcional, o conselheiro auditor, embora dependente no plano administrativo da Direcção-Geral da Concorrência, tem direito de acesso directo ao membro da Comissão responsável pelas questões de concorrência. Cabe-lhe, assim, quando considerar adequado, comunicar directamente ao referido membro da Comissão as suas

---

[157] Ver nomeadamente a questão parlamentar escrita nº 840/80, JO C 283 de 1980, 41. Foi invocada igualmente a possibilidade de nomeação de um juiz administrativo (*administrative law judge*) a exemplo do que se passa nos Estados Unidos — onde tal solução, ao que parece com resultados insatisfatórios, foi adoptada no que respeita à *Federal Trade Commission (FTC)*, organismo que detém um poder de investigação e de decisão em matéria de concorrência semelhante ao da Comissão; ver, em geral, *Onzième Rapport sur la politique de concurrence*, 1981, Bruxelles-Luxembourg, 1982, nºs. 27 e 166.

[158] Cfr., respectivamente, *Douzième Rapport...*, 1982, Bruxelles-Luxembourg, 1983, nº 26; resposta à questão parlamentar escrita nº 814/82, JO C 259 de 1983, 26; *House of Lords*, European Communities Committee Report, 1982, nº 29.

110 *A protecção dos direitos fundamentais*

observações pessoais sobre o projecto de decisão. Compete igualmente ao conselheiro auditor garantir que todos os elementos de facto pertinentes, favoráveis ou desfavoráveis aos interessados, sejam devidamente tomados em consideração aquando da elaboração dos projectos de decisão da Comissão em matéria de concorrência [159].

Muito recentemente, em Dezembro de 1994, a Comissão, tendo em conta a necessidade de adaptar e consolidar o mandato do conselheiro auditor à luz da evolução do direito comunitário, adoptou uma nova decisão relativa ao mandato dos conselheiros auditores no âmbito dos processos de concorrência, incluindo os processos relativos ao controlo das operações de concentração e os processos no domínio específico dos transportes [160]. Esta decisão vem reforçar o mandato do conselheiro auditor, atribuindo-lhe nomeadamente competências no que diz respeito aos procedimentos de acesso ao processo, à protecção de segredos comerciais, à fixação dos prazos de resposta a comunicações da Comissão e à audição de terceiros.

1.2. *O direito à informação* [161]

Toda a pessoa visada num procedimento iniciado pela administração deve poder tomar conhecimento dos elementos

---

[159] Sobre o mandato do conselheiro auditor, ver a decisão de 8 de Setembro de 1982 publicada em anexo ao *Treizième Rapport sur la politique de concurrence*, 1983, Bruxelles-Luxembourg, 1984.

[160] Ver decisão da Comissão de 12 de Dezembro de 1994 relativa ao mandato dos conselheiros auditores no âmbito dos processos de concorrência que correm perante a Comissão, JO 1994 L 330, p. 67.

[161] Ver, no direito português, os artigos 61º e seguintes do Código de Procedimento Administrativo. Ver também G. CANOTILHO e V. MOREIRA, cit., 429. M. CAETANO, cit., 1185 e ss., ao definir as características gerais do processo administrativo gracioso, considera que muito embora o processo administrativo deva ser secreto na medida em que o interesse público o exija, o conhecimento de tudo quanto possa influir na situação dos interessados no processo deve ser-lhes amplamente facultado.

Os direitos de defesa enquanto direitos fundamentais

de facto e de direito, relativos ao seu andamento, antes da adopção pela autoridade administrativa de uma decisão final [162]. Na realidade, este direito — do qual devem igualmente beneficiar os terceiros que possuam um interesse legítimo no caso — constitui uma condição prévia do pleno exercício do direito de audiência, na medida em que o respeito dos direitos de defesa do administrado durante a sua audição pressupõe, da parte deste, um amplo conhecimento dos elementos de facto e de direito que estão na base das intenções da administração. O direito à informação dos interessados deve igualmente ser entendido como abrangendo o direito de acesso aos documentos e demais elementos na posse da administração [163], sem prejuízo da possibilidade de a administração se recusar a comunicar os documentos internos e aqueles cuja confidencialidade deva ser protegida, por razões de interesse público ou de segredo profissional.

Ao estipular que a Comissão dará conhecimento, por escrito, às empresas e associações de empresas das acusações que lhes são dirigidas, o artigo 2º do Regulamento nº 99/63 consagra, de uma forma geral, no processo comunitário de aplicação das regras de concorrência, o direito dos particulares a serem previamente informados dos elementos de facto e de direito relevantes para a decisão.

Nos termos de uma jurisprudência constante do Tribunal de Justiça [164], a comunicação das acusações pode limitar-se a

---

[162] *"O direito à informação existe em qualquer fase do procedimento e o dever de a prestar constitui formalidade essencial a observar pela Administração. A preterição desta formalidade, antes da decisão final, gera vício de forma invocável aquando da impugnação do acto administrativo que ponha termo ao procedimento"*, cfr. anotação ao artigo 61º, in *Código de Procedimento Administrativo Anotado*, cit., 108.

[163] Nas palavras de G. CANOTILHO e V. MOREIRA, *Constituição Anotada*, cit., artigo 268º, 429, o direito à "transparência documental". Ver actualmente o artigo 62º do Código de Procedimento Administrativo.

[164] Cfr., entre outros, os acórdãos de 13 de Julho de 1966, *Grundig/ /Consten*, procºs. apensos 56 e 58/64, Colect. 1966, 429, de 15 de Julho de

enunciar, mesmo que de forma sumária, os elementos essenciais em que a Comissão se baseia, desde que no decurso de fase administrativa do processo a empresa tenha podido beneficiar dos elementos necessários à sua defesa. A Comissão não tem, pois, a obrigação de fornecer aos interessados a totalidade dos documentos e demais elementos constantes do processo, bastando que lhes comunique aqueles que são essenciais para os fins do processo.

A questão, contudo, não deixava de suscitar importantes problemas. Tal era, nomeadamente, o caso da existência de documentos na posse da Comissão, mas não comunicados à empresa objecto do processo, nem do seu conhecimento, susceptíveis de contradizer — ou, pelo menos, de pôr em dúvida — as acusações formuladas pela Comissão. Invocando que ao recusar-lhe a consulta dos documentos constantes do processo, a Comissão a impedia de tomar conhecimento de eventuais elementos que poderia utilizar em seu favor, duas associações de empresas interpuseram recurso de uma decisão da Comissão de aplicação do nº 1 do artigo 85º do Tratado [165].

O Tribunal de Justiça, na linha da sua jurisprudência anterior, afastou esse argumento reafirmando que se o respeito dos direitos de defesa obrigava a Comissão a dar às empresas a oportunidade de se pronunciarem sobre os elementos nos quais se baseia para as suas acusações, nenhuma disposição lhe prescrevia, no entanto, a obrigação de divulgar o conteúdo completo dos documentos em sua posse às partes interessadas [166].

1970, *Entente Internationale de la Quinine*, proc°s. apensos 41, 44 e 45/69, Colect. 1970, 661, de 13 de Fevereiro de 1979, *Hoffmann-La Roche*, cit., e de 29 de Outubro de 1980, Fedetab, proc°s. apensos 209 a 215 e 218/78, Colect. 1980, 3125.

[165] Decisão 82/123 de 25 de Novembro de 1981, JO L 54 de 25 de Fevereiro de 1982, 36 (livros em língua neerlandesa).

[166] TJCE, acórdão de 17 de Janeiro de 1984, *VBVB e VBBB/Comissão*, proc°s. apensos 43 e 63/82, Colect. 1984, 19.

Os direitos de defesa enquanto direitos fundamentais 113

A Comissão, todavia, já antes deste acórdão havia manifestado não ser indiferente às críticas formuladas. Com efeito, ainda em 1981, e no sentido de permitir um exercício mais eficaz dos direitos de defesa, a Comissão tinha anunciado ser sua intenção facilitar o pleno acesso das empresas aos documentos e demais elementos constantes do processo, sem prejuízo da salvaguarda dos segredos comerciais das outras empresas e da necessidade de preservar a natureza confidencial dos seus próprios documentos internos [167].

Tal intenção foi concretizada em 1982 [168], aplicando-se desde então a todos os processos iniciados a partir dessa altura. Em anexo à comunicação das acusações, as empresas passaram a ser informadas sobre todos os documentos e elementos na posse da Comissão, com a indicação daqueles cuja consulta lhes seria facultada. São consideradas como confidenciais — e portanto não acessíveis às empresas destinatárias da comunicação das acusações — para além dos já referidos documentos internos e daqueles que contenham segredos comerciais, todas as informações susceptíveis de revelar a identidade dos queixosos que queiram guardar o anonimato em relação às empresas objecto da queixa, bem assim como as informações comunicadas a título confidencial à Comissão [169]. Contudo, em caso de pedido devidamente justificado de consulta de um documento não acessível, a Comissão coloca à disposição da empresa um resumo desse documento do qual foram previamente retirados os elementos de natureza confidencial.

---

[167] Cfr. *Onzième Rapport sur la politique de concurrence*, 1981, Bruxelles-Luxembourg, 1982, n° 24.

[168] Cfr. *Douzième Rapport sur la politique de concurrence*, 1982, Bruxelles-Luxembourg, 1983, n° 34.

[169] Sobre as obrigações da Comissão em matéria de acesso ao "dossier" na sequência do anúncio público dos critérios por ela aplicados, ver TPICE, acórdão de 17 de Dezembro de 1991, *Hercules/Comissão*, proc.° T-7/89, cit., considerando 54. Ver também B. DOHERTY, *Playing Poker with the Commission: Rights of Access to the Commission's File in Competition Cases*, European Competition Law Review, 15/1994, 1.

114   *A protecção dos direitos fundamentais*

1.3. O direito à assistência e à representação [170]

Toda a pessoa objecto de um processo de natureza administrativa deve beneficiar de assistência jurídica e/ou técnica e da possibilidade de se fazer representar.

Nos termos do artigo 9° do Regulamento n° 99/63, as pessoas convocadas para uma audição deverão comparecer pessoalmente ou fazer-se representar pelos seus representantes legais ou estatutários, podendo as empresas ou associações de empresas igualmente ser representadas por um procurador devidamente habilitado e escolhido de entre o seu pessoal permanente. As pessoas a ser ouvidas podem ser assistidas por advogados, professores admitidos a pleitear perante o Tribunal de Justiça ou por outras pessoas qualificadas [171].

1.4. O direito à fundamentação dos actos administrativos [172]

A decisão ou medida adoptada pela administração que afecte direitos ou interesses legalmente protegidos deve indicar os

---

[170] Ver, no direito português das contra-ordenações, o artigo 53° do Decreto-Lei n° 433/82. Ver também o artigo 52° do Código de Procedimento Administrativo.

[171] Nos termos do artigo 17° do protocolo relativo ao Estatuto do Tribunal, os professores nacionais dos Estados membros cuja legislação lhes reconheça o direito de pleitear gozam, perante o Tribunal, dos direitos reconhecidos por este artigo aos advogados. A noção imprecisa de "outras pessoas qualificadas" tem a vantagem de tomar em consideração os diferentes regimes a que se encontra submetido o exercício das profissões de natureza jurídica nos Estados membros. Trata-se, no nosso entender, de abranger certas categorias de pessoas que, sem serem advogados ou professores na acepção do artigo 17° do Estatuto do Tribunal, se encontram habilitadas ao exercício de consultadoria jurídica e à prática de certos actos forenses, como é o caso dos solicitadores em Portugal ou dos "conseillers juridiques" em França.

[172] Para uma análise de direito comunitário e de direito comparado, ver L. M. PAIS ANTUNES, *La motivation des décisions en droit communautaire de la concurrence*, in *Droits de la défense et droits de la Commission*

Os direitos de defesa enquanto direitos fundamentais

fundamentos, de direito e de facto, que a justificam. No caso em que tal indicação não tenha sido feita, devem os referidos fundamentos ser comunicados ao administrado por escrito e em prazo razoável.

No processo de aplicação das regras comunitárias da concorrência, o princípio geral do direito à fundamentação dos actos administrativos resultaria já, independentemente das disposições específicas que neste domínio o prevêm, do disposto no artigo 190º do Tratado CE, nos termos do qual "os regulamentos, as directivas e as decisões do Conselho e da Comissão serão fundamentadas e referir-se-ão às propostas e pareceres obrigatoriamente obtidos, por força do presente Tratado". No entanto, a obrigação de fundamentação não se limita apenas às decisões na acepção do artigo 189º do Tratado, isto é, aquelas que são obrigatórias em todos os seus elementos para os destinatários por ela designados. Com efeito, e como já tivemos a oportunidade de referir no Capítulo I, o pedido de informações previsto no nº 3º do artigo 11º do Regulamento nº 17, ao qual a empresa ou associação de empresas destinatária não é obrigada a submeter-se, deve igualmente indicar os seus fundamentos jurídicos.

---

dans le droit communautaire de la concurrence, Bruylant, Bruxelles, 1994, p. 273; F. SCHOCKWEILER, *La motivation des décisions individuelles en droit communautaire et en droit national*, CDE, 1989, nº 1-2, p. 3; H. BRIBOSIA, *La motivation en droit européen et en droit comparé*, in *La motivation formelle des actes administratifs*, La Charte, Bruges, 1992, p. 17, e J. MERTENS DE WILMARS, *Statement of Reasons and Methods of Interpretation in the Case Law of the EC Court of Justice relating to Articles 85 and 86*, in *Annual Proceedings of the Fordham Corporate Law Institute*, Bender, New York, 1988, p. 607. Sobre os requisitos a que deve obedecer a fundamentação dos actos administrativos, na perspectiva do direito constitucional português, ver G. CANOTILHO e V. MOREIRA, cit., 431-432. Ver, actualmente, o artigo 124º do Código de Procedimento administrativo.

1.5. O direito de recurso contencioso [173]

O administrado deve poder recorrer do acto da administração que afecte os seus direitos ou interesses legalmente protegidos.

Nos termos do artigo 173°, parágrafo 4, do Tratado CE, qualquer pessoa singular ou colectiva pode interpor recurso para o Tribunal de Justiça [174] das decisões de que seja destinatária e das decisões que, embora tomadas sob a forma de regulamento ou de decisão dirigida a outra pessoa, lhe digam directa ou individualmente respeito, com fundamento em incompetência, violação de formalidades essenciais, violação do Tratado ou de qualquer norma jurídica relativa à sua aplicação, ou em desvio de poder. Prevê igualmente o artigo 172° que, no que respeita às sanções neles previstas, os regulamentos adoptados pelo Conselho podem atribuir uma competência de plena jurisdição ao Tribunal de Justiça.

Tal é, com efeito, a solução consagrada no artigo 17° do Regulamento n° 17 que estabelece que o Tribunal decidirá com plena jurisdição os recursos interpostos das decisões em que tenha sido fixada uma coima ou uma sanção pecuniária compulsória pela Comissão, podendo por conseguinte suprimir, reduzir ou aumentar as sanções aplicadas.

---

[173] Ver, no direito português das contra-ordenações, o artigo 55° do Decreto-Lei n° 433/82. Sobre o regime de recursos no direito administrativo português, ver nomeadamente os artigos 158° e seguintes do Código do Procedimento Administrativo.

[174] Mais concretamente para o Tribunal de Primeira Instância, órgão jurisdicional competente para conhecer dos recursos de pessoas singulares e colectivas, nos termos conjugados do artigo 168°-A do Tratado e da Decisão do Conselho de 24 de Outubro de 1988, na redacção que lhe foi dada pela Decisão do Conselho de 8 de Junho de 1993, JO L 144, 1.

Os direitos de defesa enquanto direitos fundamentais   117

1.6. O direito à indicação das vias de recurso

Nos anos mais recentes, vem sendo igualmente qualificada de "princípio geral de direito aplicável nos processos de natureza administrativa", a obrigação de indicar, na decisão dirigida ao administrado, quais as vias de recurso existentes contra essa decisão *(Rechtmittelbelehrung, legal remedies)* e o(s) prazo(s) em que tal possibilidade de recurso pode ser exercida. Nesse sentido, aliás, se pronunciava já a referida Resolução do Conselho da Europa.

Não obstante terem sido suscitadas algumas dúvidas quanto ao facto de tal obrigação poder ser considerada como um princípio geral de direito aplicável nos processos de natureza administrativa[175], certo é que ela se encontra expressamente consagrada no direito comunitário da concorrência (vide artigos 11º, nº 5, e 14º, nº 3, do Regulamento nº 17).

---

[175] O Advogado-geral GAND, nas suas Conclusões no caso *ACF Chemiefarma/Comissão*, procº 41/69, Colect. 1970, 713, pronunciou-se claramente no sentido de a não considerar como um princípio geral de direito. P. J. KUYPER e T. VAN RIJN, cit., 4, referiam que apenas na Alemanha esse princípio se encontrava consagrado de uma forma geral. Saliente-se que, no direito português, a alínea c) do nº 1 do artigo 68º do Código de Procedimento Administrativo estabelece que da notificação da decisão devem constar "*o órgão competente para apreciar a impugnação do acto e o prazo para este efeito no caso de o acto não ser susceptível de recurso contencioso*". No regime geral das contra-ordenações, Decreto-Lei nº 433/82, o nº 2 do artigo 46º prevê que as medidas susceptíveis de impugnação, para além de deverem ser notificadas, deverão ainda "*conter os esclarecimentos necessários sobre a admissibilidade, prazo e forma de impugnação*". Por seu lado, a alínea a) do nº 2 do artigo 58º do mesmo diploma estabelece que "*da decisão deve ainda constar a informação de que ... a condenação transita em julgado e se torna exequível se não for judicialmente impugnada nos termos do artigo 59º*".

118 A protecção dos direitos fundamentais

1.7. O exercício de poderes discricionários pelas autoridades administrativas

Uma segunda Resolução, relativa ao exercício dos poderes discricionários pelas autoridades administrativas, foi posteriormente adoptada pelo Conselho da Europa [176]. Visava tal Resolução definir dois novos princípios, complementares entre si — que viriam juntar-se aos que já constavam da primeira Resolução — a saber, a obrigação de as autoridades administrativas tornarem públicas as regras — ou pelo menos de as comunicar aos interessados — relativas ao exercício dos seus poderes discricionários e o dever da administração de fundamentar as razões que a levaram a afastar-se da aplicação ou interpretação habitualmente seguidas das referidas regras [177].

A questão reveste um interesse particular no âmbito do direito comunitário da concorrência. Se bem que a tal não a obrigue nenhuma disposição, a Comissão tem publicado certas comunicações com o objectivo de dar às empresas e associações de empresas indicações sobre os princípios com base nos quais ela se irá inspirar na interpretação de determinadas disposições

---

[176] Resolução 80/2 de 11 de Março de 1980; ver o comentário de Paul Charlier, *Contribution du Conseil de l'Europe à la protection du citoyen en présence de l'administration,* Journal des Tribunaux, 1981, 545.

[177] G. CANOTILHO e V. MOREIRA, cit., anotação ao artigo 13º da CRP, 152, falam na existência de uma *"autovinculação"* da administração no âmbito dos seus poderes discricionários. No entender destes autores, a obrigação da administração limita-se à utilização de critérios substancialmente idênticos para a resolução de casos idênticos, sem prejuízo da possibilidade da administração abandonar comportamentos anteriores que sejam ilegais. Actualmente, o Código de Procedimento Administrativo prevê, na alínea d) do seu artigo 124º, que *"devem ser fundamentados os actos administrativos que, total ou parcialmente ... decidam de modo diferente da prática habitualmente seguida na resolução de casos semelhantes, ou na interpretação e aplicação dos mesmos princípios ou preceitos legais"*.

Os direitos de defesa enquanto direitos fundamentais   119

legais [178]. Dir-se-á que não estamos em presença de regras processuais, mas sim de questões relativas à interpretação de regras de fundo. Não poderá, contudo, ser excluída a sua possível repercussão sobre determinados aspectos processuais e, desde logo, no que respeita à obrigatoriedade ou não obrigatoriedade de notificação de acordos, decisões ou práticas concertadas.

Embora as comunicações não prejudiquem a eventual interpretação dessas mesmas disposições por outras autoridades competentes e, em especial, pelos tribunais, cremos ser de considerar que, enquanto a sua aplicação não for expressamente afastada, os critérios estabelecidos nessas comunicações vinculam a Comissão e podem, por conseguinte, ser invocados pelos particulares nos litígios que os opõem à administração comunitária.

2. O direito de não testemunhar contra si próprio

2.1. Enquadramento geral [179]

Aquando da discussão no Parlamento Europeu do artigo 11º da projecto de regulamento que viria a estar na origem do Regulamento nº 17, foi apresentada uma proposta de alteração — proposta essa que não viria a ser aceite pelo Conselho — no

---

[178] Ver, nomeadamente, as Comunicações de 24 de Dezembro de 1962 (relativa aos contratos de representação exclusiva concluídos com representantes comerciais) e de 27 de Maio de 1970 (relativa aos acordos de pequena importância que não são abrangidos pelo disposto no nº 1 do artigo 85º do Tratado que institui a Comunidade Económica Europeia), publicadas no JO EE 08.01, 58 e 162, respectivamente; ver igualmente, P.J. KUYPER e T. VAN RIJN, cit., 4 e 5.

[179] Ver, nomeadamente, T. JESTAEDT, *The right to remain silent in EC Competition Procedure*, in *Droits de la défense et droits de la Commission...*, cit., 113, e J. JOSHUA, *The right to be heard in EEC Competition procedure*, in *Fordham International Law Journal*, Vol. 15/1991-1992, 16.

120   *A protecção dos direitos fundamentais*

sentido de incluir no texto desse artigo uma referência ao direito de não testemunhar contra si próprio. Previa tal proposta de alteração que as *"pessoas obrigadas a fornecer as informações podem recusar-se a responder às questões, quando tal resposta for susceptível de expôr as próprias pessoas, ou de expor qualquer pessoa a quem seja reconhecida pelas normas de processo nacionais a possibilidade de recusar-se a testemunhar, ou as empresas ou associações de empresas que elas representam, a sanções penais"* [180].

A atitude do Conselho ao não aceitar a alteração proposta pelo Parlamento é, na nossa opinião, facilmente compreensível. Por um lado, as sanções a aplicar no quadro do direito comunitário da concorrência não são — como aliás o refere expressamente o nº 4 do artigo 15º do Regulamento nº 17 — de natureza penal. Por outro lado, tais sanções apenas são aplicáveis a empresas ou a associações de empresas, isto é, a pessoas colectivas e não a pessoas singulares [181].

Sem prejuízo da análise que não deixaremos de fazer sobre a eventual aplicabilidade de tal princípio nos processos de natureza administrativa — e mesmo a admitir que se trataria de um verdadeiro direito fundamental ou de um princípio geral de

---

[180] Cfr. parecer do PE de 19 de Outubro de 1961, artigo 9º; ver igualmente o Relatório DERINGER, nº 120-122, JO de 7 de Setembro de 1961, Documentos da Sessão 1961-1962, documento 57.

[181] Saliente-se, ainda, que, na altura da elaboração do Regulamento nº 17, a Alemanha manifestou-se igualmente no sentido da inclusão no referido regulamento de uma referência expressa ao direito de não testemunhar contra si próprio. Face à recusa do Conselho em aceitar a sua pretensão, a Alemanha, em declaração inscrita na acta da reunião, considerou que o reconhecimento de um tal direito deveria ser considerado como implícito; ver U. EVERLING, *Das Auskunftsrecht gegenüber Unternehmen und Unternehmenszusammenschlüssen innerhalb internationaler Gemeinschaften,* Frankfurt, 1964, 77. Ver, todavia, as disposições equivalentes do Regulamento nº 4064/89 que prevêm a possibilidade de aplicar sanções pecuniárias a pessoas singulares (cf. artigo 14º, nº 1 — coimas; artigo 15º, nº 1 — sanções pecuniárias compulsórias).

Os direitos de defesa enquanto direitos fundamentais 121

direito comum aos Estados-membros aplicável nos processos desta natureza — salientem-se, desde já, três aspectos que, dentro dos objectivos que presidem ao nosso estudo, nos parecem dever ser previamente tomados em consideração.

Trata-se, em primeiro lugar, de reafirmar a natureza não penal do direito comunitário da concorrência e dos poderes de investigação atribuídos à Comissão para a sua aplicação. O reconhecimento — que, se não de forma explícita, decorre pelo menos do próprio conteúdo do princípio da presunção de inocência do arguido — na ordem jurídica da maioria dos Estados-membros, de um direito de não testemunhar contra si próprio, em processo penal [182], não poderá, de forma imediata e directa, ser invocado como constituindo um princípio geral de direito ou tradição constitucional comum aos Estados--membros a cujo respeito a Comissão estaria obrigada no exercício dos poderes administrativos que lhe são conferidos pelo Regulamento nº 17.

Em segundo lugar, um tal direito, a poder ser invocado pelas empresas a quem a Comissão endereçou um pedido de informações por decisão adoptada ao abrigo do nº 5 do artigo 11º do Regulamento nº 17, teria por forçosa consequência converter essa faculdade conferida à Comissão numa formalidade sem qualquer efeito útil e, simultaneamente, obrigar a Comissão a

---

[182] Cfr. nomeadamente, em Portugal, os artigos 32º da Constituição e 61º, nº 1, alínea c) do Código de Processo Penal; na Alemanha, entre outros, ver os artigos 55º, alíneas 1 e 2, 115º, alínea 3, 136º, alíneas 1 a 4, e 243º, alínea 4, do StPO; o BVG considerou que tal direito decorria igualmente do artigo 2º, al. 1, da Lei Fundamental relativo à dignidade humana, cfr. acórdão de 8 de Outubro de 1984, BVerfGE, tomo 38, 113; na Itália, artigo 78º do CPP; na Holanda, artigo 29º do Wetboek van Strafvordering; no Reino Unido, ver o Relatório da *Royal Commission on Criminal Procedure*, *The investigation and prosecution of criminal offences in England and Wales*, in *The Law and Procedure*, 1981, parágrafo 77; na Grécia, artigo 273º, nº 2, alínea b), e 366º, nº 3, alínea b), do Código de Processo Penal.

122 *A protecção dos direitos fundamentais*

recorrer com mais frequência à realização das inspecções previstas no artigo 14° do mesmo Regulamento [183].

Refira-se, por último, que o Tribunal de Justiça só no final dos anos 80 foi chamado a pronunciar-se sobre esta questão no quadro de dois recursos de anulação, interpostos respectivamente em 16 de Dezembro de 1987 e 26 de Janeiro de 1988, contra duas decisões da Comissão adoptadas com base no n° 5 do artigo 11° do Regulamento n° 17 [184]. As referidas empresas sustentavam nomeadamente que o pedido de informações de que foram notificadas constituía uma violação dos princípios gerais de direito comuns aos Estados-membros, bem assim como dos artigos 6° da CEDH e 14°, n° 3, alínea g), do Pacto internacional relativo aos direitos civis e políticos, no que respeita às modalidades de produção de prova, na medida em que tal pedido consubstanciava uma inversão do ónus da prova e as impedia de beneficiar do princípio da presunção da inocência.

Na ausência de amplos poderes de investigação que lhe permitam — a exemplo do que se passa em Portugal ou na Alemanha, onde as autoridades de concorrência dispõem de um poder de busca e de apreensão de documentos — obter todos os elementos necessários para a instrução do processo, a Comissão tem considerado que as empresas cujo comportamento é objecto de uma investigação têm uma obrigação de colaborar no esclarecimento da verdade dos factos [185]. O Tribunal de

---

[183] Neste sentido — e considerando mesmo que uma tal situação tornaria necessária uma reconsideração global dos poderes da Comissão neste domínio — ver C.-D. EHLERMANN, D. OLDEKOP, *Due process in administrative procedure,* in Rapport 8ème Congrès FIDE, cit., 1978, 11.5; em sentido contrário, J. SEDEMUND, *Das Verfahren EWG in Wettbewerbsachen,* Europarecht, 1973, 320.

[184] TJCE, acórdãos de 18 de Outubro de 1989 nos proc°s. n° 374/87, *Orkem/Comissão* e n° 27/88, *Solvay/Comissão,* Colect. 1989, 3283 e 3355 respectivamente.

[185] Ver as decisões da Comissão de 20 de Dezembro de 1979, *Fabbrica Pisana* e *Fabbrica Sciarra,* JO L 75 de 21 de Março de 1980, respectiva-

Os direitos de defesa enquanto direitos fundamentais 123

Justiça parecia, no nosso entender, ter reconhecido implicitamente a existência dessa obrigação de colaboração na descoberta da verdade dos factos, ao declarar no acórdão *National Panasonic* [186] que, contrariamente ao que se verifica nas inspecções, as informações cuja obtenção é considerada pela Comissão como necessária só podem, em regra geral, ser obtidas com a colaboração das empresas [187].

A doutrina manifesta, em relação à questão de saber se se está na presença de um verdadeiro princípio geral de direito, comum à ordem jurídica dos diferentes Estados-membros, uma opinião bastante dividida. Se autores há que consideram que, enquanto princípio geral, tal direito apenas seria susceptível de ser invocado por pessoas singulares e apenas nos casos em que o seu testemunho pudesse dar origem à aplicação de penas privativas de liberdade [188], outros manifestam-se abertamente a favor da existência de um reconhecimento geral desse direito igualmente às pessoas colectivas e para todo o tipo de sanções, mesmo se de natureza administrativa [189].

A maioria da doutrina, contudo, adopta uma posição mais reservada. Se no que diz respeito à possibilidade de as pessoas colectivas invocarem tal princípio parece haver uma certa

---

mente pp. 30 e 35, pelas quais foram aplicadas coimas por não comunicação de documentos susceptíveis de indiciar a participação dessas empresas nas práticas restritivas da concorrência objecto de investigação.

[186] Cit., considerando 13.

[187] O advogado-geral WARNER, nas suas conclusões no caso *A.M. & S.*, cit., considerou que aceitar que as empresas não sejam obrigadas a fornecer respostas susceptíveis de envolver a sua responsabilidade a um pedido de informações que lhes tenha sido dirigido por uma decisão ao abrigo do artigo 11°, teria por forçosa consequência retirar todo o efeito útil ao disposto neste artigo.

[188] B. VAN DER ESCH, Conferência da AIEC, 20 de Março de 1988, cit. por J. JOSHUA, *The Element of surprise: EEC Competition Investigations under article 14 of Regulation 17*, ELR, 1988, 3, 13.

[189] A. PLIAKOS, *Les droits de la défense et le droit communautaire de la concurrence*, cit., 288.

124 A protecção dos direitos fundamentais

unanimidade no sentido de uma resposta positiva, já quanto à invocação do "direito a não testemunhar contra si próprio" no caso de procedimentos susceptíveis de envolver a aplicação de sanções não penais — como é o caso das sanções aplicáveis no domínio do direito comunitário da concorrência — as opiniões não são inteiramente conclusivas. É certo que, nomeadamente nos direitos alemão, inglês e português [190], certas disposições legais reconhecem expressamente esse direito, e que noutros Estados-membros a doutrina e a jurisprudência [191] se inclinam no sentido da aplicabilidade, no domínio dos processos de natureza administrativa susceptíveis de dar origem à imposição de sanções, de certas garantias conferidas em processo penal. Tal não impede, no entanto, a existência de importantes excepções, em particular no domínio fiscal, que nos levam a pôr em dúvida o carácter geral desse princípio.

É assim que, por exemplo, em Inglaterra, o direito de não testemunhar contra si próprio não é reconhecido nos casos em que por lei seja atribuído às autoridades administrativas o poder de obter as informações necessárias ao exercício efectivo

---

[190] No direito alemão, ver artigo 46º, § 5 do GWB — HOFFMAN, *Zur Bedeutung von § 46 GWB in Verwaltungs und Ordnungswidrigkeitenverfahren*, FIW Schriftenreihe nº 69, Köln 1974, s. 7. No direito inglês, ver secção 14 do *Civil Evidence Act* de 1968 — J. PHILLIP, *EEC Competition Law and Privilege against Self-incrimination in English law*, LIEI, 1983, 141. No direito português das contra-ordenações, o mesmo resulta da aplicação conjunta do artigo 41º do Decreto-Lei nº 433/82 e do artigo 61º, nº 1, alínea c), do Código de Processo Penal; no novo Código do Procedimento Administrativo, o artigo 89º estabelece que é legítima a recusa à *"prestação de informações, a apresentação de documentos ou coisas, a sujeição a inspecções e a colaboração noutros meios de prova...quando a obediência às mesmas...importar a revelação de factos puníveis, praticados pelo próprio interessado..."*.

[191] Em Espanha ver, entre outros, G. DE ENTERRIA, *Le problème juridique des sanctions administratives*, REDA, nº 10, 1976, 399, e o acórdão de 8 de Junho de 1981 do Tribunal Constitucional, procº 101/80; na Bélgica, ver S. JAROT e W. DEROOVER, *Le droit de la défense devant l'administration et le juge de celle-ci*, Adm. Publ., 1984, 193.

Os direitos de defesa enquanto direitos fundamentais   125

das suas funções junto das pessoas que se encontram na sua posse [192].

A análise das convenções e acordos internacionais dos quais os Estados-membros são parte, enquanto possíveis elementos de interpretação, não nos permite igualmente tirar conclusões definitivas. É certo que a alínea g) do nº 3 do artigo 14º do "Pacto Internacional relativo aos direitos civis e políticos" estabelece a proibição de obrigar qualquer pessoa *"a testemunhar contra si própria ou a confessar-se culpada"*. Contudo, e para além das legítimas dúvidas que suscita a questão de saber se este Pacto poderá ser invocado por pessoas colectivas, cremos ser pacífico que o referido artigo 14º visa simplesmente as infracções de natureza penal. Por outro lado, também o artigo 6º da CEDH não contém qualquer referência expressa ao reconhecimento de semelhante princípio [193].

Face aos elementos acima expostos, não seria legítimo, no nosso entender, concluir no sentido do reconhecimento da existência de um princípio geral de direito, plenamente aplicável em direito comunitário, que permitisse às empresas invocar, nos processos susceptíveis de envolver a aplicação de sanções de

---

[192] Ver, nomeadamente, os casos *Customs and Excise Commissioners v. Ingram* [1948], 1 All E.R., 927 e *Rio Tinto Zinc v. Westingshouse Electric*, [1978], 1 All E.R., 434; no domínio fiscal, o *Finance Act* de 1972 reconhece às autoridades fiscais o poder de solicitar aos particulares todas as informações necessárias para verificar a existência de uma fraude ao fisco; ver também *Halsbury's Laws*, 4th ed., Vol. 12, para. 944, nota 2, e Vol. 13, para. 2.

[193] Certos autores pretendem, no entanto, que esse reconhecimento resultaria de forma implícita quer do direito a um "procès équitable" consagrado no artigo 6º, nº 1 — cfr. J. DE MEYER, *La Convention européenne des droits de l'homme et le Pacte international des droits civils et politiques,* Heule, 1968, 58, e P. VAN DIJK, *The right of the accused to a fair trial under international law*, SIM Special, vol. 1, Utrecht, 1983, 42 — quer do princípio da presunção de inocência estabelecido no nº 2 do mesmo artigo, cfr. D. PONCET, *La protection de l'accusé par la Convention Européenne des Droits de l'Homme*, Genève, 1977, 141.

126 *A protecção dos direitos fundamentais*

natureza administrativa, um "direito de não testemunhar contra si próprio"[194]. A situação será, contudo, diferente, do ponto de vista do direito comunitário, no que diz respeito às pessoas singulares, e nomeadamente aos funcionários das empresas objecto de investigação, cujas respostas a um pedido de informações as possam expor a sanções de natureza penal ou disciplinar[195].

Não nos parece igualmente que o reconhecimento pelo Tribunal de Justiça da existência, em direito comunitário, de uma protecção do carácter confidencial das comunicações entre uma empresa e o seu advogado — em termos que teremos a oportunidade de analisar mais adiante — nos permita chegar a uma

---

[194] Em Portugal, e no domínio dos processos de aplicação de coimas, a questão parece assumir um contorno diferente. Com efeito, nos termos do nº 1 do artigo 41º do Decreto-Lei nº 433/82, deverão aplicar-se nestes processos os preceitos reguladores do processo criminal sempre que o contrário não resultar do diploma que institui o ilícito de mera ordenação social. Por outro lado, nos termos do nº 2 do mesmo artigo, as autoridades administrativas competentes gozam dos mesmos direitos e estão submetidas aos mesmos deveres das entidades competentes para instrução criminal, quando igualmente o contrário não resultar da lei. Tal leva-nos a concluir que o artigo 61º nº 1 do Código de Processo Penal será aqui aplicável e que, por conseguinte, o direito de não testemunhar contra si próprio poderá ser invocado por uma empresa objecto de um pedido de informações ao abrigo do nº 3 do artigo 12º ou inquirida ao abrigo das alíneas a) e b) do nº 1 do artigo 23º, ambos do Decreto-Lei nº 371/93.

[195] Ver neste sentido, C.-D. EHLERMAN e D. OLDEKOP, cit., 11.5). O Tribunal de Justiça — acórdão de 7 de Novembro de 1985, *Stanley Adams/Comissão*, procº 145/83, Colect. 1985, 3539 — ao condenar a Comissão, nos termos do artigo 215º do Tratado CE, a reparar o prejuízo causado, por sua negligência, a um funcionário do grupo suíço "Hoffmann--La Roche" — funcionário que, por sua própria iniciativa, havia comunicado à Comissão certas informações que envolviam a participação desta empresa em práticas proibidas pelo artigo 86º do Tratado — julgado e condenado a um mês de prisão pelo crime de espionagem económica (artigo 273º do Código Penal suíço), parece de forma implícita orientar-se no sentido de reconhecer que a Comissão não pode exigir das pessoas singulares a comunicação de factos susceptíveis de envolver a sua responsabilidade criminal.

Os direitos de defesa enquanto direitos fundamentais 127

conclusão no sentido do igual reconhecimento de um direito de não testemunhar contra si próprio [196]. Embora, a nosso ver, se possa considerar legítimo que a empresa se recuse a comunicar o conteúdo dessa correspondência, quando para tal for solicitada pela decisão prevista no n° 5 do artigo 11°, isso não impede que ela seja obrigada a fornecer todas as informações pedidas pela Comissão que não se encontrem protegidas pela natureza confidencial da correspondência trocada com o seu advogado, como adiante se demonstrará.

2.2. *A jurisprudência do Tribunal de Justiça das Comunidades Europeias*

Nos seus acórdãos de 18 de Outubro de 1989 nos casos *Solvay* e *Orkem*, o Tribunal de Justiça veio afirmar de forma inequívoca que o Regulamento n° 17 não reconhece às empresas objecto de medidas de investigação qualquer direito a eximirem-se da obrigação de a elas se submeterem, com o fundamento de que daí poderia resultar a prova da sua participação numa infracção às regras de concorrência. Pelo contrário, no entender do Tribunal, esse regulamento prevê uma obrigação de colaboração activa, que implica que tais empresas coloquem à disposição da Comissão os elementos de informação relativos ao objecto da investigação [197].

Da análise das ordens jurídicas dos Estados-membros não resulta igualmente, na opinião do Tribunal de Justiça, qualquer reconhecimento de um direito a não testemunhar contra si próprio em proveito das pessoas colectivas, nomeadamente no domínio das infracções de natureza económica e, em particular,

---

[196] Cfr. o acórdão *AM & S*, cit.. Em sentido contrário, embora de forma não conclusiva, ver J. MEGRET, J.V. LOUIS, D. VIGNES e outros, *Le droit de la Communauté Economique Européenne*, comentário ao artigo 213°, vol. 16, ULB, Bruxelles, 1987, 235.

[197] Cfr. considerandos 24 e 27, respectivamente, dos referidos acórdãos.

128 *A protecção dos direitos fundamentais*

em matéria de direito da concorrência. Um tal direito apenas seria reconhecido, de uma forma geral, às pessoas singulares e no quadro das regras aplicáveis em matéria de processo penal. Ainda segundo o Tribunal, tal reconhecimento não poderia também ser deduzido das disposições do artigo 6º da CEDH — mesmo a aceitar que a CEDH possa ser invocada por uma empresa objecto de uma investigação no domínio do direito da concorrência — e da jurisprudência do Tribunal Europeu dos Direitos do Homem, nem do Pacto Internacional relativo aos direitos civis e políticos o qual visa apenas as pessoas acusadas de infracções de natureza penal [198].

Considerou, todavia, o Tribunal de Justiça dever examinar se, apesar de tudo, certos limites ao exercício dos poderes de investigação da Comissão não resultariam da necessidade de assegurar, de uma forma geral, o respeito dos direitos de defesa, princípio fundamental da ordem jurídica comunitária.

Partindo da necessidade de evitar que o exercício de certos direitos de defesa seja irremediavelmente comprometido ainda no decurso da fase inicial da investigação, o Tribunal de Justiça conclui que embora a Comissão se encontre habilitada a solicitar da empresa ou empresas objecto de investigação todas as informações necessárias sobre factos do seu conhecimento, bem como todos os documentos respeitantes a essas informações, tal não implica que ela possa obrigar a empresa a responder a questões que, pela sua própria natureza, impliquem o reconhecimento da existência de uma infracção cuja prova compete à Comissão.

Tais considerações levaram o Tribunal de Justiça a anular parcialmente as decisões litigiosas. Com efeito, as respostas a algumas das questões colocadas pela Comissão, relativas à finalidade e ao objectivo de certas iniciativas da empresas *Solvay* e *Orkem*, implicavam necessariamente, por parte dos respec-

---

[198] Cfr., respectivamente, os considerandos 26 a 28, e 29 a 31, dos referidos acórdãos.

Os direitos de defesa enquanto direitos fundamentais 129

tivos destinatários, assumir a participação em acordos susceptíveis de restringir a concorrência, ou confessar a intenção de
atingir tal objectivo. Era esse o caso de questões visando a
obtenção de informações sobre *"qualquer iniciativa ou prática
concertada analisada ou decidida no sentido de apoiar determinadas iniciativas de preços"* ou sobre *"as modalidades de
qualquer sistema ou método que tenha permitido atribuir objectivos de venda ou quotas aos participantes"* [199].

A jurisprudência ora consagrada pelo Tribunal de Justiça
não deixa de suscitar algumas interrogações.

Com efeito, a solução encontrada pode ser considerada, à
primeira vista, como um reconhecimento implícito, mesmo
se apenas parcial, de um direito a não testemunhar contra si
próprio em benefício das empresas objecto de uma investigação
no quadro da aplicação das regras de concorrência do Tratado
CE. Não cremos, contudo, que se deva levar tão longe uma tal
interpretação, extrapolando totalmente dos casos que foram
submetidos à apreciação do Tribunal de Justiça. As questões
que justificaram a anulação parcial das referidas decisões da
Comissão, mais do que procurar estabelecer a participação das
empresas destinatárias numa prática proibida pelas regras de
concorrência do Tratado CE, visavam apurar a própria existência de acordos ou práticas concertadas contrários ao direito
da concorrência, cuja prova compete à Comissão. Admitir a
licitude de tal tipo de questões equivaleria, na realidade, a
inverter o ónus da prova da existência da infracção que deve
caber à Comissão.

---

[199] Cfr., respectivamente, considerandos 30 a 38 e 33 a 42 dos já citados
acórdãos.

3. A protecção da confidencialidade da correspondência trocada entre as empresas e o seu advogado

3.1. Enquadramento geral [200]

Como já tivemos a oportunidade de salientar no primeiro capítulo deste trabalho, as empresas não podem invocar a existência de eventuais segredos profissionais como causa justificativa para a não comunicação de certos documentos ou informações à Comissão. A protecção do segredo profissional está assegurada, conforme resulta das disposições do artigo 20º do Regulamento nº 17, por um lado, pela proibição imposta à Comissão de utilizar as informações obtidas para fins diversos daqueles para que tais informações foram pedidas e, por outro lado, pela obrigação que impende sobre a Comissão e as autoridades competentes dos Estados membros, bem como aos seus funcionários e outros agentes, de não divulgar as informações, que pela sua natureza estejam abrangidas pelo segredo profissional, obtidas na sequência de um pedido de informações ou de uma inspecção.

---

[200] Sobre a questão, ver, nomeadamente, A. WINCKLER, 'Legal Privilege' et le droit communautaire de la concurrence e Y. BRULARD e P. DEMOLIN, Legal Privilege, in Droits de la défense et droits de la Commission..., cit., 55 e ss. e 64 e ss., respectivamente. O Tribunal de Justiça, no seu acórdão no caso A.M. & S., apenas fala da "protecção da correspondência", ao contrário do advogado-geral G. SLYNN que, nas suas Conclusões, considerou que a protecção se estendia a qualquer tipo de comunicação, oral ou escrita, entre o advogado e o seu cliente. Não cremos ser de interpretar o acórdão do Tribunal no sentido de estabelecer qualquer distinção entre os diferentes tipos de comunicação. Na prática, o problema da protecção coloca-se essencialmente ao nível das comunicações escritas, e tal era, aliás, o caso concreto sobre o qual o Tribunal se devia pronunciar. Neste sentido, ver T. CHRISTOFOROU, La protection de la confidentialité de la correspondance entre avocats et clients dans le cadre du traité CE, Révue Hellénique de Droit Européen, 1983, 3, 40.

Os direitos de defesa enquanto direitos fundamentais   131

Muito embora — a exemplo do que referimos a propósito do direito de não testemunhar contra si próprio — o já citado Relatório da Comissão do Parlamento Europeu (Relatório Deringer) que apreciou o projecto de Regulamento nº 17 mencionasse no seu ponto nº 121 que "...*o segredo profissional, por exemplo dos advogados e dos contabilistas, deve ser assegurado*" — proposta que não foi tomada em consideração pelo Conselho na redacção definitiva do Regulamento — foi só no início dos anos 80 que o Tribunal de Justiça foi chamado a pronunciar-se sobre o problema do respeito da natureza confidencial da correspondência trocada entre as empresas e os respectivos advogados.

Tal não significa, no entanto, que esta questão não tivesse sido já objecto de profundas controvérsias, controvérsias essas que assumiram entretanto um especial relevo, nomeadamente a partir da adesão às Comunidades do Reino Unido e da República da Irlanda, países onde a protecção do segredo profissional e das comunicações entre as empresas e os respectivos advogados tem sido considerada como atingindo um grau mais elevado.

Uma análise exaustiva do grau de protecção nas diferentes ordens jurídicas nacionais dos Estados membros foi, por iniciativa da Comissão Consultiva das Ordens dos Advogados da Comunidade Europeia (CCBE — Commission Consultative des Barreaux de la Communauté Européenne), realizada em 1976 e consta do chamado "Relatório Edward"[201]. A questão foi igualmente abordada no quadro do já referido 8º Congresso da FIDE. No seu relatório ao Congresso, EHLERMANN e OLDEKOP[202] consideravam que, muito embora o direito

---

[201] D. O. A. EDWARD, *The Professional Secret, Confidentiality and Legal professional Privilege in the Nine Member States of the European Community*, relatório inédito, citado nas Conclusões do Advogado-Geral WARNER no caso A.M. & S., cit.

[202] *Due Process in Administrative Procedure*, cit., 11.5 e 11.6.

132　　*A protecção dos direitos fundamentais*

comunitário não estabelecesse qualquer regra específica aplicável no domínio da protecção do segredo profissional dos advogados nos processos de natureza administrativa, seria legítimo inferir, de uma forma geral e face à situação existente nos Estados membros, que a consagração de tal protecção no direito comunitário decorreria de um princípio geral de direito comum aos Estados-membros.

Segundo os autores do Relatório, a inexistência, até então, de qualquer caso concreto em que o problema se tivesse colocado de forma particular, deixava em aberto a questão da extensão dessa protecção. No seu entender, contudo, poder-se-ia desde logo considerar que a protecção se deveria aplicar indistintamente quer aos advogados independentes, quer aos que dependiam de uma entidade que os remunerasse a tempo inteiro, e deveria cessar a partir do momento em que o próprio advogado se associasse ou colaborasse com o seu cliente em actividades ilegais.

A Comissão, por seu lado, na sua resposta de 22 de Junho de 1978 à questão parlamentar nº 63/78 [203], afirmava encontrar-se disposta a não utilizar como prova de eventuais violações às regras de concorrência do Tratado todo e qualquer documento de natureza estritamente jurídica, redigido com vista a obter ou a dar pareceres jurídicos relativos às regras de direito a observar ou relacionadas com a preparação e a organização da defesa da empresa ou associação de empresas em questão, não obstante a legislação comunitária aplicável no domínio do direito da concorrência não prever qualquer protecção dos documentos profissionais de natureza jurídica. Nesse sentido, a Comissão, sem deixar de salientar que lhe competia a ela apreciar, sob o controlo do Tribunal, a natureza de tais documentos, manifestava ainda a sua intenção de não fazer cópias desses documentos sempre que deles tivesse conhecimento no decurso de uma inspecção.

---

[203] Resposta mencionada nas Conclusões do Advogado-Geral WARNER no processo A.M. & S., cit., 1622.

Os direitos de defesa enquanto direitos fundamentais 133

Se é inegável que a análise das normas aplicáveis nos Estados-membros nos revela a existência de importantes diferenças na forma como é assegurada a protecção da correspondência trocada entre os advogados e os seus clientes [204], não deixa igualmente de ser verdade que, mais do que uma diferença do grau de protecção, se trata essencialmente de uma diversidade dos métodos aplicados para atingir essa mesma protecção. A razão desta "desigualdade de tratamento" resulta, desde logo, da coexistência no seio da Comunidade de sistemas jurídicos fundamentalmente diferentes. Não é, pois, de estranhar que em certos Estados-membros a protecção seja acima de tudo uma consequência do pleno respeito dos direitos de defesa — tradicionalmente associados ao processo penal — enquanto noutros é a própria função do advogado, enquanto colaborador da justiça, que por si só justifica que tal protecção seja assegurada.

3.2. *A jurisprudência do Tribunal de Justiça e do Tribunal de Primeira Instância*

O Tribunal de Justiça no seu acórdão no caso "A.M. & S.", sem negar a diversidade de regimes entre os Estados-membros, considerou, no entanto, ser possível vislumbrar a existência de um critério comum: o do reconhecimento uniforme de uma protecção da correspondência [205] entre o advogado e os seus clientes, desde que essa correspondência, por um lado, se insira

---

[204] Para uma análise global de direito comparado, ver as já referidas Conclusões do Advogado-geral SLYNN no processo A.M. & S., cit., 1656-1658.

[205] Conforme já acima referimos a noção de "correspondência" deve aqui ser interpretada de forma lata. Isso mesmo veio confirmar o Tribunal de Primeira Instância, ao considerar que uma nota interna reproduzindo o texto ou o conteúdo das comunicações entre a empresa e o seu advogado é igualmente abrangida pelo "legal privilege", cfr. TPICE, despacho de 4 de Abril de 1990 (2ª Secção), *Hilti/Comissão*, proc° T-30/89, Colect. 1990, II-165.

134 *A protecção dos direitos fundamentais*

no âmbito e tenha sido trocada no interesse dos direitos de defesa do cliente e, por outro lado, seja proveniente de um advogado independente inscrito na respectiva Ordem dos Advogados ou habilitado a exercer num Estado-membro [206].

É, assim, com base nos elementos constitutivos desta protecção unanimemente reconhecidos em todos os Estados-membros — isto é, desde que preenchidas as duas condições acima enunciadas — que o Regulamento nº 17 deve, no entender do Tribunal, ser interpretado, por forma a garantir o respeito da natureza confidencial dessa correspondência [207].

Ao considerar que a protecção da correspondência trocada entre o advogado e os seus clientes constitui um complemento necessário ao pleno exercício dos direitos de defesa, justificado pela exigência de que toda a pessoa deve ter o direito de recorrer livremente aos conselhos de um advogado, o Tribunal consagra, de forma inequívoca, uma concepção finalista dos direitos de defesa. E esta concepção é claramente reforçada ao sublinhar que a protecção da natureza confidencial da correspondência trocada entre o advogado e o seu cliente não se opõe a que a empresa revele, de sua livre vontade, o respectivo conteúdo, caso estime ser seu interesse fazê-lo [208]. Trata-se, pois, acima de tudo, de proteger o interesse do cliente. Não se justifica, assim, no nosso entender, que a obrigação de respeitar a confidencialidade da correspondência trocada entre a empresa e o seu advogado deva, no direito comunitário da concorrência, e a exemplo do que se passa em França, ser considerada como

---

[206] Cit., considerando 21. No texto original do acórdão, em língua inglesa, a expressão utilizada é a de *for the purposes and in the interests of the client's right of defence*. Na versão em língua francesa publicada na Colectânea de Jurisprudência, utiliza-se a expressão *dans le cadre et aux fins du droit de la défense du client.*

[207] Cit., considerandos 22 e 23.

[208] Cit., considerando 28.

Os direitos de defesa enquanto direitos fundamentais   135

decorrendo da protecção do segredo profissional enquanto princípio de ordem pública [209].

Definido que está, de uma forma geral, o reconhecimento do princípio da protecção da confidencialidade das comunicações entre o advogado e as empresas no direito comunitário da concorrência, importa, todavia, analisar o conteúdo das duas condições estabelecidas pelo Tribunal de Justiça e, sobretudo, procurar uma resposta para as importantes questões ainda em aberto.

A primeira condição mencionada pelo Tribunal é a de que a correspondência se insira no âmbito e tenha sido trocada no interesse dos direitos de defesa do cliente. Tal significa, no quadro do Regulamento nº 17, não apenas toda a correspondência trocada após a abertura de um processo susceptível de conduzir à adopção de uma decisão que inflija à empresa uma sanção pecuniária, mas igualmente a correspondência anterior que esteja ligada ao objecto do processo [210].

A ligação com o objecto do processo deve ser entendida num sentido amplo. No caso em análise, tratava-se de correspondência trocada em 1972, imediatamente após a adesão do Reino Unido à Comunidade e cerca de seis anos antes da realização das inspecções, e que dizia, no essencial, respeito à questão de saber em que medida poderia ser evitado um conflito eventual entre a empresa e as autoridades comunitárias

---

[209] Em sentido contrário, ver A. PLIAKOS, cit., 274. Ver igualmente M. DELMAS-MARTY, *A propos du secret professionnel*, Dalloz, Paris, 1982, 267, segundo o qual o respeito do segredo profissional constitui um princípio de ordem pública.

[210] No entender de C.KERSE, cit., 247, nota 67, a "abertura do processo" não deve ser aqui entendida num sentido formal — isto é, como significando a comunicação à empresa de que foi dado início a um processo com vista à adopção de uma das decisões referidas nos artigos 2º, 3º ou 6º do Regulamento nº 17 — mas sim como abrangendo qualquer acto da Comissão susceptível de indiciar a intenção de aplicar as regras de concorrência do Tratado.

em consequência da aplicação das regras de concorrência do Tratado às actividades da empresa. Nenhuma referência é feita pelo Tribunal quanto à questão de saber se a protecção de tal correspondência deverá ser sempre garantida, independentemente do local em que esta se encontre guardada. Na generalidade dos Estados-membros, as comunicações confidenciais na posse dos advogados beneficiam de larga protecção e não podem ser apreendidas. Contudo, em certos Estados-membros, como é o caso da Itália e da Holanda, os documentos que se encontram na posse dos clientes não se encontram protegidos. Ao não estabelecer qualquer distinção consoante a pessoa na posse da qual se encontra a correspondência, o Tribunal de Justiça parece ter seguido as Conclusões do Advogado-Geral SLYNN no sentido de conferir um grau de protecção idêntico aos documentos em poder da empresa ou do seu advogado [211].

Parece, ao contrário, de excluir do âmbito da protecção a correspondência trocada entre uma empresa e o seu advogado, encontrada na posse de terceiros (desde que, obviamente, estes não a tenham obtido de forma ilegítima). Se algumas dúvidas poderiam ainda existir quanto à possibilidade de considerar tais documentos como tendo sido trocados "no quadro e no interesse dos direitos de defesa do cliente", cremos ser de afastar a sua qualificação como "confidenciais" [212]. Cabe aqui referir, todavia, um aspecto importante da jurisprudência do Tribunal de Primeira Instância, no seu despacho no já mencionado caso "Hilti". O Tribunal parece, com efeito, ter reconhecido a exis-

---

[211] TJCE, *A.M. & S.*, cit., 1665.

[212] Muito embora o Tribunal de Justiça não se tenha pronunciado sobre esta questão, parece-nos igualmente de excluir do âmbito da protecção garantida pelo direito comunitário, a correspondência do advogado que envolva a sua participação numa actividade ilegal do cliente ou que tenha por objectivo facilitar a prática de fraude ou crime punidos por lei. Tal é nomeadamente o caso no direito inglês, cfr., *Halsbury's Laws*, 4th ed., vol. 13, para 82., J. JOSHUA, cit., 17, C. KERSE, cit., 251. Pronunciando-se a favor de solução idêntica, no quadro do direito comunitário, ver EHLERMANN e OLDEKOP, cit., 11.6.

tência daquilo a que os juristas anglo-saxónicos chamam de "limited waiver", isto é, a possibilidade de renúncia parcial à confidencialidade [213].

A segunda condição definida pelo Tribunal de Justiça para que a protecção possa ser invocada é a de que a correspondência seja proveniente de um advogado independente, isto é, de um advogado que não se encontre ligado ao cliente por um contrato de trabalho. Uma tal exigência resulta da própria concepção do papel do advogado, enquanto colaborador da justiça, chamado a fornecer, no superior interesse desta e em total independência, a assistência jurídica solicitada pelo cliente [214]. Acrescenta ainda o Tribunal de Justiça que a protecção reservada aos advogados independentes constitui a contrapartida da disciplina profissional, imposta e controlada no interesse geral pelas instituições para tal habilitadas, a que o advogado se encontra sujeito.

Deve salientar-se que a solução adoptada pelo Tribunal de Justiça se afasta da que foi proposta quer pelo Advogado-Geral WARNER, quer pela Comissão, no decurso do processo. No entender destes, não haveria qualquer razão para excluir do âmbito da protecção os advogados ligados por um contrato de trabalho a uma empresa ou a uma instituição, desde que tais advogados se encontrassem igualmente submetidos às regras de disciplina e de deontologia profissionais [215].

---

[213] Tratava-se, com efeito, de um documento susceptível de estar coberto pelo "legal privilege", que a empresa havia já transmitido à Comissão, mas em relação ao qual pretendia impedir o acesso de terceiros igualmente partes no processo pendente no Tribunal. O Tribunal, no seu despacho, aceitou o pedido de tratamento confidencial do referido documento em relação às partes intervenientes no processo, cfr. considerandos 12 a 14. Solução diferente parece ter sido consagrada no direito americano, cfr. acórdão de 1981 no caso *Upjohn* v *United States*, 449 US 483, referido por Y. BRULARD e P. DEMOLIN, cit., 92.

[214] TJCE, *A.M. & S.*, cit., considerando 24.

[215] No mesmo sentido, ver C.-D. EHLERMANN e D. OLDEKOP, cit., 11.6.

138 *A protecção dos direitos fundamentais*

Não o parece ter entendido assim o Tribunal. A noção de "advogado independente", para efeitos da protecção da natureza confidencial da correspondência no quadro do direito comunitário, deve ser interpretada no sentido de abranger apenas os advogados legalmente habilitados a exercer a advocacia num dos Estados-membros, independentemente do Estado-membro onde o cliente resida [216], e deve ser apreciada no quadro das regras comuns relativas ao exercício da profissão de advogado, tal como estas resultam da Directiva 77/249/CE do Conselho [217].

A exclusão dos advogados que se encontram ligados a uma empresa por um contrato de trabalho, bem como dos advogados independentes dos países terceiros que não estejam legalmente habilitados a exercer a advocacia num dos Estados-membros, não deixou de suscitar inúmeras críticas [218]. Se é certo que nalguns Estados-membros (nomeadamente na Bélgica, Itália, França e Luxemburgo), o consultor jurídico que se encontra ligado a uma empresa por um contrato de trabalho a tempo inteiro não pode beneficiar inteiramente do estatuto profissional do advogado — e, consequentemente, não pode estar inscrito na Ordem dos Advogados — não é menos verdade que noutros Estados-membros não existe qualquer tipo de incompatibilidade entre funções. Teria sido mais apropriado, a nosso ver, estabelecer como critério de distinção a submissão a regras precisas de deontologia profissional [219].

---

[216] Na versão original do acórdão, em língua inglesa, lê-se *"entitled to practise his profession in one of the member States..."*, considerando 25. A diferença é importante na medida em que, por exemplo, os "solicitors" ingleses, embora habilitados a intervir perante os tribunais, não estão necessariamente inscritos em nenhuma Ordem dos Advogados.

[217] Directiva de 22 de Março de 1977, JO L 78, 17.

[218] Ver, nomeadamente, L. GOFFIN, *Commentaire de l'arrêt A. M. & S.*, CDE, 1982, 397, e T. CHRISTOFOROU, cit., RHDE, 299.

[219] No que diz respeito aos advogados dos países terceiros, e tendo em conta que tais advogados beneficiam em geral da protecção da natureza

Os direitos de defesa enquanto direitos fundamentais   139

Definido o quadro geral da protecção conferida no direito comunitário à correspondência trocada entre as empresas e os seus advogados, resta contudo determinar as suas modalidades de aplicação. A solução não é simples, tanto mais que, como o Tribunal de Justiça o reconheceu [220], é à Comissão, e não à empresa ou a um terceiro, que compete decidir quais os documentos que ela considera necessário conhecer para poder averiguar uma eventual infracção às regras de concorrência do Tratado.

A empresa deverá, pois, numa primeira fase, fornecer à Comissão todos os elementos de natureza a provar que o documento em questão preenche as condições justificativas da protecção legal. O facto de o Tribunal ter considerado que compete à Comissão, numa primeira fase, obter todas as informações necessárias com vista a determinar se o documento em questão preenche as condições que justifiquem a sua não comunicação, não constitui, quanto a nós, uma qualquer derrogação ao princípio da confidencialidade. Com efeito, no caso da Comissão considerar que tal prova não se encontra estabelecida, caber-lhe-á adoptar, nos termos do Regulamento nº 17, uma decisão ordenando que lhe seja facultado o documento litigioso e impondo, se necessário, uma coima ou uma sanção pecuniária compulsória à empresa. É contra esta decisão que a empresa deve interpôr o recurso de anulação previsto no artigo 173º do Tratado — submetendo ao Tribunal a apreciação dos documentos em questão — e solicitar ao Tribunal a adopção de uma

---

confidencial da correspondência trocada com os seus clientes, a Comissão manifestou a intenção de negociar com tais países acordos de tratamento recíproco, tendo submetido ao Conselho as propostas adequadas nesse sentido. Ver BCE, 6/1983, 46; J. FAULL, *Legal Professional Privilege (AM & S): The Commission Proposes International Negotiations*, ELR, 1985, 119. Tanto quanto sabemos, o Conselho ainda não deu seguimento às propostas da Comissão — doc. COM (84) 518 final de 9 de Outubro de 1984.

[220] TJCE, *A.M. & S.*, cit., considerando 17.

140 A protecção dos direitos fundamentais

medida provisória de suspensão da decisão da Comissão ao abrigo dos artigos 185° e 186° do Tratado [221].

4. O direito fundamental à inviolabilidade do domicílio

4.1. Enquadramento geral

É no quadro de um recurso de anulação interposto no Tribunal de Justiça pela empresa "National Panasonic" contra uma decisão da Comissão que ordenava a realização de uma inspecção desta empresa, que a questão da eventual incompatibilidade do exercício dos poderes de investigação da Comissão na aplicação das regras de concorrência do Tratado CE com o direito fundamental ao respeito da vida privada e à inviolabilidade do domicílio foi, embora de uma forma geral, suscitada pela primeira vez.

---

[221] Ver também o artigo 83° do Regulamento de processo do Tribunal de Justiça. Ao considerar — considerando 30 — que a apreciação de uma tal questão, intimamente ligada ao exercício dos poderes da Comissão num domínio particularmente importante para o funcionamento do mercado comum, como o é o do respeito das regras de concorrência, não poderia ser exercida fora do quadro comunitário, o Tribunal de Justiça afastou-se claramente da solução defendida no mesmo processo pelo Advogado-Geral WARNER (Conclusões, 1640). Este, com base numa interpretação extensiva do artigo 14°, n° 6, do Regulamento n° 17, pronunciava-se no sentido de que a apreciação da natureza confidencial do documento deveria ser feita pelo juiz nacional. Questão diferente é a de saber se o juiz do Tribunal que analisa os documentos cuja protecção foi invocada poderá julgar um eventual recurso da decisão final da Comissão que considere ter a empresa violado os artigos 85° ou 86° do Tratado. Pensamos que, a partir do momento em que os documentos em causa tenham sido considerados abrangidos pela protecção, seria problemático que um dos juízes — principalmente se fosse o juiz-relator do processo — estivesse ao corrente de documentos protegidos susceptíveis de envolver a participação da empresa nos factos que lhe são imputados.

Os direitos de defesa enquanto direitos fundamentais   141

Invocava a recorrente neste processo que, na ausência de disposições claras e precisas dispensando a Comissão da obrigação de notificar previamente a empresa da realização da inspecção, o n° 3 do artigo 14° do Regulamento n° 17 deveria ser interpretado no sentido de não permitir uma ingerência das autoridades públicas no exercício dos direitos fundamentais da empresa. Justificar-se-ia, no seu entender — como decorreria nomeadamente do disposto no n° 1 do artigo 8° da CEDH nos termos do qual *"toda a pessoa tem direito ao respeito da sua vida privada e familiar, do seu domicílio e da sua correspondência"* [222] — que o destinatário fosse previamente notificado da decisão de inspecção [223].

A Comissão, na sua resposta, sem pôr em causa o reconhecimento desse direito na ordem jurídica comunitária, argumentava, contudo, no sentido de que em todas as ordens jurídicas a aplicação deste princípio geral comportava certas reservas. Em particular, salientava que, mesmo aceitando que o n° 2 do artigo 8° da CEDH pudesse ser invocado pelas pessoas colectivas, tal disposição permitia a ingerência das autoridades públicas no exercício dos direitos consagrados no seu n° 1, quando tal ingerência *"estiver prevista na lei e constituir uma providência que, numa sociedade democrática, seja necessária para a segurança nacional, para a segurança pública, para o bem-estar económico do país, a defesa da ordem e a prevenção*

---

[222] Para uma visão geral do problema vejam-se, nomeadamente, as actas do *Colloque sur les droits de l'homme et les personnes morales*, Université de Louvain, 1970, e, em particular, GOLSONG, *La Convention européenne des Droits de l'Homme et les personnes morales*, p. 29.

[223] Tratava-se, no caso em apreço, da decisão de 22 de Junho de 1979, relativa às inspecções a efectuar nas instalações da empresa *National Panasonic (UK) Limited*, em Slough, Berk, adoptada nos termos do n° 3 do artigo 14° do Regulamento n° 17. Ver TJCE, acórdão de 26 de Junho de 1980, *National Panasonic/Comissão*, cit..

das infracções penais, a protecção da saúde e da moral, ou a protecção dos direitos e das liberdades de terceiros" [224].

O Advogado-Geral WARNER, nas suas Conclusões, sustentou no essencial o ponto de vista da Comissão. Na sua opinião, a própria recorrente não negava a possibilidade de ingerência das autoridades públicas na esfera privada do particular quando prevista na lei, limitando-se — sem contudo invocar qualquer disposição legal, jurisprudência ou doutrina em seu apoio — a considerar que o destinatário deveria ser previamente advertido das intenções dessas mesmas autoridades. No seu entender, a interpretação da recorrente, a ser correcta, teria necessariamente por consequência que os poderes de inspecção e de investigação conferidos a certas autoridades nacionais — polícia, autoridades fiscais ou sanitárias, etc. — deveriam ser considerados ilegais. Mas simultaneamente o Advogado-Geral não deixava de se interrogar sobre um aspecto particularmente importante, apesar de não suscitado directamente no recurso: o de a Comissão se encontrar habilitada a proceder a inspecções sem necessitar de um mandato emitido por uma autoridade judicial, contrariamente ao que se encontra previsto numa parte significativa — se bem que não na totalidade — das leis nacionais que conferem tais poderes às autoridades públicas.

A necessidade de um tal mandato judicial havia sido invocada no já citado "Relatório Deringer" [225] que, referindo-se aos actuais artigos 11º, nº 5, e 14º, nº 3, do Regulamento nº 17, considerava que a simples possibilidade de recurso para o Tribunal de Justiça da decisão da Comissão não oferecia garantias de respeito dos direitos fundamentais equivalentes às que resultariam do controlo prévio da autoridade judicial no momento da emissão do mandato. Na opinião do Advogado-geral WARNER, o facto de o Conselho não ter dado acolhimento à sugestão do Parlamento não poderia, todavia, ser interpretado como confe-

---

[224] Ver TJCE, acórdão de 26 de Junho de 1980, cit., 2045.
[225] Cit., ponto 121.

Os direitos de defesa enquanto direitos fundamentais 143

rindo à empresa destinatária da decisão um direito de notificação prévia da decisão de inspecção [226].

No seu acórdão neste processo, o Tribunal de Justiça começa por reafirmar que os direitos fundamentais constituem parte integrante dos princípios gerais de direito — resultantes das tradições constitucionais comuns aos Estados-membros e dos tratados e acordos internacionais a que estes aderiram ou nos quais cooperaram — cujo respeito é por si assegurado, mencionando expressamente o teor do disposto no nº 2 do artigo 8º da CEDH (sem, no entanto, e na linha da posição que havia sido defendida pela Comissão, deixar de acrescentar *"...a supor que ele se aplica às pessoas colectivas..."*). Salienta depois o Tribunal que o exercício dos poderes atribuídos à Comissão pelo Regulamento nº 17 constitui um dos instrumentos destinados a assegurar a manutenção do regime de concorrência instituído pelo Tratado CE — regime esse que, sublinha, visa evitar que a concorrência seja falseada em detrimento do interesse geral, das empresas e dos consumidores — cujo respeito se impõe imperativamente às empresas. Concluía, dessa forma, o Tribunal que, ao conferir à Comissão o poder de efectuar inspecções sem comunicação prévia, o Regulamento nº 17 não violava o direito invocado pela recorrente [227].

Não obstante o teor deste acórdão, o problema da conformidade dos poderes de inspecção da Comissão com o direito fundamental à inviolabilidade do domicílio das empresas estava longe de se poder considerar definitivamente esclarecido. E tal essencialmente por duas razões:

— em primeiro lugar, porque o recurso em causa apenas visava, de uma forma geral, a questão de legitimidade da realização de tais inspecções <u>quando feitas sem comunicação prévia</u>, e não o conteúdo dos poderes conferidos aos agentes da Comissão;

---

[226] Ver Conclusões do Advogado-Geral WARNER no processo *National Panasonic*, cit., Colect. 1980, 2068.

[227] Cfr., acórdão de 26 de Junho de 1980, cit., considerandos 18, 19 e 20.

144 *A protecção dos direitos fundamentais*

— em segundo lugar, porque mesmo admitindo que, <u>em caso de oposição da empresa à realização da inspecção</u>, a execução da decisão da Comissão com a assistência das autoridades nacionais, nos termos previstos no nº 6 do artigo 14º do Regulamento nº 17, mas sem prévio mandato judicial, constituiria, em abstracto, uma violação do direito fundamental à inviolabilidade do domicílio, faltaria ainda determinar em que medida tal direito fundamental seria susceptível de ser invocado pelas pessoas colectivas.

Se a possibilidade de ingerência das autoridades públicas no exercício de direitos fundamentais dos particulares é, em certos casos e dentro de certos limites, admitida na generalidade das ordens jurídicas dos Estados-membros, saber em que termos tal ingerência pode ser exercida constitui um problema diferente. No quadro do direito comunitário da concorrência será, com efeito, a partir do conteúdo dos poderes conferidos aos agentes da Comissão e do seu exercício (tema que analisámos no Capítulo I deste trabalho) que a resposta à questão da eventual não conformidade desses poderes com o direito fundamental à inviolabilidade do domicílio deverá ser procurada.

Não é, pois, de estranhar, que o problema suscitado por este eventual conflito se tenha colocado de novo e que, como mencionámos no Capítulo I a propósito da oposição à realização de uma inspecção, a questão tenha sido posteriormente objecto de novos recursos interpostos no Tribunal de Justiça.

4.2. *As pessoas colectivas enquanto titulares do direito fundamental à inviolabilidade do domicílio*

Mencionámos acima que o Tribunal, no seu acórdão no caso "National Panasonic", tinha deixado em aberto, na linha da posição defendida pela Comissão, a questão de saber se o direito fundamental consagrado no artigo 8º da CEDH era susceptível de ser invocado pelas pessoas colectivas.

Os direitos de defesa enquanto direitos fundamentais 145

Antes de entrar na análise propriamente dita da questão, merece particular relevo o facto de o Tribunal, sem se pronunciar claramente num sentido ou no outro, não ter querido seguir a orientação que nesta matéria lhe era proposta pelo Advogado--Geral WARNER nas suas Conclusões. Este, com efeito, embora salientando que a letra do referido artigo 8º poderia sugerir, à primeira vista, que a sua aplicação se limitaria ao indivíduo e ao seu domicílio, considerava que tal problema de interpretação não se colocaria, visto que o próprio Tribunal de Justiça teria claramente confirmado no seu acórdão no caso "Acciaieria di Brescia" que o direito ao respeito da vida privada era extensivo às instalações profissionais, independentemente de tais instalações serem as de uma pessoa singular ou colectiva [228].

Independentemente da questão de saber se o direito fundamental ao respeito da vida privada e à inviolabilidade do domicílio é susceptível de ser indistintamente invocado pelas pessoas singulares e pelas pessoas colectivas, nos mesmos termos e com idêntico alcance, temos algumas dificuldades em partilhar a opinião do Advogado-Geral WARNER no que à interpretação do mencionado acórdão do Tribunal diz respeito. Com efeito, na passagem do acórdão por este citada, o Tribunal de Justiça — depois de salientar que para definir a economia e o alcance geral do artigo 47º, primeiro parágrafo, do Tratado CECA, não era necessário recorrer ao disposto no artigo 86º do mesmo Tratado — considerava que a finalidade desta última disposição era a de colocar à disposição dos agentes da Alta Autoridade, a quem esta confie funções de inspecção, e na medida em que tal seja necessário ao exercício das suas funções, os direitos e poderes reconhecidos pelas legislações dos Estados membros aos agentes das administrações fiscais *"nas missões de controlo*

---

[228] TJCE, acórdão de 4 de Abril de 1960, *Acciaieria e Tubificio di Brescia/Alta Autoridade CECA*, procº 31/59, Colect. 1960, 157, em especial 173. A expressão utilizada no texto das Conclusões é a de *locaux professionnels*.

susceptíveis de afectar a esfera das liberdades individuais e de derrogar ao princípio da inviolabilidade do domicílio". Concluir de tal considerando um inequívoco reconhecimento, por parte do Tribunal de Justiça, da plena aplicação do referido princípio às instalações profissionais das pessoas colectivas, parece-nos constituir uma interpretação demasiado extensiva das palavras do Tribunal.

Cremos não suscitar dúvidas que a titularidade de (pelo menos) certos direitos fundamentais por parte, igualmente, das pessoas colectivas constitui princípio geral comum às diferentes ordens jurídicas dos Estados membros. O nº 2 do artigo 12º da Constituição Portuguesa, nomeadamente, consagra tal princípio ao dispôr que *"as pessoas colectivas gozam dos direitos e estão sujeitas aos deveres compatíveis com a sua natureza".* Mas, como salienta G. CANOTILHO, determinar quais os direitos compatíveis com a natureza das pessoas colectivas depende do conceito e do âmbito normativo específico do direito fundamental. É assim que certos direitos *"postuladores de uma referência humana",* como o direito à vida ou a liberdade de consciência, não poderão ser considerados como direitos fundamentais das pessoas colectivas. Propõe, nesse sentido, este autor que devem ser excluídos da titularidade das pessoas colectivas aqueles direitos fundamentais que *"pressuponham características intrínsecas ou naturais do homem, como o corpo ou bens espirituais necessariamente ligados ao homem"* [229].

Muito embora o âmbito e os objectivos do presente trabalho não justifiquem, por si só, uma análise aprofundada da questão de saber se, em termos gerais, o direito fundamental à inviolabilidade do domicílio é compatível com a natureza das pessoas colectivas, necessário será contudo debruçarmo-nos, ainda que de forma breve, sobre a questão. Teremos assim a ocasião de ver que nenhuma conclusão categórica a este respeito poderá ser tirada da análise comparativa dos princípios constitucionais,

---

[229] Cfr. G. CANOTILHO, *Direito Constitucional,* cit., 457.

Os direitos de defesa enquanto direitos fundamentais 147

da legislação aplicável, da jurisprudência e da doutrina nos diferentes Estados-membros das Comunidades Europeias.

Se o respeito da personalidade humana, da vida privada e da intimidade da pessoa constituem — como a nosso ver é o caso — o elemento justificativo da consagração da liberdade e inviolabilidade do domicílio e da protecção do segredo da correspondência como direitos fundamentais, a extensão de tais direitos às pessoas colectivas — sobretudo com o conteúdo que lhes é reconhecido no que respeita às pessoas singulares — não poderá deixar de suscitar dúvidas fundadas [230]. Tanto mais que a assimilação da noção de "domicílio" às "instalações profissionais" das empresas não nos parece igualmente ser clara [231].

Reconheça-se contudo a existência, nos últimos anos, de uma tendência quase generalizada nas diferentes ordens jurídicas nacionais no sentido da extensão às "instalações profissionais" de uma protecção até há algum tempo quase exclusivamente reservada aos domicílios privados. Parece, pois, afirmar-se cada vez mais a existência de um "direito funda-

---

[230] A questão suscita grandes divergências na doutrina. No sentido da aplicabilidade do artigo 8° da CEDH às pessoas colectivas, ver GURADZE, *Die Europäische Menschenrechtskonvention, Komentar*, 1968, 9 e 121; sustentando opinião contrária, FROWEIN e PEUKERT, *Europäische Menschenrechtskonvention, EMRK-Kommentar*, 1985, artigo 8°, n° 27. Considerando que o direito à inviolabilidade do domicílio das pessoas colectivas deve ceder mais facilmente que o das pessoas singulares perante o interesse público, ver MARCUS-HELMONS, *Les personnes morales et le droit international*, rapport au Colloque sur les droits de l'homme et les personnes morales, cit., p. 36.

[231] A questão da eventual equiparação das noções de "domicílio" e de "instalações profissionais" para efeitos da aplicação do artigo 8° da CEDH nunca foi suscitada, tanto quanto sabemos, perante a Comissão Europeia dos Direitos do Homem ou o Tribunal Europeu dos Direitos do Homem. Nesse sentido se pronunciou, no entanto, VELU, *La Convention européenne des Droits de l'Homme et le droit au respect de la vie privée, du domicile et des communications*, in *Vie privée et Droits de l'Homme*, Actas do 3° Colóquio internacional sobre a CEDH, Bruxelas, Bruylant, 1973, 45.

148   *A protecção dos direitos fundamentais*

mental à inviolabilidade das instalações profissionais" cujo conteúdo, no entanto, está longe de ser facilmente determinável. Justificar-se-á, deste modo, uma breve análise de direito comparado que nos permitirá extrair algumas conclusões quanto ao âmbito e ao alcance que a protecção de um tal direito deve merecer na ordem jurídica comunitária e, em particular, face aos poderes de investigação exercidos pela Comissão na aplicação do direito comunitário da concorrência [232].

4.3. *Perspectiva de direito comparado*

a) Alemanha

Na República Federal da Alemanha, o artigo 13º da *Grundgesetz* (GG) consagra o direito fundamental à inviolabilidade do domicílio e estabelece que a realização de buscas deverá obrigatoriamente ser ordenada por um juiz ou, em caso de "perigo iminente" (*Gefahr im Verzuge*), pelas entidades a quem a lei atribui um tal poder. A doutrina e a jurisprudência são praticamente unânimes em considerar tal protecção extensiva às instalações profissionais das pessoas colectivas [233]. Contudo, saliente-se que na interpretação das disposições do parágrafo 3 do artigo 13º da GG — relativo às derrogações e restrições ao princípio da inviolabilidade do domicílio por motivos que não sejam a realização de buscas — o BVG considerou que a necessidade de protecção das instalações profissionais não é a mesma que a do domicílio privado, admitindo por conseguinte certos

---

[232] Para uma análise de direito comparado, vejam-se igualmente as Conclusões de 21 de Fevereiro de 1989 do Advogado-geral J. MISCHO nos processos apensos 46/87 e 227/88, *Hoechst/Comissão*, 85/87, *Dow Benelux/ Comissão*, 97-99/87, *Dow Iberica, Alcudia e EMP/Comissão*, Colect. 1989, 2859, 2875.

[233] Cfr., por todos, MAUNZ, *Deutsches Staatsrecht,* 25ª Ed., 1985, 204 e 205; ver também o acórdão do BVG de 10 de Junho de 1963, BVerfGE, Tomo 16, 202.

Os direitos de defesa enquanto direitos fundamentais   149

poderes de entrada nessas instalações para aí efectuar inspecções ou controlos sem que as condições estritas impostas por aquela disposição se encontrem preenchidas [234].

Interessante é ainda notar que a Lei de 27 de Julho de 1957 relativa às restrições de concorrência (GWB) distingue no seu artigo 46º entre o poder de verificação (*Einsichts- und Prüfungsrecht*) e o poder de busca (*Durchsuchungsrecht*). O poder de verificação, cujo exercício não está sujeito à obtenção prévia de um mandato judicial, pressupõe a colaboração da empresa objecto da investigação que deve facultar o exame dos documentos cuja apresentação lhe é solicitada. Só o recurso à força (*unmittelbarer Zwang*) face à recusa da empresa em cooperar — e, portanto, a passagem do estádio da simples "verificação" ao da "busca" — exige a competente autorização judicial. A recusa em colaborar por parte da empresa constitui contra-ordenação, passível da imposição de coimas e de sanções pecuniárias compulsórias. No que respeita à aplicação das disposições do nº 6 do artigo 14º do Regulamento nº 17, o artigo 3º da Lei de 17 de Agosto de 1967 (*Deutsches Ausführungsgesetz*) prevê que as autoridades nacionais exerçam os poderes que lhes são conferidos pela lei de 27 de Abril de 1953 relativa à execução dos actos administrativos (*Verwaltungsvollstreckungsgesetz*) a fim de poder assegurar a submissão das empresas às inspecções ordenadas pela Comissão. A possibilidade de recurso à força, embora prevista na lei, não deve ser interpretada, à luz das exigências decorrentes do texto constitucional [235], como permitindo realizar buscas ou apreender documentos sem prévio mandato judicial.

---

[234] Despacho de 13 de Outubro de 1971, BVerfGE, Tomo 32, 75.

[235] Ver nomeadamente o despacho do BVG de 3 de Abril de 1979, BVerfGE, Tomo 51, 97-107.

150 A protecção dos direitos fundamentais

b) Bélgica

Na Bélgica, o artigo 10° da Constituição consagra igualmente a inviolabilidade do domicílio e estabelece, sem contudo exigir um mandato judicial prévio, que a entrada no domicílio (*visite domiciliaire*) apenas poderá ter lugar nos casos e segundo as formas previstas na lei. A exigência de autorização judicial prévia no que respeita à realização de inspecções ou buscas de locais destinados à habitação decorre da lei de 7 de Junho de 1969. Em matéria fiscal [236], de inspecção de trabalho [237] e de regulamentação dos preços e das práticas de comércio [238], a lei belga atribui aos inspectores um direito de acesso às instalações profissionais, bem como o poder de copiar documentos — e, eventualmente de proceder à sua apreensão — e de solicitar a assistência das autoridades policiais, sem necessidade de autorização judicial. A Lei da defesa da concorrência económica de 5 de Agosto de 1991 prevê, no seu artigo 23°, n° 3, que os agentes do "Serviço da Concorrência" podem proceder a buscas, devendo contudo ser portadores de um mandato escrito, emitido pelo presidente do Conselho da Concorrência ou pelos magistrados membros do Conselho, precisando o objecto e a finalidade da sua missão.

c) Dinamarca

Na Dinamarca, o artigo 72° da Constituição estipula que, salvo excepção expressamente prevista na lei, a entrada no domicílio e a apreensão ou exame de cartas ou documentos

---

[236] Ver VAN FRAEYENHOVEN, *Le respect de la vie privée et les pouvoirs d'investigation du fisc*, Annales de droit de Louvain, 1984, p. 85 e ss.

[237] Ver PATTE, *La protection de la personnalité et le droit pénal social*, Annales de droit de Louvain, 1984, 273 e ss.

[238] Ver, nomeadamente, as leis de 30 de Julho de 1971 (preços) e de 14 de Julho de 1971 (práticas do comércio).

exige prévia decisão judicial. Muito embora a questão da aplicabilidade do artigo 72° da Constituição às medidas coercitivas de natureza não penal tenha suscitado vivo debate na doutrina, é hoje geralmente admitida a necessidade de autorização judicial prévia para a entrada nas instalações e o exame e apreensão de documentos, sem o consentimento do seu ocupante ou detentor legítimos, fora do âmbito penal. Por outro lado, tem sido considerado que a protecção constitucional do domicílio abrange igualmente as instalações das pessoas colectivas não abertas ao público [239]. A Lei n° 370 sobre a concorrência, de 7 de Junho de 1989, estabelece, no seu artigo 21°, que os representantes do Conselho da Concorrência deverão estar munidos de um mandato judicial para a realização de inspecções.

d) Espanha

Em Espanha, o direito fundamental à inviolabilidade do domicílio encontra-se claramente previsto no n° 2 do artigo 18° da Constituição espanhola que, salvo em caso de flagrante delito, proibe a entrada no domicílio e a realização de buscas sem o consentimento do titular ou sem um mandato judicial. O Tribunal Constitucional espanhol, depois de no seu acórdão 257/1985, de 17 de Abril de 1985, ter considerado que o direito à intimidade reconhecido no n° 1 do artigo 18° da Constituição dizia exclusivamente respeito às pessoas singulares, veio posteriormente pronunciar-se de forma inequívoca, no seu acórdão 137/1985, de 17 de Outubro do mesmo ano, no sentido da extensão da protecção constitucional do domicílio às instalações

---

[239] Cfr. H. ZAHLE, *Dansk Forfatningsret*, tomo 5, Københaven, 1986, 253. Invocando a necessidade de um mandato judicial, na área do direito da concorrência, e com particular incidência no domínio do direito comunitário, ver também E. SØLVKJAER, *The Monopolies Act*, Københaven, 1984, em especial 273, nota 8, e 350.

152 *A protecção dos direitos fundamentais*

profissionais das empresas [240]. Por seu lado, o artigo 34° da actual lei de defesa da concorrência — Lei 16/1989, de 17 de Julho — prevê que o acesso aos locais pode realizar-se com o consentimento dos seus ocupantes ou mediante mandato judicial. Antes da entrada em vigor da nova lei, a Lei n° 110/1963, de 20 de Julho, relativa às práticas restritivas de concorrência, conferia aos agentes da Direcção-Geral de Defesa da Concorrência encarregados de proceder às investigações os mesmos poderes que os atribuídos aos agentes da administração fiscal pela *Ley General Tributaria*. Estes, nos termos do Real Decreto 939/ /1986, de 25 de Abril — *Reglamento general de la inspección de los tributos* — beneficiavam de um direito de entrada e de busca, mesmo contra a vontade do interessado, em todos os locais em que se desenvolvam actividades económicas, mediante simples autorização da administração fiscal. O referido diploma estabelecia, de forma clara, no n° 3 do seu artigo 39°, ser apenas necessário um prévio mandato judicial quando, sem o consentimento do ocupante, a entrada ou a busca devessem ter lugar num domicílio particular.

e) França

Em França, a Constituição de 1958 não menciona expressamente o reconhecimento do direito fundamental à inviolabilidade do domicílio. Com efeito, e muito embora a República Francesa tenha sido um dos primeiros países do mundo a consagrar constitucionalmente o princípio da inviolabilidade do domicílio [241], a última referência na história constitucional

---

[240] Ver o texto completo do acórdão na revista *LA LEY: Revista Juridica Española de Doctrina, Jurisprudencia y Bibliografia,* tomo 1985-4, 95. Ver igualmente na mesma revista, com data de 29 de Julho de 1988, uma análise da questão, à luz do direito espanhol, de PILAR DE LA HAZA, *Observaciones a una sentencia del Tribunal Constitucional sobre la inviolabilidad del domicilio y el derecho a la intimidad de las personas juridicas.*

[241] Ver o artigo 9° do Título IV da Constituição de 1791.

Os direitos de defesa enquanto direitos fundamentais   153

francesa a este direito fundamental remonta à Constituição de 4 de Novembro de 1848 e, mais concretamente ao seu artigo 3°. O reconhecimento de tal direito encontra-se, contudo, profundamente ligado à tradição constitucional francesa e é considerado hoje em dia como decorrendo implicitamente do princípio da liberdade individual constitucionalmente garantida no artigo 66°[242]. Se, na sequência da importante decisão de 29 de Dezembro de 1983 do *Conseil Constitutionnel,* que se pronunciou em favor da obrigatoriedade de uma decisão judicial antes da realização de qualquer busca[243], a tendência legislativa mais recente se orienta no sentido de uma extensão cada vez maior da protecção das instalações profissionais, a estreita ligação entre a inviolabilidade do domicílio e a liberdade individual constitui ainda, no entanto, um elemento determinante a favor de um nível mais elevado de protecção das pessoas singulares[244].

No que respeita ao direito da concorrência, a *Ordonnance* n° 86/1243, de 1 de Dezembro de 1986, relativa à liberdade dos preços e da concorrência, estabelece, na esteira da legislação alemã, uma importante distinção entre o exercício de simples

---

[242] A concepção do direito fundamental à inviolabilidade do domicílio como elemento da liberdade individual constitucionalmente garantida remonta ao período do pós-guerra. Ver a referência à jurisprudência do *Tribunal des Conflits* e, em particular, à sentença deste Tribunal no caso *Barinstein* de 30 de Outubro de 1949, cfr. C.-A. COLLIARD, *Libertés Publiques*, Dalloz, Paris, 1982, 368 e ss.

[243] Publicado no J.C.P., 1984, II, 20.160; neste acórdão, o *Conseil Constitutionnel* declarou a inconstitucionalidade da norma do artigo 89° da lei de finanças de 1984 que habilitava os inspectores de finanças (*agents des impôts*) a efectuar buscas (*visites domiciliaires*) sem necessidade de prévio mandato judicial; ver igualmente a decisão de 12 de Janeiro de 1977, Dalloz, 1978, 173.

[244] Cfr. MORANGE, *Libertés Publiques*, Paris, 1985, 152. Por seu lado, C.-A. COLLIARD, cit., 371, considerava ainda em 1982, na esteira aliás da doutrina então dominante, que o direito à inviolabilidade do domicílio apenas beneficiava os simples particulares.

154 *A protecção dos direitos fundamentais*

poderes de verificação e a realização de buscas ou apreensão de documentos [245]. O exercício do poder de verificação (*vérification*) previsto no artigo 47° da referida *Ordonnance*, que abrange o direito de aceder a todas as instalações, terrenos e meios de transporte das empresas e de solicitar a comunicação dos documentos profissionais a fim de proceder à sua cópia, não exige a obtenção prévia de mandato judicial. A realização de buscas (*perquisitions*) nas instalações profissionais, bem como a apreensão de documentos (*saisie*), pressupõe, por seu lado, prévia autorização do Presidente do *Tribunal de Grande Instance* competente em razão do lugar, nos termos do artigo 48° da mesma *Ordonnance*. A possibilidade de recurso à assistência da força pública por parte dos agentes mandatados pela autoridade nacional competente para prestar assistência à Comissão prevista pelo Decreto 72-151, de 18 de Fevereiro de 1972 — decreto que dá execução às disposições do n° 6 do artigo 14° do Regulamento n° 17, em caso de oposição da empresa à inspecção [246] — não poderá assim ser entendida, na ausência do competente mandato judicial, como consagrando um direito de busca às instalações das empresas.

f) Grécia

Na Grécia, o artigo 9° da Constituição de 1975 estabelece que a vida privada e familiar do indivíduo é inviolável. A realização de buscas ao domicílio apenas pode ter lugar nos casos e segundo as formas previstas na lei e sempre na presença das autoridades judiciais. A Lei n° 703/77, relativa ao controlo dos monopólios e oligopólios e à protecção da livre concorrência,

---

[245] Contrariamente à legislação anteriormente aplicável (*Ordonnance* n° 45/1484 de 30 de Junho) que previa um direito de busca e de apreensão de documentos sem exigir a obtenção prévia de autorização judicial.

[246] Ver actualmente o artigo 56° *bis* da *Ordonnance* de 1 de Dezembro de 1986, na redacção que lhe foi dada pela lei n° 92-1282, de 11 de Dezembro de 1982.

confere aos funcionários encarregados das investigações os mesmos poderes que os atribuídos aos agentes da inspecção fiscal. Nesse sentido, o nº 1 do seu artigo 26º permite o controlo dos livros e documentos profissionais e as inspecções aos gabinetes e instalações das empresas, limitando-se a prever, na sua alínea c), a exigência de mandato judicial em caso de busca domiciliária.

g) Holanda

Na Holanda, o artigo 12º da Constituição proibe, fora dos casos previstos na lei ou nas disposições adoptadas em sua aplicação, a entrada no domicílio contra a vontade do seu ocupante. A doutrina considera, em geral, com base na distinção entre domicílio privado e instalações profissionais efectuada pelas leis que regulamentam o exercício de poderes de investigação, que o direito fundamental à inviolabilidade do domicílio apenas pode ser invocado no que respeita ao domicílio das pessoas singulares e não abrange por conseguinte as instalações das pessoas colectivas. Com efeito, tanto as disposições aplicáveis em matéria fiscal, como a lei sobre a concorrência económica de 1958 autorizam o acesso dos agentes encarregados da investigação a todas as instalações de uma empresa, se necessário mediante recurso à assistência das autoridades policiais. O controlo judicial, em caso de investigação nas instalações de uma empresa, é em regra efectuado *a posteriori*. A Lei de 10 de Julho de 1968, relativa à aplicação do nº 6 do artigo 14º do Regulamento nº 17, apenas exclui dos poderes dos funcionários nacionais encarregados de prestar assistência aos agentes da Comissão o acesso a locais que façam parte de uma residência particular.

h) Irlanda

Na República da Irlanda, o nº 5 do artigo 40º da Constituição consagra a inviolabilidade do domicílio de todo o cidadão

156   *A protecção dos direitos fundamentais*

e apenas permite a entrada sem o consentimento do ocupante nos casos expressamente previstos na lei. Nos termos da jurisprudência dominante [247], a protecção do domicílio constitucionalmente garantida não abrange as pessoas colectivas nem as instalações profissionais. As disposições legais aplicáveis em matéria de inspecção fiscal, aduaneira e de trabalho [248] conferem aos agentes encarregados da investigação um direito de entrada e de inspecção, sem necessidade de prévia autorização judicial, nas instalações onde se exerçam actividades económicas. Este direito de acesso não habilita, contudo, os inspectores a forçarem a entrada nas referidas instalações. A recusa dos representantes da empresa em submeter-se à investigação é passível de sanções penais.

No domínio do direito da concorrência, o *Restrictive Practices Act* de 1972 permitia a realização de investigações para a obtenção das informações necessárias à prossecução dos objectivos perseguidos pela lei, sem necessidade de um mandato judicial prévio. Caso não pretendam submeter-se à inspecção, os representantes da empresa deverão, sob pena de pesadas sanções penais, solicitar à *High Court* uma declaração de que a investigação ordenada pelo *Examiner of Restrictive Practices* é contrária ao "bem comum" (*common good*). A actual lei da concorrência — Lei n° 24, de 22 de Julho de 1991 — veio prever a obrigatoriedade de um mandato emitido por um juiz do *District Court*.

i) Itália

Em Itália, o artigo 14° da Constituição consagra, de uma forma geral, o direito fundamental à inviolabilidade do

---

[247] Ver nomeadamente *Abbey Films v. Attorney General*, (1981) IR 158, p. 165.

[248] Cfr. secção 18 do *Value-Added Tax Act* de 1972, secção 114 do *Social Welfare Act* de, 1981, secção 52 do *Industrial Relations Act* de 1946, e secção 94 do *Health Act* de 1947.

Os direitos de defesa enquanto direitos fundamentais   157

domicílio, mas introduz nos seus nºs. 2 e 3 uma distinção entre as inspecções, buscas ou apreensões — *accertamenti e perquisitioni o sequestri* — e as verificações e inspecções — *accertamenti e ispezioni* — em matéria de controlo sanitário ou de salubridade públicos e nos domínios económico e fiscal. Enquanto as primeiras exigem, em regra geral, uma autorização judicial prévia (*"...apenas podem ser executadas nos casos e segundo as formas previstas na lei como decorre das garantias exigidas para a protecção da liberdade individual"*), as segundas conferem amplos poderes de controlo das instalações e dos livros e documentos profissionais sem necessidade de mandato judicial.

Por seu lado, o Decreto nº 884 do Presidente da República, de 22 de Setembro de 1963, que dava execução ao nº 6 do artigo 14º do Regulamento nº 17, previa a assistência dos agentes da *polizia tributaria* aos funcionários do Ministério da Indústria e do Comércio que colaboram com os agentes da Comissão, em caso de oposição da empresa à realização da investigação. A jurisprudência do Tribunal Constitucional tem, contudo, considerado que os amplos poderes de verificação e de investigação de que dispõem os funcionários nacionais não lhes permite o recurso à força para abrir armários ou portas fechadas, contra a vontade dos representantes da empresa, sem a competente autorização judicial [249]. A doutrina tem sustentado, com base no referido acórdão do Tribunal Constitucional, que a investigação deve efectuar-se mesmo contra a vontade da empresa, suspendendo-se contudo sempre que seja necessário o recurso à força para a abertura de armários, cofres ou pastas [250]. O recurso à força exige prévia autorização judicial do Procurador da República ou, em caso de urgência, da autoridade judicial mais próxima do lugar da busca. Tal autorização pode ser solicitada mesmo no decurso de uma investigação, em

---

[249] Cfr. nomeadamente o acórdão do Tribunal Constitucional de 8 de Maio de 1974, nº 122, *Giurisprudenza Constituzionale*, 1974, 833.

[250] Ver SANTAMARIA, *Le ispezione tributarie*, Milano, 1981, p. 114.

158   *A protecção dos direitos fundamentais*

caso de oposição da empresa à abertura de armários ou locais, podendo a *polizia tributaria* nesse caso selar os locais objecto da verificação [251]. A actual lei da concorrência [252], no seu artigo 14°, n° 3 — que prevê a realização de inspecções — é omissa quanto à eventual necessidade de prévio mandato judicial.

j) Luxemburgo

No Luxemburgo, o artigo 15° da Constituição reconhece, de forma genérica, o direito fundamental à inviolabilidade do domicílio, deixando contudo ao legislador a tarefa de definir em que casos e segundo que formas pode ter lugar a entrada no domicílio. A extensão da protecção constitucional às pessoas colectivas não resulta claramente nem da lei, nem da jurisprudência. Com efeito, e fora do âmbito do processo penal, o legislador não exige qualquer autorização judicial prévia em matéria de acesso e de inspecção às instalações profissionais. No domínio do direito da concorrência — da mesma forma, aliás, que nos domínio fiscal e financeiro — os agentes habilitados ao exercício de poderes de investigação por despacho do "Ministro da Economia e das Classes Médias" gozam do "mais amplo direito de investigação" (*droit d'investigation le plus large*) e podem requerer a assistência das autoridades policiais. A lei de 9 de Agosto de 1971, relativa à execução e à sanção dos Regulamentos, directivas e decisões comunitárias em matéria agrícola, económica, florestal, social e de transportes, confere aos funcionários nacionais o direito de aceder a todas as instalações, terrenos e meios de transporte das empresas e de aí consultar os livros e documentos profissionais das pessoas e empresas objecto de investigação, salvo se se tratar de domicílio privado.

---

[251] Ver Circular n° 1/76 de 1 de Julho de 1976 do *Comando Generale della Guardia di Finanza*; ver também SANTAMARIA, *Perquisizione*, in *Enciclopedia del diritto*, tomo XXXIII, Varese, 1983, 154 e ss.

[252] Lei n° 287 de 10 de Outubro de 1990 — *Norme per la tutella della concorrenza e del mercato.*

l) Portugal

Em Portugal, o n° 2 do artigo 34° da Constituição prevê que a entrada no domicílio dos cidadãos contra a sua vontade apenas pode ser ordenada pela autoridade judicial competente, nos casos e segundo as formas previstas na lei.

Embora a titularidade de um direito fundamental à inviolabilidade do domicílio por parte das pessoas colectivas pareça não suscitar dúvidas na doutrina [253], já a extensão da protecção constitucional do domicílio às instalações profissionais das pessoas colectivas é controversa. Se é certo que, nos termos do n° 2 do artigo 12° da Constituição, as pessoas colectivas gozam dos direitos compatíveis com a sua natureza — e a supor que o direito fundamental à inviolabilidade do domicílio é compatível com a natureza das pessoas colectivas — necessário será ainda determinar se o domicílio das pessoas colectivas protegido é apenas o definido na lei civil (artigo 159° do Código Civil) ou se, pelo contrário, deverá igualmente ser considerada como domicílio, para efeitos da protecção constitucionalmente garantida, toda e qualquer instalação profissional de uma empresa [254].

Saliente-se ainda que, tal como o reconheceu o Tribunal Constitucional no seu acórdão 7/87, de 9 de Janeiro de 1987 — no quadro do controlo prévio de constitucionalidade do

---

[253] Neste sentido, G. CANOTILHO e V. MOREIRA, *Constituição...*, cit., 223, e J. C. VIEIRA DE ANDRADE, *Direitos fundamentais*, Coimbra, 1978, 149 e ss.

[254] No entender de G. CANOTILHO, V. MOREIRA, *Constituição...*, cit., anotação ao artigo 34°, pp. 223 e 224, não é fácil definir rigorosamente o objecto da inviolabilidade do domicílio. Segundo estes autores, se, dada a sua função constitucional, a garantia de protecção deve estender-se ao domicílio profissional (artigo 83° do Código Civil) e à sede das pessoas colectivas (artigo 159° do Código Civil), é contudo discutível que a noção de "domicílio" inviolável abranja igualmente os locais de trabalho, nomeadamente, os escritórios.

160   *A protecção dos direitos fundamentais*

Código de Processo Penal (Decreto-Lei nº 78/87, de 17 de Fevereiro) — a autorização judicial prévia não é exigível em caso de consentimento da pessoa em cujo domicílio se processa a entrada. O Tribunal Constitucional admitiu igualmente a constitucionalidade da disposição do Código de Processo Penal que prevê a possibilidade de buscas com base em simples mandato do Magistrado do Ministério Público, salvo no que respeita ao domicílio privado das pessoas singulares.

Nos termos do artigo 23º do Decreto-Lei nº 371/93, a Direcção-Geral da Concorrência e Preços goza, em geral, *"dos mesmos direitos e está submetida aos mesmos deveres dos órgãos de polícia criminal, podendo, designadamente"*, inquirir os representantes legais das empresas objecto de investigação ou de outras empresas, proceder à busca, exame e recolha de cópias ou extractos da documentação e demais documentação das empresas e requerer a colaboração de quaisquer outros serviços da Administração Pública, incluindo os órgãos de polícia criminal. Os funcionários encarregados de proceder às diligências de investigação deverão estar munidos de credencial passada pelo director-geral de Concorrência e Preços da qual conste a finalidade da diligência e, tratando-se de *"busca, exame e recolha de cópias ou extractos da escrita e demais documentação que se encontre em lugar reservado ou não acessível ao público"*, de despacho da autoridade judiciária que autorize a sua realização (cfr. artigo 23º, nº 3) As regras estabelecidas no artigo 23º valem igualmente, por força do disposto no nº 2 do artigo 21º, no que diz respeito à realização de diligências a solicitação da Comissão ou à prestação de assistência.

Antes da entrada em vigor do Decreto-Lei nº 371/93, o artigo 19º do Decreto-Lei nº 422/83, de 3 de Dezembro, previa que a Direcção-Geral da Concorrência e Preços, mediante despacho fundamentado do Ministro do Comércio e Turismo indicando o objecto e a finalidade da verificação, e sem prejuízo dos poderes de instrução conferidos pela lei geral, podia, nomeadamente, inquirir os representantes legais das empresas objecto de investigação bem como as demais pessoas que entendesse conveniente ou necessário, examinar — ou mandar examinar — a escrita e demais documentação das empresas, recolher testemunhos e elementos de informação e requerer a colaboração de quaisquer outros serviços da Administração Pública. Os funcionários encarregados de proceder às diligências de investigação deviam estar munidos de credencial passada pelo "organismo competente" (a DGCeP) da qual constasse a finalidade da diligência e a decisão que a ordena. Por seu lado, o Despacho Normativo nº 59/87, que dava execução às obrigações decorrentes do Regulamento nº 17, estipulava que os agentes e funcionários da DGCeP encarregados de proceder a uma verificação a solicitação da Comissão ou de prestar a assistência aos agentes da Comissão se encontravam investidos, mediante mandato do Director-Geral da DGCeP, dos poderes constantes do nº 1 do artigo 14º do Regulamento nº 17 e poderiam solicitar a intervenção das autoridades policiais sempre que necessário.

m) Reino Unido

No Reino Unido, a inexistência de Constituição escrita não nos impede de poder afirmar que tanto o legislador como os tribunais reconhecem um elevado grau de protecção ao direito fundamental à inviolabilidade do domicílio [255].

Muito embora a obrigatoriedade de mandato judicial para a entrada no domicílio dos cidadãos constitua a regra geral, a legislação em matéria fiscal e de segurança social permite a realização de investigações e a consulta de documentos nas insta-

---

[255] Ver, nomeadamente, *House of Lords Select Committee*, 18th Report, cit., e *House of Lords Hansard*, questões parlamentares, 1979, 1084.

162   *A protecção dos direitos fundamentais*

lações profissionais sem necessidade de uma tal autorização judicial, desde que não haja recurso à força [256].

O Reino Unido, como já tivemos ocasião de assinalar, não adoptou quaisquer medidas de aplicação do Regulamento n° 17 por considerar que as disposições deste regulamento são directamente aplicáveis no seu território, sem necessidade de quaisquer medidas complementares. Em caso de oposição de uma empresa à realização de uma investigação ordenada pela Comissão, as autoridades britânicas — *Office of Fair Trading* — devem solicitar à *High Court* uma *ex parte order* que obriga os representantes legais da empresa a aceitar que esta se submeta à verificação, sob pena de o seu comportamento ser considerado *contempt of court* e como tal passível de sanções penais [257].

A breve análise comparativa das diferentes ordens jurídicas nacionais que fizemos nas páginas anteriores, se não nos fornece uma resposta exaustiva à questão de saber se existe — e em que termos — um princípio geral de direito comum aos Estados-membros que consagre um efectivo direito fundamental à inviolabilidade das instalações profissionais das pessoas colectivas, permite-nos, contudo, concluir que os poderes de investigação conferidos aos agentes da Comissão pelo n° 1 do artigo 14° do Regulamento n° 17 encontram um elevado grau de paralelismo nas diferentes legislações nacionais.

---

[256] Ver nomeadamente os *Finance Act* de 1972, secções 36 e 37, e de 1976, capítulo VI, secção 20c, e os *Social Security Act* de 1975, secção 144, e de 1977, secção 19. Sobre a questão, ver em geral, H. KREIS, *EEC Commission Investigation Procedures in Competition Cases*, International Lawyer 19, 1983.

[257] Sobre a natureza da *ex parte order*, ver nomeadamente o acórdão da *Court of Appeal (Civil Division)*, de 8 de Dezembro de 1975, *Anton Piller KG v. Manufacturing Processes Ltd and Others*, All E.R., 1976, 779.

4.4. Os poderes previstos no artigo 14° do Regulamento n° 17: simples verificação ou busca?

Cabe aqui salientar que — independentemente da qualificação precisa a dar aos poderes conferidos aos agentes da Comissão pelo artigo 14° do Regulamento n° 17 — resulta, de uma forma geral, da análise por nós levada a cabo que o eventual reconhecimento de um direito fundamental das empresas à inviolabilidade das suas instalações profissionais apenas implicaria a "ilegalidade" dos poderes de investigação da Comissão em caso de recusa manifesta da empresa em facilitar o acesso dos agentes da Comissão às suas instalações da empresa ou em comunicar um determinado documento ou em abrir um determinado gabinete ou armário.

Ora, compete em tal situação às autoridades nacionais dos Estados-membros prestar aos agentes da Comissão a assistência necessária ao exercício da sua missão. É às autoridades nacionais, e não aos agentes da Comissão, que cabe assegurar a execução da decisão da Comissão, se necessário forçando a entrada nas instalações da empresa e facilitando o acesso dos agentes da Comissão aos gabinetes e armários que a empresa se recusa a abrir.

Nada se opõe, assim, a que se considere que o artigo 14° do Regulamento n° 17 confere poderes de busca. Só que tais poderes não estão atribuídos aos agentes da Comissão, mas sim, em virtude do n° 6 deste mesmo artigo, às autoridades nacionais.

Dois elementos devem estar reunidos para que o recurso aos poderes de busca — como última *ratio* do sistema instituído pelo Regulamento n° 17 — tenha lugar: em primeiro lugar, a oposição clara e manifesta da empresa ao normal desenrolar da investigação ordenada mediante decisão adoptada pela Comissão nos termos do n° 3 do artigo 14° do Regulamento n° 17;

164 *A protecção dos direitos fundamentais*

em segundo lugar, a solicitação, pela Comissão, às autoridades nacionais da assistência prevista no nº 6 do mesmo artigo [258].

4.5. Controlo judicial a posteriori ou mandato judicial prévio: que soluções?

Necessário será, contudo, determinar em que termos e sob que condições devem as autoridades nacionais exercer, a solicitação da Comissão, os poderes de busca que o Regulamento nº 17 lhes confere. Parece-nos lógico que, não obstante os poderes de busca estarem previstos na legislação comunitária, o seu exercício deve, primeiro que tudo, obedecer às condições definidas no direito nacional e, em particular, às previstas na respectiva legislação nacional que dá execução ao nº 6 do artigo 14º do Regulamento nº 17.

A solução, parecendo lógica e simples, não está, contudo, isenta de dificuldades e pode suscitar importantes conflitos de competência. É certo que se o direito nacional não submeter a realização de uma investigação nas instalações de uma empresa, e contra a sua vontade, à existência prévia de um mandato judicial, a possibilidade de conflito é diminuta, para não dizer inexistente. Neste caso, a opção por um controlo judicial *a posteriori* do exercício dos poderes de busca não parece susceptível de levantar quaisquer objecções. Situação bem diversa é, contudo, a que se verifica quando, como é o caso num número importante de Estados-membros, a realização das referidas inspecções pressupõe uma autorização judicial prévia.

Admitir que a solução possa variar de Estado-membro para Estado-membro, segundo a respectiva legislação nacional — o que seria desde logo contrário à uniformidade de aplicação e

---

[258] Nada impede, no nosso entender, a Comissão de, face à oposição ou recusa de colaboração da empresa, decidir não efectuar a investigação e aplicar simplesmente as coimas ou sanções pecuniárias compulsórias previstas nos artigos 15º e 16º do Regulamento nº 17.

Os direitos de defesa enquanto direitos fundamentais 165

ao primado do direito comunitário — teria por forçoso inconveniente subordinar as condições de execução de um acto comunitário ao direito nacional de cada país e aceitar que determinadas investigações apenas fossem admissíveis em determinados Estados-membros e não noutros. Tanto mais que deixar ao critério do juiz nacional a apreciação da necessidade e da fundamentação da decisão de investigação corresponderia a conferir aos Estados-membros o poder de apreciar a validade e o mérito de um acto de direito comunitário [259].

Três soluções alternativas para o problema nos parecem possíveis. A primeira seria a de limitar a intervenção das autoridades nacionais (eventualmente das próprias autoridades judiciais) ao simples controlo prévio da autenticidade da decisão da Comissão, a exemplo do que se passa no que diz respeito às *"decisões do Conselho ou da Comissão que imponham uma obrigação pecuniária a pessoas que não sejam Estados"* (artigo 192° do Tratado CE), nas quais a fórmula executória é aposta sem outro controlo que não seja o da verificação da autenticidade do título.

Tal solução apresenta o importante inconveniente de concentrar nas mãos da Comissão não só a apreciação prévia da necessidade de uma investigação — o que é legítimo — mas igualmente a possibilidade de a executar com recurso à força em caso de oposição ou recusa de colaboração da empresa. É certo que a empresa objecto de investigação poderá interpor perante o Tribunal um recurso de anulação da decisão da Comissão com base no artigo 173° do Tratado CE. Uma eventual anulação desta decisão impediria a Comissão de utilizar as

---

[259] Para uma análise de conjunto sobre os diferentes problemas suscitados pelo eventual conflito entre o exercício dos poderes de investigação da Comissão na aplicação do direito comunitário da concorrência e a protecção dos direitos fundamentais das empresas e sobre as possíveis soluções a adoptar, ver as Conclusões apresentadas a 21 de Fevereiro de 1989 pelo Advogado-geral J. MISCHO, no caso *Hoechst*, cit.

166 *A protecção dos direitos fundamentais*

informações ilegalmente obtidas. Mas subsistiria a inexistência de qualquer controlo judicial prévio da investigação e a possibilidade, pelo menos teórica, de a Comissão praticar aquilo a que é uso chamar na doutrina de *fishing expeditions.*

Uma segunda solução possível seria a de permitir às empresas, após a notificação da decisão de investigação, mas antes da sua execução, requerer ao Tribunal, nos termos do artigo 185º do Tratado CE, a suspensão da execução do acto impugnado. Esta solução exigiria, contudo, que a Comissão pudesse recorrer à selagem dos armários e arquivos da empresa, sob pena de ver rapidamente desaparecer os documentos a investigar. Reconheça-se, no entanto, ser esta solução pouco prática e dificilmente exequível.

A terceira solução, e em nosso entender a mais adequada, consistiria na possibilidade da Comissão obter junto de uma autoridade judicial comunitária — o Tribunal de Justiça ou, de preferência, o Tribunal de Primeira Instância — um mandato judicial, sempre que houvessem motivos sérios para crer que a empresa objecto de investigação não se submeteria voluntariamente à investigação. A escolha do Tribunal de Primeira Instância como entidade judicial competente para proceder à emissão do mandato de busca justificar-se-ia, desde logo, pelo facto de ser este órgão jurisdicional que decidirá, em primeira instância, sobre todo e qualquer recurso contra a decisão de investigação da Comissão ou contra a decisão final de aplicação do disposto nos artigos 85º e/ou 86º do Tratado CE ou sobre um pedido de adopção de medidas cautelares ao abrigo do artigo 185º do mesmo Tratado. Por outro lado, uma tal possibilidade eliminaria igualmente os inconvenientes resultantes da necessidade de obter diferentes mandatos junto de diferentes autoridades judiciais nacionais quando, como acontece frequentemente, a Comissão pretenda realizar investigações simultâneas em diferentes empresas e em diferentes países.

A principal objecção à escolha desta última solução reside, contudo, no facto de nenhuma disposição do Tratado CE, ou de direito comunitário derivado, prever a atribuição de uma tal competência ao Tribunal de Primeira Instância ou ao Tribunal de Justiça. Poder-se-á, no entanto, argumentar que essa competência resultaria implicitamente do princípio segundo o qual a Comunidade, e em particular a instituição "Tribunal de Justiça", deve assegurar o respeito dos direitos fundamentais na ordem jurídica comunitária.

Acresce que o reconhecimento de uma tal competência ao Tribunal de Primeira Instância não constituiria um elemento sem precedente na ordem jurídica comunitária, já que o direito comunitário prevê, embora num domínio diferente — o do Tratado que institui a Comunidade Económica da Energia Atómica (Euratom) — a possibilidade de a Comissão obter um mandato do Tribunal de Justiça a fim de assegurar a realização coerciva de uma inspecção. Com efeito, o artigo 81º do Tratado Euratom estabelece que, no caso de oposição à execução das inspecções da Comissão previstas nos artigos 77º e seguintes, a Comissão deve pedir ao Presidente do Tribunal de Justiça um mandato que lhe permita executar a inspecção [260]. Estipula igualmente o artigo 81º do Tratado Euratom que *"se houver perigo na demora, a Comissão pode, por sua própria iniciativa, emitir uma ordem escrita sob a forma de decisão para que se proceda à inspecção. Esta ordem deve ser submetida imediatamente ao Presidente do Tribunal de Justiça para aprovação posterior. Depois de emitido o mandato ou a decisão, as autoridades nacionais do Estado em causa devem assegurar que os inspectores tenham acesso aos locais indicados no mandato ou na decisão"*.

---

[260] Saliente-se, ainda, que também o artigo 1º do protocolo sobre os privilégios e imunidades das Comunidades Europeias de 8 de Abril de 1965 prevê a necessidade de autorização prévia do Tribunal de Justiça para proceder a qualquer medida coerciva, administrativa ou judicial, no que respeita às instalações e edifícios das Comunidades.

168   *A protecção dos direitos fundamentais*

Embora, nos termos do artigo 164° do Tratado CE, caiba ao Tribunal de Justiça garantir o respeito do direito na interpretação e na aplicação das disposições do Tratado — sendo assim, no nosso entender, admissível que pudesse vir a considerar que a necessidade de assegurar o "respeito do direito" lhe permitiria emitir um mandato de busca — o facto dessa solução se encontrar consagrada, não no Tratado CE, mas noutro Tratado, assinado aliás na mesma data, poderia ser invocado como argumento no sentido de que o legislador não teria querido adoptar tal solução no quadro do Tratado CE. Necessário seria, assim, que o legislador comunitário inserisse no Regulamento n° 17 as disposições pertinentes, ou que uma conferência de representantes dos governos dos Estados membros decidisse de comum acordo proceder à revisão do Tratado CE, nos termos previstos no artigo N do Tratado da União Europeia, optando pela inclusão naquele de uma disposição de conteúdo semelhante à do artigo 81° do Tratado Euratom..

Vejamos, contudo, qual a solução que veio a ser consagrada pelo Tribunal de Justiça ao pronunciar-se sobre a questão nos seus acórdãos de 21 de Setembro e de 17 de Outubro de 1989 [261].

4.6. *A aplicação das regras processuais nacionais em caso de oposição da empresa à realização da inspecção: uma solução ou uma nova questão para resolver?*

a) A jurisprudência do Tribunal de Justiça

Nos seus acórdãos de 1989, o Tribunal de Justiça, antes de examinar a natureza e o alcance dos poderes de investigação

---

[261] TJCE, acórdão de 21 de Setembro de 1989, *Hoechst/Comissão*, cit., e acórdãos de 17 de Outubro de 1989, *Dow Ibérica, Alcudia e EMP/ Comissão* e *Dow Benelux/Comissão*, cit.. Tratando-se de acórdãos cujo texto é, no essencial, idêntico, apenas serão referidas doravante as passagens pertinentes do acórdão no caso *Hoechst*.

Os direitos de defesa enquanto direitos fundamentais   169

que o artigo 14° do Regulamento n° 17 confere à Comissão, começa por salientar que em caso algum poderia este artigo ser objecto de uma interpretação que fosse susceptível de conduzir a resultados incompatíveis com os princípios gerais do direito comunitário e nomeadamente com a protecção dos direitos fundamentais.

Fixando desta forma o quadro global da sua análise, o Tribunal de Justiça reafirma de forma clara a sua jurisprudência no sentido de que os direitos fundamentais constituem parte integrante dos princípios gerais de direito, resultantes das tradições constitucionais comuns aos Estados-membros e dos instrumentos internacionais nos quais os Estados-membros cooperaram ou aos quais aderiram, e cujo respeito deve por si ser assegurado, realçando o particular significado que neste contexto merece a Convenção Europeia dos Direitos do Homem. Observa ainda o Tribunal de Justiça que, para interpretar o artigo 14° do Regulamento n° 17, não poderá, igualmente, deixar de se tomar em consideração as exigências que decorrem do respeito dos direitos de defesa. Com efeito, o respeito dos direitos de defesa constitui, no entender do Tribunal, um princípio fundamental que merece protecção não apenas no decurso da fase contraditória posterior ao envio da comunicação de acusações à empresa, mas também no decurso da fase prévia de investigação, a qual pode ter uma importância determinante no estabelecimento do carácter ilegal do comportamento das empresas [262].

No entender do Tribunal de Justiça, se o reconhecimento do direito fundamental à inviolabilidade do domicílio privado das pessoas singulares se impõe na ordem jurídica comunitária, já o mesmo não se poderá dizer no que ao reconhecimento de idêntico direito às pessoas colectivas diz respeito. Tal resulta, por um lado, do facto de as ordens jurídicas dos Estados-

---

[262] TJCE, acórdão de 21 de Setembro de 1989, *Hoechst*, cit., considerandos 13 a 16.

170   *A protecção dos direitos fundamentais*

-membros apresentarem importantes diferenças quanto à natureza e ao grau de protecção das instalações profissionais face às intervenções dos poderes públicos e, por outro lado, do próprio artigo 8° da CEDH que apenas consagra a liberdade da pessoa humana, não se justificando a sua interpretação num sentido que abranja igualmente as pessoas colectivas [263].

Se o reconhecimento do direito fundamental à inviolabilidade das instalações das empresas não poderá ser qualificado, segundo o Tribunal, de princípio geral de direito comum aos Estados-membros, deve contudo qualificar-se de princípio geral o de que as intervenções dos poderes públicos na esfera privada de uma pessoa singular ou colectiva devem ter uma base legal e ser justificadas pelas razões previstas na lei. Constituindo a protecção contra as intervenções arbitrárias ou injustificadas dos poderes públicos, embora assumindo formas diferentes, uma característica comum às ordens jurídicas de todos os Estados--membros, impõe-se assim, no entender do Tribunal de Justiça, que a exigência de uma tal protecção seja reconhecida como princípio geral do direito comunitário cujo respeito deve por si ser assegurado [264].

É, pois, com base nestas considerações que o Tribunal de Justiça analisa a natureza e o alcance dos poderes de investigação que o artigo 14° do Regulamento n° 17 confere à Comissão. Para o Tribunal, a Comissão beneficia de amplos

---

[263] TJCE, acórdão de 21 de Setembro de 1989, cit., considerando 18. O Tribunal de Justiça refere, aliás, a ausência de qualquer jurisprudência do Tribunal Europeu dos Direitos do Homem no sentido de estender às instalações das empresas a protecção do domicílio conferida pelo n° 1 do artigo 8° da CEDH.

[264] TJCE, acórdão de 21 de Setembro de 1989, cit., considerando 19. Sobre a afirmação da competência do Tribunal de Justiça para controlar o carácter eventualmente excessivo das verificações efectuadas pela Comissão no quadro do Tratado CECA, ver TJCE, acórdão de 14 de Dezembro de 1962, *San Michele e outros/Alta Autoridade*, proc°s 5 a 11 e 13 a 15/62, Colect. 1962, 859.

Os direitos de defesa enquanto direitos fundamentais   171

poderes de investigação, sem os quais ser-lhe-ia impossível dar cumprimento à missão de assegurar o respeito das regras de concorrência no mercado comum que lhe é confiada pelo Tratado CE. O exercício dos seus poderes de investigação pressupõe, assim, um efectivo direito de acesso aos locais, terrenos e meios de transporte das empresas, a fim de aí recolher as provas das infracções a elas imputadas. Um tal direito implica a faculdade de procurar os mais diversos elementos de informação nas instalações das empresas e exige, da parte destas, um dever de colaboração [265].

O respeito dos direitos de defesa das empresas constitui, no entender do Tribunal, a contrapartida desses amplos poderes de investigação de que a Comissão beneficia. O exercício dos poderes da Comissão deve responder ao critério de necessidade imposto pelo nº 1º do artigo 14º do Regulamento nº 17 e a própria decisão que ordena a investigação deverá indicar o seu objecto e finalidade. Os agentes da Comissão, devidamente mandatados, podem exigir a apresentação de certos documentos ou entrar nos locais e solicitar que lhes seja mostrado o conteúdo dos armários ou móveis por si indicados. Não podem, contudo, os agentes da Comissão forçar o acesso às instalações da empresa, nem proceder a buscas, sem autorização desta [266].

No caso de oposição da empresa à realização da verificação a situação é necessariamente diferente. Tal como o estabelece o nº 6º do artigo 14º do Regulamento nº 17, é ao Estado-membro em cujo território deva ter lugar a verificação que compete prestar aos agentes da Comissão a assistência necessária ao exercício das suas funções. No entender do Tribunal de Justiça, se é aos Estados-membros que, numa tal situação, compete assegurar a eficácia da acção da Comissão, deverão

---

[265] TJCE, acórdão de 21 de Setembro de 1989, cit., considerandos 25 a 27.

[266] TJCE, acórdão de 21 de Setembro de 1989, cit., considerandos 28 a 31.

172 *A protecção dos direitos fundamentais*

então aplicar-se as regras processuais previstas no direito nacional com vista a garantir o respeito dos direitos das empresas. Assim, sempre que necessite da assistência das autoridades nacionais para levar a cabo verificações às quais as empresas se oponham, a Comissão encontra-se obrigada a respeitar as garantias processuais previstas pelo direito nacional [267]. Para tanto, deverá a Comissão fornecer à instância nacional competente [268] todos os elementos necessários para que esta possa exercer o seu controlo. Tal instância não poderá, contudo, substituir-se à Comissão na apreciação da necessidade da verificação, necessidade cujo controlo apenas poderá ser exercido pelas jurisdições comunitárias. Competirá assim à instância nacional:

— verificar a autenticidade da decisão;
— verificar se as medidas solicitadas com vista à realização da verificação não são arbitrárias ou excessivas em relação ao objecto da verificação;
— assegurar o respeito das regras previstas pelo direito nacional para a execução de tais medidas [269] [270].

---

[267] TJCE, acórdão de 21 de Setembro de 1989, cit., considerandos 33 e 34.

[268] No seu acórdão, o Tribunal de Justiça salienta que tal procedimento deverá ser seguido quer a instância nacional competente seja uma instância judiciária ou não (considerando 35). No nosso entender, a razão de ser de tal afirmação resulta do facto de em determinados Estados-membros, como tivemos a oportunidade de referir, certas entidades serem competentes para ordenar a realização de verificações nas instalações das empresas sem necessidade de mandato judicial prévio.

[269] TJCE, acórdão de 21 de Setembro de 1989, cit., considerando 35.

[270] Com base nas razões que resumidamente enunciámos e analisado o próprio conteúdo das decisões litigiosas, o Tribunal de Justiça considerou que as medidas nelas previstas não iam para além dos poderes que o artigo 14º do Regulamento nº 17 confere à Comissão, e que não se justificava desse modo a sua anulação.

b) Um novo problema para resolver?

Se os referidos acórdãos do Tribunal de Justiça tiveram o inegável mérito de colocar um ponto final na controversa questão da compatibilidade dos poderes de investigação da Comissão na aplicação do direito comunitário da concorrência com o direito fundamental à inviolabilidade do domicílio, reconheça-se, contudo, que a solução encontrada para o caso de a empresa se opor à realização da verificação poderá suscitar problemas de aplicação em determinados Estados-membros.

Com efeito, a partir do momento em que a Comissão se encontra obrigada a respeitar as regras processuais previstas na lei nacional com vista a garantir o respeito dos direitos de defesa das empresas, difícil será que a autoridade competente para ordenar a realização da verificação contra a vontade de uma empresa se limite a uma mera apreciação do eventual carácter arbitrário ou excessivo das medidas em relação ao objecto da verificação sem substituir a sua própria apreciação da necessidade da verificação à apreciação da Comissão.

O juiz nacional — se tal for o caso — competente para a emissão do mandato judicial nos termos previstos pela regras processuais nacionais aplicáveis dificilmente autorizará os agentes da Comissão e as autoridades nacionais que lhes prestam assistência a proceder à busca dos documentos nas salas ou armários cuja abertura é recusada pela empresa, sem solicitar previamente que lhe sejam comunicados os elementos com base nos quais a Comissão considera ter legítimas suspeitas da participação da empresa numa prática proibida pelo direito comunitário da concorrência. Até porque, na maioria das situações, tal será a única forma de controlar o eventual carácter arbitrário ou excessivo das medidas solicitadas pela Comissão em relação ao objecto da verificação.

O futuro dirá se a solução encontrada — que inegavelmente contribui para um reforço importante dos direitos de defesa das empresas — não virá a constituir fonte de novos conflitos.

CONCLUSÃO

Tentámos ao longo deste trabalho — não sem certamente ter incorrido em evitáveis lacunas — apresentar, de forma tão completa quanto a natureza do próprio estudo o exigia, quais os poderes de investigação conferidos à Comissão Europeia na aplicação do direito comunitário da concorrência e, em particular, os principais problemas que o exercício desses poderes suscita do ponto de vista da protecção dos direitos fundamentais.

Cremos poder afirmar que, sobretudo no decurso dos últimos anos, importantes progressos foram alcançados no que diz respeito ao estabelecimento de um nível elevado de protecção dos direitos das empresas nesta matéria. Se a jurisprudência do Tribunal de Justiça — e, mais recentemente, a do Tribunal de Primeira Instância — desempenharam neste domínio um inegável papel, não seria justo negar a importante contribuição que, para a realização deste objectivo, tiveram quer a evolução que conheceram as ordens jurídicas nacionais, quer a postura assumida pela Comissão, em particular através da consagração de regras processuais que, por vezes, foram para além das exigências formuladas pelo próprio Tribunal de Justiça.

É certo que nalguns aspectos subsistem ainda algumas "zonas cinzentas" sobre as quais o Tribunal de Primeira Instância e o Tribunal de Justiça serão seguramente chamados de novo a pronunciar-se. A tendência generalizada que se verifica nas diferentes ordens jurídicas nacionais dos Estados-membros, no sentido, por um lado, de uma cada vez maior protecção dos direitos fundamentais das pessoas colectivas e, por outro lado, de uma delimitação mais estrita dos poderes da Administração Pública, indicia claramente um reforço dos direitos de defesa das empresas.

Façamos votos para que a natural evolução da jurisprudência dos tribunais comunitários — e em particular a do Tribunal de Primeira Instância — e da prática da Comissão possa contribuir, de forma eficaz, para a instauração de um sistema equilibrado que, sem pôr em causa os legítimos direitos das empresas, assegure simultaneamente a consolidação de uma "Comunidade de direito" e a plena realização do princípio consagrado no artigo 3º, alínea g), do Tratado CE, a saber "o estabelecimento de um regime que garanta que a concorrência não seja falseada no mercado comum".

ANEXOS

Regulamento nº 17/62 do Conselho, de 6 de Fevereiro de 1962
Primeiro regulamento de execução dos artigos 85º e 86º do Tratado

Regulamento nº 99/63 da Comissão, de 25 de Julho de 1963
relativo às audições referidas nos nos. 1 e 2 do artigo 19º do Regulamento nº 17 do Conselho

Regulamento (CEE) nº 4064/89 do Conselho, de 21 de Dezembro de 1989
relativo ao controlo das operações de concentração de empresas

Decreto-Lei nº 371/93, de 29 de Outubro
Estabelece o regime geral da defesa e promoção da concorrência

Portaria nº 1097/93, de 29 de Outubro
Define os termos em que o Conselho da Concorrência pode declarar a legalidade ou ilegalidade de acordos ou práticas concertadas de empresas

REGULAMENTO Nº 17/62 DO CONSELHO
DE 6 DE FEVEREIRO DE 1962[1]

Primeiro Regulamento de execução dos artigos 85º e 86º do Tratado

O CONSELHO DA COMUNIDADE ECONÓMICA EUROPEIA,

Tendo em conta o Tratado que institui a Comunidade Económica Europeia e, nomeadamente, o seu artigo 87º,

Tendo em conta a proposta da Comissão,

Tendo em conta o parecer do Comité Económico e Social,

Tendo em conta o parecer do Parlamento Europeu,

Considerando que, para estabelecer um regime que assegure que a concorrência não seja falseada no mercado comum, há que proceder à aplicação equilibrada dos artigos 85º e 86º, de maneira uniforme nos Estados-membros;

Considerando que as regras de aplicação do nº 3 do artigo 85º devem ser estabelecidas tendo em conta a necessidade, por um lado, de assegurar uma fiscalização eficaz e, por outro, de simplificar tanto quanto possível o controlo administrativo;

Considerando que se afigura necessário, por consequência, sujeitar, em princípio, as empresas que desejam beneficiar do disposto no nº 3 do artigo 85º à obrigação de notificar à Comissão os seus acordos, decisões e práticas concertadas;

---

[1] JO 13 de 21 de Fevereiro de 1962, Edição especial em língua portuguesa 08, fascículo 1, p. 22.

Considerando, no entanto, que, por um lado, que estes acordos, decisões e práticas concertadas são provavelmente muito numerosos e não poderão, por isso, ser examinados simultaneamente e, por outro, que alguns deles têm características específicas que podem torná-los menos prejudiciais ao desenvolvimento do mercado comum;

Considerando que, por consequência, há que prever, provisoriamente, um regime mais flexível para determinadas categorias de acordos, decisões e práticas concertadas, sem prejuízo de decisão posterior sobre a sua validade em face do artigo 85°;

Considerando, por outro lado, que as empresas podem ter interesse em saber se os acordos, decisões ou práticas em que participam, ou tencionam participar, são susceptíveis de originar a intervenção da Comissão por força do n° 1 do artigo 85° ou do artigo 86°;

Considerando que, para assegurar uma aplicação uniforme no mercado comum do disposto nos artigos 85° e 86°, é necessário fixar as regras com base nas quais a Comissão, agindo em estreita e constante ligação com as autoridades competentes dos Estados-membros, poderá tomar as medidas necessárias à aplicação dos artigos 85° e 86°;

Considerando que, para o efeito, a Comissão deve obter a cooperação das autoridades competentes dos Estados-membros e dispor, além disso, em todo o mercado comum, do poder de exigir as informações e de proceder às averiguações necessárias para detectar os acordos, decisões e práticas concertadas proibidas pelo n° 1 do artigo 85°, bem como a exploração abusiva de uma posição dominante proibida pelo artigo 86°;

Considerando que, para cumprir a sua missão de velar pela aplicação das disposições do Tratado, a Comissão deve poder dirigir às empresas ou associações de empresas recomendações e decisões tendentes a fazer cessar as infracções aos artigos 85° e 86°;

Considerando que o cumprimento dos artigos 85° e 86° e a execução das obrigações impostas às empresas e às associações de empresas em aplicação do presente regulamento devem poder ser asseguradas por meio de multas [2] e adstrições [3];

Considerando que convém consagrar o direito de as empresas interessadas serem ouvidas pela Comissão, que convém dar a terceiros, cujos interesses possam ser afectados por uma decisão, a oportunidade de apresentarem previamente as suas observações, bem como assegurar uma ampla publicidade das decisões tomadas;

Considerando que todas as decisões tomadas pela Comissão em aplicação do presente regulamento estão sujeitas ao controlo do Tribunal de Justiça nas condições definidas pelo Tratado e que convém ainda atribuir, nos termos do artigo 172º, plena jurisdição ao Tribunal de Justiça no que respeita às decisões através das quais a Comissão aplique multas ou adstrições;

Considerando que o presente regulamento pode entrar em vigor sem prejuízo de outras disposições que sejam posteriormente adoptadas por força do artigo 87º,

---

[2] No texto em língua portuguesa do Regulamento nº 17/62 — a exemplo, aliás, de outros regulamentos do Conselho e da Comissão em matéria de concorrência — é utilizado o termo "multa" e não o termo "coima", por nós referido ao longo deste estudo, e que, no nosso entender, será o mais adequado ao tipo de sanção em causa, dado estarmos em presença de contra-ordenações. Em regulamentos mais recentes — como é o caso do Regulamento nº 4064/89, relativo ao controlo das operações de concentração — o texto em língua portuguesa refere já o termo "coima".

[3] No texto em língua portuguesa do Regulamento nº 17/62 - a exemplo, aliás, de outros regulamentos do Conselho e da Comissão em matéria de concorrência — é utilizado o termo "adstrição" e não a expressão "sanção pecuniária compulsória", por nós referida ao longo deste estudo, e que, no nosso entender, seria a que melhor traduz o tipo de sanção em causa. Refira-se, aliás, que, em regulamentos mais recentes — como é o caso do Regulamento nº 4064/89, relativo ao controlo das operações de concentração — o texto em língua portuguesa utiliza já a expressão "sanção pecuniária compulsória".

ADOPTOU O PRESENTE REGULAMENTO:

Artigo 1º

Disposição de princípio

Sem prejuízo do disposto nos artigos 6º, 7º e 23º do presente regulamento, os acordos, decisões e práticas concertadas referidos no nº 1 do artigo 85º do Tratado e a exploração abusiva de uma posição dominante no mercado, na acepção do artigo 86º do Tratado, são proibidos, sem que seja necessária, para o efeito, uma decisão prévia.

Artigo 2º

Certificados negativos

A Comissão pode declarar verificado, a pedido das empresas e associações de empresas interessadas, que, face aos elementos ao seu dispor, não há razão para intervir, nos termos do nº 1 do artigo 85º ou do artigo 86º, relativamente a um acordo, a uma decisão ou a uma prática.

Artigo 3º

Cessação das infracções

1. Se a Comissão verificar, a pedido ou oficiosamente, uma infracção ao disposto no artigo 85º ou no artigo 86º do Tratado, pode, através de decisão, obrigar as empresas e associações de empresas em causa a pôr termo a essa infracção.

2. Podem apresentar um pedido para este efeito:

a) Os Estados-membros;

b) As pessoas singulares ou colectivas que invoquem um interesse legítimo;

3. Sem prejuízo das outras disposições do presente regulamento, a Comissão pode, antes de tomar a decisão referida no nº 1, dirigir às empresas e associações de empresas em causa recomendações com o fim de fazer cessar a infracção.

Artigo 4º

Notificação de novos acordos, decisões e práticas

1. Os acordos, decisões e práticas concertadas referidos no nº 1 do artigo 85º do Tratado, ocorridos após a entrada em vigor do presente regulamento e em relação aos quais os interessados desejem beneficiar do disposto no nº 3 do artigo 85º, devem ser notificados à Comissão. Enquanto não forem notificados, não pode ser tomada uma decisão de aplicação do nº 3 do artigo 85º.

2. O disposto no nº 1 não é aplicável aos acordos, decisões e práticas concertadas quando:

1) Neles participem apenas empresas de um único Estado--membro e tais acordos, decisões ou práticas não digam respeito à importação nem à exportação entre Estados--membros;

2) Neles participem apenas duas empresas e tais acordos tenham somente por efeito:

a) Restringir a liberdade de formação dos preços ou condições de transacção de uma das partes contratantes aquando da revenda de mercadorias que adquira à outra parte contratante, ou

b) Impor restrições ao exercício de direitos de propriedade industrial ao adquirente ou ao utilizador — nomeadamente patentes, modelos de utilidade, desenhos e modelos ou marcas — ou ao beneficiário de contratos relativos à cessão ou concessão do direito de usar processos de fabrico ou conhecimentos relacionados com a utilização e a aplicação de técnicas industriais;

3) Tenham apenas por objecto:

a) A elaboração ou a aplicação uniforme de normas ou de tipos;

b) A investigação em comum de melhoramentos técnicos, se o resultado for acessível a todos os participantes e qualquer um deles o puder explorar.

Estes acordos, decisões e práticas podem ser notificados à Comissão.

Artigo 5º
Notificação dos acordos, decisões e práticas existentes

1. Os acordos, decisões e práticas concertadas referidos no nº 1 do artigo 85º do Tratado, existentes à data de entrada em vigor do presente regulamento e em relação aos quais os interessados desejem beneficiar do disposto no nº 3 do artigo 85º, devem ser notificados à Comissão antes de 1 de Agosto de 1962.

2. O disposto no nº 1 não é aplicável aos acordos, decisões e práticas concertadas incluídos nas categorias referidas no nº 2 do artigo 4º; estes podem ser notificados à Comissão.

Artigo 6º
Decisões de aplicação do nº 3 do artigo 85º

1. Quando a Comissão proferir uma decisão de aplicação do nº 3 do artigo 85º do Tratado, indicará a data a partir da qual essa decisão produz efeitos. Esta data não pode ser anterior ao dia da notificação.

2. O disposto na segunda frase do nº 1 não é aplicável aos acordos, decisões e práticas concertadas referidos no nº 2 do artigo 4º e no nº 2 do artigo 5º, nem aos referidos no nº 1 do artigo 5º que tenham sido notificados no prazo fixado nesta última disposição.

Artigo 7º
Disposições específicas para os acordos, decisões e práticas existentes

1. Se acordos, decisões e práticas concertadas existentes à data de entrada em vigor do presente regulamento e notificados

antes de 1 de Agosto de 1962 não preencherem as condições previstas no n° 3 do artigo 85° do Tratado, e se as empresas e associações de empresas em causa lhes puserem termo ou os modificarem de tal modo que deixem de ficar abrangidos pela proibição contida no n° 1 do artigo 85°, ou de tal modo que preencham as condições de aplicação do n° 3 do artigo 85°, a proibição constante do n° 1 do artigo 85° aplica-se apenas durante o período fixado pela Comissão. Não será oponível a empresas e associações de empresas que não tenham dado o seu acordo expresso à notificação uma decisão da Comissão proferida nos termos do disposto na frase anterior.

2. O disposto no n° 1 é aplicável aos acordos, decisões e práticas concertadas incluídos nas categorias referidas no n° 2 do artigo 4°, existentes à data da entrada em vigor do presente regulamento, se tiverem sido notificados antes de 1 de Janeiro de 1964.

Artigo 8°
Vigência e revogação das decisões de aplicação do n° 3 do artigo 85°

1. A decisão de aplicação do n° 3 do artigo 85° do Tratado será concedida por um período determinado e pode incluir condições e obrigações.

2. A decisão pode ser renovada a pedido, caso as condições de aplicação do n° 3 do artigo 85° do Tratado continuem a ser preenchidas.

3. A Comissão pode revogar ou alterar a sua decisão ou proibir às partes determinados actos:

a) Se a situação de facto se alterar em relação a um elemento essencial para a decisão;

b) Se as partes não cumprirem uma obrigação incluída na decisão;

c) Se a decisão se fundamentar em indicações inexactas ou tiver sido obtida fraudulentamente, ou

186 — *Anexos*

d) Se as partes abusarem da isenção do disposto no nº 1 do artigo 85º do Tratado, que lhes tenha sido concedida pela decisão.

Nos casos referidos nas alíneas b), c) e d), a decisão pode também ser revogada com efeito retroactivo.

Artigo 9º

Competência

1. Sem prejuízo do controlo da decisão pelo Tribunal de Justiça, a Comissão tem competência exclusiva para declarar inaplicável o disposto no nº 1 do artigo 85º, nos termos do nº 3 do artigo 85º do Tratado.

2. A Comissão tem competência para aplicar o disposto no nº 1 do artigo 85º e no artigo 86º do Tratado, ainda que não tenham decorrido os prazos fixados no nº 1 do artigo 5º, e no nº 2 do artigo 7º para proceder à notificação.

3. Enquanto a Comissão não der início a qualquer processo nos termos dos artigos 2º, 3º ou 6º, as autoridades dos Estados-membros têm competência para aplicar o disposto no nº 1 do artigo 85º e no artigo 86º nos termos do artigo 88º do Tratado, ainda que não tenham decorrido os prazos previstos no nº 1 do artigo 5º e no nº 2 do artigo 7º para proceder à notificação.

Artigo 10º

Cooperação com as autoridades dos Estados-membros

1. A Comissão transmitirá imediatamente às autoridades competentes dos Estados-membros cópia dos pedidos e das notificações, bem como dos documentos mais importantes que lhe sejam dirigidos tendo em vista declarar verificadas infracções ao disposto no artigo 85º ou no artigo 86º do Tratado, ou obter um certificado negativo ou uma decisão de aplicação do nº 3 do artigo 85º.

2. A Comissão conduzirá os processos referidos no nº 1 em ligação estreita e constante com as autoridades competentes dos Estados-membros, que têm o direito de se pronunciar relativamente a esses processos.

3. Será consultado um Comité Consultivo em matéria de acordos, decisões e práticas concertadas e de posições dominantes antes de tomada qualquer decisão na sequência de um processo nos termos do nº 1, e de qualquer decisão respeitante à renovação, modificação ou revogação de uma decisão tomada nos termos do nº 3 do artigo 85º do Tratado.

4. O Comité Consultivo será composto por funcionários competentes em matéria de acordos, decisões e práticas concertadas e de posições dominantes. Cada Estado-membro designará um funcionário que o representa e que pode ser substituído, em caso de impedimento, por outro funcionário.

5. A consulta realizar-se-á durante uma reunião conjunta, convocada pela Comissão e realizada catorze dias, o mais tardar, após o envio da convocatória. A esta serão anexados uma exposição do processo com indicação dos elementos mais importantes e um anteprojecto de decisão para cada caso a examinar.

6. O Comité Consultivo pode formular o seu parecer, ainda que alguns dos seus membros estejam ausentes e não se tenham feito representar. O resultado da consulta será objecto de um relatório escrito que acompanhará o projecto de decisão. Não será tornado público.

Artigo 11º

Pedido de informações

1. No cumprimento dos deveres que lhe são impostos pelo artigo 89º e pelas disposições adoptadas em aplicação do artigo 87º do Tratado, a Comissão pode obter todas as informações necessárias junto dos Governos e das autoridades competentes dos Estados-membros, bem como das empresas e associações de empresas.

2. Sempre que a Comissão formule um pedido de informações a uma empresa ou associação de empresas, enviará simultaneamente uma cópia do mesmo pedido à autoridade competente do Estado-membro em cujo território se situe a sede da empresa ou da associação de empresas.

3. No seu pedido a Comissão indicará os fundamentos jurídicos e o objectivo do pedido, bem como as sanções previstas no nº 1, alínea b), do artigo 15º do presente regulamento para o caso de ser prestada uma informação inexacta.

4. São obrigados a fornecer as informações pedidas os titulares das empresas ou seus representantes e, no caso de pessoas colectivas, de sociedades ou de associações sem personalidade jurídica, as pessoas encarregadas de as representar, segundo a lei ou os estatutos.

5. Se uma empresa ou associação de empresas não prestar as informações pedidas no prazo fixado pela Comissão ou se as fornecer de modo incompleto, a Comissão, mediante decisão, exigirá que a informação seja prestada. A decisão especificará as informações pedidas, fixará um prazo conveniente no qual a informação deve ser prestada e indicará as sanções previstas no nº 1, alínea b), do artigo 15º e no nº 1, alínea c), do artigo 16º, bem como a possibilidade de recurso da decisão para o Tribunal de Justiça.

6. A Comissão enviará simultaneamente cópia da sua decisão à autoridade competente do Estado-membro em cujo território se situe a sede da empresa ou da associação de empresas.

Artigo 12º
Inquéritos por sectores económicos

1. Se, num sector económico, a evolução das trocas comerciais entre Estados-membros, as flutuações de preços, a rigidez dos preços ou outras circunstâncias fizerem presumir que, no sector económico considerado, a concorrência se encontra restringida ou falseada no mercado comum, a Comissão pode

Regulamento nº 17/62 do Conselho 189

decidir proceder a um inquérito geral e, no âmbito deste, pedir às empresas deste sector económico as informações necessárias para a aplicação dos princípios enunciados nos artigos 85º e 86º do Tratado e para o desempenho das tarefas que lhe estão confiadas.

2. A Comissão pode, nomeadamente, pedir a todas as empresas e grupos de empresas do sector considerado que lhe comuniquem todos os acordos, decisões e práticas concertadas que estejam dispensados de notificação por força do nº 2 do artigo 4º e do nº 2 do artigo 5º.

3. Sempre que a Comissão proceda aos inquéritos previstos no nº 2, solicitará igualmente às empresas e aos grupos de empresas cuja dimensão faça presumir que ocupam uma posição dominante no mercado comum ou numa parte substancial deste, a declaração dos elementos relativos à estrutura das empresas e ao seu comportamento, necessários para apreciar a sua situação face ao disposto no artigo 86º do Tratado.

4. É aplicável por analogia o disposto nos nºs 3 e 6 do artigo 10º e nos artigos 11º, 13º e 14º.

Artigo 13º

Diligências de instrução pelas autoridades dos Estados-membros

1. A pedido da Comissão, as autoridades competentes dos Estados-membros procederão às diligências de instrução que a Comissão considere necessárias nos termos do nº 1 do artigo 14º ou que tenha ordenado por decisão tomada ao abrigo do nº 3 do artigo 14º. Os agentes das autoridades competentes dos Estados-membros, encarregados de proceder a essas diligências, exercerão os seus poderes mediante apresentação de mandato escrito emitido pela autoridade competente do Estado-membro em cujo território as diligências de instrução devam efectuar--se. O mandato indicará o objecto e a finalidade das diligências de instrução.

190 *Anexos*

2. A pedido da Comissão ou da autoridade competente do Estado-membro em cujo território deva efectuar-se a diligência de instrução, podem os agentes da Comissão prestar assistência aos agentes daquela autoridade no desempenho da sua tarefa.

Artigo 14º
Poderes da Comissão em matéria de instrução

1. No cumprimento dos deveres que lhe são impostos pelo artigo 89º e pelas disposições adoptadas em aplicação do artigo 87º do Tratado, a Comissão pode proceder a todas as diligências de instrução necessárias junto das empresas e associações de empresas.

Para o efeito, compete aos agentes incumbidos pela Comissão:

a) Inspeccionar os livros e outros documentos profissionais;
b) Tirar cópias ou extractos dos livros e documentos profissionais;
c) Pedir "in loco" explicações orais;
d) Ter acesso às instalações, terrenos e meios de transporte das empresas.

2. Os agentes incumbidos pela Comissão destas diligências exercerão os seus poderes mediante apresentação de mandato escrito que indicará o objecto e a finalidade da diligência, bem como a sanção prevista no nº 1, alínea c), do artigo 15º do presente regulamento, no caso de os livros ou outros documentos profissionais exigidos serem apresentados de maneira incompleta. Em tempo útil antes da diligência de instrução a Comissão informará a autoridade competente do Estado-membro em cujo território a mesma deve efectuar-se sobre a diligência de instrução e a identidade dos agentes dela incumbidos.

3. As empresas e associações de empresas são obrigadas a sujeitar-se às diligências de instrução que a Comissão tenha ordenado mediante decisão. A decisão indicará o objecto e a

finalidade da diligência, fixará a data em que esta se inicia e indicará as sanções previstas no nº 1, alínea c), do artigo 15º e no nº 1, alínea d), do artigo 16º, bem como a possibilidade de recurso da decisão para o Tribunal de Justiça.

4. A Comissão tomará as decisões referidas no nº 3 depois de ouvida a autoridade competente do Estado-membro em cujo território deva efectuar-se a diligência de instrução.

5. Os agentes da autoridade competente do Estado-membro em cujo território deva efectuar-se a diligência de instrução podem, a pedido desta autoridade ou da Comissão, prestar assistência aos agentes da Comissão no cumprimento das suas tarefas.

6. Quando uma empresa se opuser a uma diligência de instrução ordenada nos termos do presente artigo, o Estado--membro em causa prestará aos agentes incumbidos pela Comissão a assistência necessária para lhes permitir executar essa diligência. Os Estados-membros, após consulta da Comissão, tomarão as medidas necessárias para o efeito, antes de 1 de Outubro de 1962.

Artigo 15º
Multas

1. A Comissão pode, mediante decisão, aplicar às empresas e associações de empresas multas no montante de cem a cinco mil unidades de conta sempre que, deliberada ou negligentemente:

a) Dêem indicações inexactas ou deturpadas aquando dum pedido apresentado nos termos do artigo 2º ou de uma notificação nos termos dos artigos 4º e 5º;

b) Prestem uma informação inexacta, em resposta a um pedido feito nos termos do nº 3 ou nº 5 do artigo 11º, ou do artigo 12º, ou não prestem uma informação no prazo fixado em decisão tomada por força do nº 5 do artigo 11º, ou

c) Apresentem de forma incompleta, aquando das diligências de instrução efectuadas em conformidade com os artigos 13° ou 14°, os livros ou outros documentos profissionais exigidos, ou não se sujeitem às diligências ordenadas mediante decisão tomada em execução do n° 3 do artigo 14°.

2. A Comissão pode, mediante decisão, aplicar às empresas e associações de empresas multas de mil unidades de conta, no mínimo, a um milhão de unidades de conta, podendo este montante ser superior desde que não exceda dez por cento do volume de negócios realizado, durante o exercício social anterior, por cada uma das empresas que tenha participado na infracção sempre que, deliberada ou negligentemente:

a) Cometam uma infracção ao disposto no n° 1 do artigo 85° ou no artigo 86° do Tratado; ou
b) Não cumpram uma obrigação imposta por força do n° 1 do artigo 8°.

Para determinar o montante da multa, deve tomar-se em consideração, além da gravidade da infracção, a duração da mesma.

3. É aplicável o disposto nos n°s 3 a 6 do artigo 10°.

4. As decisões tomadas por força dos n°s 1 e 2 não têm natureza penal.

5. As multas previstas na alínea a) do n° 2 não podem ser aplicadas em relação a comportamentos:

a) Posteriores à notificação à Comissão e anteriores à decisão pela qual ela conceda ou recuse a aplicação do n° 3 do artigo 85° do Tratado, desde que se mantenham dentro dos limites da actividade descrita na notificação;
b) Anteriores à notificação dos acordos, decisões e práticas concertadas existentes à data de entrada em vigor do presente regulamento, desde que esta notificação tenha

sido feita nos prazos previstos no n° 1 do artigo 5° e no n° 2 do artigo 7°.

6. Não é aplicável o disposto no n° 5, desde que a Comissão tenha comunicado às empresas em causa que, após exame provisório, considera que estão preenchidas as condições de aplicação do n° 1 do artigo 85° do Tratado e que não se justifica a aplicação do n° 3 do artigo 85°.

Artigo 16°
Adstrições

1. A Comissão pode, mediante decisão, aplicar às empresas e associações de empresas adstrições de cinquenta a mil unidades de conta por dia de atraso, a contar da data fixada na decisão, com o fim de as compelir:

a) A pôr termo a uma infracção ao disposto no artigo 85° ou no artigo 86° do Tratado, em conformidade com uma decisão tomada em execução do artigo 3° do presente regulamento;

b) A abster-se de qualquer acção proibida por força do n° 3 do artigo 8°;

c) A fornecer de maneira completa e exacta informações que tenha pedido, mediante decisão tomada em execução do n° 5 do artigo 11°;

d) A sujeitar-se a uma diligência de instrução que tenha ordenado mediante decisão tomada em execução do n° 3 do artigo 14°.

2. Sempre que as empresas ou associações de empresas tenham cumprido a obrigação para cuja execução a adstrição fora aplicada, a Comissão pode fixar o montante definitivo da mesma num montante inferior ao que resultaria da decisão inicial.

3. É aplicável o disposto nos n°s 3 a 6 do artigo 10°.

Artigo 17º
Controlo do Tribunal de Justiça

O Tribunal de Justiça decidirá com plena jurisdição, na acepção do artigo 172º do Tratado, os recursos interpostos das decisões em que tenha sido fixada uma multa ou uma adstrição pela Comissão; o Tribunal pode suprimir, reduzir ou aumentar a multa ou a adstrição aplicadas.

Artigo 18º
Unidade de conta

Para aplicação dos artigos 15º a 17º, a unidade de conta será a utilizada na elaboração do orçamento da Comunidade por força do disposto nos artigos 207º e 209º do Tratado.

Artigo 19º
Audição dos interessados e de terceiros

1. Antes de tomar as decisões previstas nos artigos 2º, 3º, 6º, 7º, 8º, 15º e 16º, a Comissão dará às empresas e associações de empresas interessadas a oportunidade de se pronunciarem sobre as acusações por ela formuladas.

2. Se a Comissão ou as autoridades competentes dos Estados-membros o considerarem necessário, podem também ouvir outras pessoas singulares ou colectivas. Se estas, invocando um interesse relevante, pedirem para ser ouvidas, o seu pedido deve ser satisfeito.

3. Sempre que a Comissão se proponha emitir um certificado negativo por força do artigo 2º ou proferir uma decisão de aplicação do nº 3 do artigo 85º do Tratado, publicará o essencial do conteúdo do pedido ou da notificação em causa convidando os terceiros interessados a apresentarem as suas observações no prazo que fixar, e que não pode ser inferior a um mês. A publicação deve ter em conta o legítimo interesse das empresas na protecção dos seus segredos comerciais.

Artigo 20º
Segredo profissional

1. As informações obtidas nos termos dos artigos 11º, 12º, 13º e 14º só podem ser utilizadas para os fins para que tenham sido pedidas.

2. Sem prejuízo no disposto nos artigos 19º e 21º, a Comissão e as autoridades competentes dos Estados-membros, bem como os seus funcionários e outros agentes, são obrigados a não divulgar as informações obtidas nos termos do presente regulamento e que, pela sua natureza, estejam abrangidos pelo segredo profissional.

3. O disposto nos nºs 1 e 2 não prejudica a publicação de informações gerais ou estudos que não contenham informações individuais relativas às empresas ou associações de empresas.

Artigo 21º
Publicação das decisões

1. A Comissão publicará as decisões que tomar nos termos dos artigos 2º, 3º, 6º, 7º e 8º.

2. A publicação mencionará as partes em causa e o essencial da decisão; deve ter em conta o legítimo interesse das empresas na protecção dos seus segredos comerciais.

Artigo 22º
Disposições específicas

1. A Comissão submeterá ao Conselho propostas tendentes a que certas categorias de acordos, de decisões e de práticas concertadas referidos no nº 2 do artigo 4º e no nº 2 do artigo 5º fiquem sujeitas à notificação prevista nos artigos 4º e 5º.

2. Dentro do prazo de um ano a contar da entrada em vigor do presente regulamento o Conselho examinará, sob proposta da Comissão, quais as disposições especiais que poderiam ser adoptadas, em derrogação ao disposto no presente regulamento, relativamente aos acordos, decisões e práticas concertadas referidos no nº 2 do artigo 4º e no nº 2 do artigo 5º.

Artigo 23º
Regime transitório aplicável às decisões das autoridades dos Estados-membros

1. Os acordos, decisões e práticas concertadas referidos no nº 1 do artigo 85º do Tratado relativamente aos quais, antes da entrada em vigor do presente regulamento, a autoridade competente de um Estado-membro tenha declarado inaplicável o disposto no nº 1 do artigo 85º por força do nº 3 do artigo 85º, não estão sujeitos à notificação prevista no artigo 5º. A decisão da autoridade competente do Estado-membro vale como decisão na acepção do artigo 6º; a sua vigência cessa, o mais tardar, na data limite fixada, mas, em qualquer caso, não podendo exceder três anos após a entrada em vigor do presente regulamento. É aplicável o disposto no nº 3 do artigo 8º.

2. A Comissão decidirá, nos termos do nº 2 do artigo 8º, sobre os pedidos de renovação das decisões referidas no nº 1 deste artigo.

Artigo 24º
Disposições de execução

A Comissão fica autorizada a adoptar disposições de execução respeitantes à forma, conteúdo e outras regras relativas aos pedidos referidos nos artigos 2º e 3º e à notificação referida nos artigos 4º e 5º, bem como às audições referidas nos nºs 1 e 2 do artigo 19º.

O presente regulamento é obrigatório em todos os seus elementos e directamente aplicável em todos os Estados-membros.

Feito em Bruxelas em 6 de Fevereiro de 1962.

Pelo Conselho
O Presidente

M. COUVE de MURVILLE

REGULAMENTO N° 99/63 DA COMISSÃO
DE 25 DE JULHO DE 1963 [4]

relativo às audições referidas nos nos 1 e 2 do artigo 19°
do Regulamento n° 17 do Conselho

A Comissão da Comunidade Económica Europeia,

Tendo em conta o Tratado que institui a Comunidade Económica Europeia, nomeadamente, os seus artigos 87° e 155°,

Tendo em conta o artigo 24° do Regulamento n° 17 do Conselho de 6 de Fevereiro de 1962 (Primeiro Regulamento de execução dos artigos 85° e 86° do Tratado),

Considerando que, por força do artigo 24° do Regulamento n° 17 do Conselho, a Comissão está autorizada a adoptar as disposições de execução respeitantes às audições referidas nos nos 1 e 2 do artigo 19° do mesmo regulamento.

Considerando que, na maior parte dos casos, a Comissão estará já, ao longo do processo, em contacto frequente com as empresas e associações de empresas, contra as quais o processo se dirige e que, por isso, estas terão tido a oportunidade de se pronunciar sobre as acusações que lhes são feitas;

Considerando, todavia, que, em conformidade com o n° 1 do artigo 19° do Regulamento n° 17 e com o direito de defesa que lhes assiste, é necessário garantir às empresas e associações

---

[4] JO 127 de 20 de Agosto de 1962, p. 2268, Edição especial em língua portuguesa 08, fascículo 1, p. 62.

de empresas o direito de apresentarem observações no final dos processos, relativamente ao conjunto de acusações que a Comissão se proponha apresentar contra elas nas suas decisões;

Considerando que outras pessoas, que não as empresas e associações de empresas contra as quais o processo se dirige, podem ter interesse em ser ouvidas; considerando que, nos termos do nº 2, segunda frase, do artigo 19º do regulamento nº17, essas pessoas devem ter a oportunidade de se pronunciar, se o pedirem e se tiverem um interesse relevante;

Considerando que se afigura oportuno dar a oportunidade às pessoas que tenham apresentado um pedido para fazer cessar uma infracção, nos termos do nº 2 do artigo 3º do Regulamento nº 17, de apresentarem as suas observações, quando a Comissão considere que, face aos elementos ao seu dispor, não se justifica dar seguimento ao pedido;

Considerando que as diversas pessoas que podem apresentar observações devem fazê-lo por escrito, tanto no seu próprio interesse como no da boa administração, sem prejuízo, quando necessário, de um processo oral que complete o processo escrito;

Considerando que é necessário definir os direitos das pessoas que sejam ouvidas, nomeadamente as condições em que podem fazer-se representar ou ser assistidas, bem como a fixação e a contagem dos prazos;

Considerando que ao Comité Consultivo em matéria de acordos, decisões e práticas concertadas e de posições dominantes cabe formular parecer com base num anteprojecto de decisão; que o Comité deve, pois, ser consultado sobre o assunto logo que a instrução do respectivo processo termine; que, no entanto, esta consulta não constitui obstáculo a que a Comissão, sempre que necessário, reabra o processo;

ADOPTOU O PRESENTE REGULAMENTO:

Artigo 1º

Antes de consultar a Comité Consultivo em matéria de acordos, decisões e práticas concertadas e de posições dominantes, a Comissão procederá a uma audição, nos termos do nº 1 do artigo 19º do Regulamento nº 17º.

Artigo 2º

1. A Comissão dará a conhecimento, por escrito, às empresas e associações de empresas, das acusações que lhes são dirigidas. A comunicação será remetida a cada uma delas ou ao representante comum que tenham designado.

2. A Comissão pode, no entanto, fazer a comunicação por meio de publicação no Jornal Oficial das Comunidades Europeias, se as circunstâncias do caso o justificarem, designadamente, se forem várias as empresas e não tiverem designado um representante comum. A publicação terá em conta o legítimo interesse das empresas na protecção dos seus segredos comerciais.

3. Só pode ser aplicada uma multa ou uma adstrição a uma empresa ou associação de empresas quando a comunicação das acusações tiver sido efectuada nos termos do nº 1.

4. Ao comunicar as acusações, a Comissão fixará o prazo em que as empresas e associações de empresas podem pronunciar-se.

Artigo 3º

1. As empresas e associações de empresas apresentarão por escrito, no prazo fixado, os seus pontos de vista sobre as acusações que lhes tenham sido feitas.

2. Nas suas observações escritas as empresas e associações de empresas podem deduzir todos os meios de prova e alegar todos os factos considerados necessários para a sua defesa.

3. A empresas e associações de empresas podem, se o considerarem necessário, juntar quaisquer documentos comprovativos dos factos alegados e propor à Comissão a audição de pessoas que possam confirmar esses factos.

Artigo 4º

Nas suas decisões, a Comissão apenas terá em conta acusações contra as empresas e associações de empresas destinatárias relativamente às quais estas tenham tido oportunidade de se pronunciar.

Artigo 5º

Se pessoas singulares ou colectivas que tenham um interesse relevante, pedirem para ser ouvidas nos termos do nº 2 do artigo 19º do Regulamento nº 17, a Comissão dar-lhe-á a oportunidade de se pronunciarem por escrito, no prazo que fixar.

Artigo 6º

Quando a Comissão tiver recebido um pedido nos termos do nº 2 do artigo 3º do Regulamento nº 17 e considerar que, face aos elementos ao seu dispor, não se justifica dar seguimento ao pedido, informará os requerentes das suas razões e fixar-lhe-á um prazo para apresentarem, por escrito, eventuais observações.

Artigo 7º

1. A Comissão dará às pessoas que o tenham solicitado, nas respectivas observações escritas, oportunidade de se pronunciarem, oralmente, se tais pessoas mostrarem um interesse relevante ou se a Comissão se propuser aplicar-les uma multa ou adstrição.

2. A Comissão pode igualmente dar a qualquer outra pessoa oportunidade de se pronunciar oralmente.

Artigo 8º

1. As pessoas a ouvir serão convocadas pela Comissão que, para o efeito, fixará uma data.

2. A Comissão transmitirá, sem demora, uma cópia da convocatória às autoridades competentes dos Estados-membros, que podem designar um funcionário para participar na audição.

Artigo 9º

1. As audições serão conduzidas pelas pessoas que a Comissão mandatar para o efeito.

2. As pessoas convocadas comparecerão pessoalmente ou far-se-ão representar pelos seus representantes legais ou estatutários. As empresas e associações de empresas podem igualmente fazer-se representar por um procurador devidamente habilitado e escolhido de entre o seu pessoal permanente.

As pessoas ouvidas pela Comissão podem ser assistidas por advogados ou professores admitidos a pleitear perante o Tribunal de Justiça das Comunidades Europeias nos termos do artigo 17º do Protocolo relativo ao Estatuto do Tribunal, ou por outras pessoas qualificadas.

3. A audição não é pública. As pessoas serão ouvidas separadamente ou na presença de outras pessoas convocadas. Neste último caso, ter-se-á em conta o legítimo interesse das empresas na protecção dos seus segredos comerciais.

4. O conteúdo essencial das declarações de cada pessoa ouvida será consignado em acta por ela aprovada depois de lida.

Artigo 10º

Sem prejuízo do disposto no nº 2 do artigo 2º, as comunicações e convocatórias da Comissão serão enviadas aos respectivos destinatários, por carta registada com aviso de recepção ou ser-lhes-ão entregues contra recibo.

Artigo 11°

1. Ao fixar os prazos previstos nos artigos 2°, 5° e 6°, a Comissão tomará em consideração o tempo necessário para a apresentação das observações, bem como a urgência do caso. O prazo não será inferior a duas semanas; pode ser prorrogado.

2. Os prazos começam a correr no dia seguinte ao da recepção ou da entrega das comunicações.

3. As observações escritas devem chegar à Comissão ou ser enviadas por carta registada antes do termo do prazo fixado. No entanto, quando o prazo termine em domingo ou dia feriado, o seu termo transfere-se para o final do primeiro dia útil seguinte. Para o cálculo da dilação, os dias feriados são indicados em anexo ao presente regulamento, nos casos em que a data a tomar em consideração for a data de recepção das observações escritas, e os fixados pela lei do país de expedição, nos casos em que a data tomar em consideração for a data de envio.

O presente regulamento é obrigatório em todos os seus elementos e directamente aplicável em todos os Estados--membros.

REGULAMENTO (CEE) N° 4064/89 DO CONSELHO DE 21 DE DEZEMBRO DE 1989 [5]

relativo ao controlo das operações de concentração de empresas

O CONSELHO DAS COMUNIDADES EUROPEIAS,

Tendo em conta o Tratado que institui a Comunidade Económica Europeia e, nomeadamente, os seus artigos 87° e 235°,

Tendo em conta a proposta da Comissão,

Tendo em conta o parecer do Parlamento Europeu,

Tendo em conta o parecer do Comité Económico e Social,

1. Considerando que, com vista à realização dos objectivos do Tratado que institui a Comunidade Económica Europeia, a alínea f) do seu artigo 3° confia à Comunidade a incumbência do "estabelecimento de um regime que garanta que a concorrência não seja falseada no mercado comum";

2. Considerando que esse objectivo se revela essencial na perspectiva da realização do mercado interno prevista para 1992 e do seu posterior aprofundamento;

3. Considerando que a supressão das fronteiras internas conduz e conduzirá a importantes reestruturações das empresas na Comunidade, nomeadamente sob a forma de operações de concentração;

---

[5] JO 1989 L 395, de 30 de Dezembro de 1989, p. 1. Rectificação publicada no JO 1990 L 257, de 21 de Setembro de 1990, p. 13.

4. Considerando que tal evolução deve ser apreciada de modo positivo, uma vez que corresponde às exigências de uma concorrência dinâmica e que, pela sua natureza, contribui para aumentar a competitividade da indústria europeia, para melhorar as condições do crescimento e para elevar o nível de vida na Comunidade;

5. Considerando que é, no entanto, necessário garantir que o processo de reestruturação não acarrete um prejuízo duradouro para a concorrência; que o direito comunitário deve, consequentemente, conter normas aplicáveis às operações de concentração susceptíveis de entravar de modo significativo uma concorrência efectiva no mercado comum ou numa parte substancial deste último;

6. Considerando que os artigos 85º e 86º do Tratado, embora aplicáveis, segundo a jurisprudência do Tribunal de Justiça, a determinadas concentrações, não são todavia suficientes para impedir todas as operações susceptíveis de se revelar incompatíveis com o regime de concorrência não falseada previsto no Tratado;

7. Considerando, por conseguinte, que se impõe a criação de um novo instrumento jurídico, sob a forma de regulamento, que permita um controlo eficaz de todas as operações de concentração em função do seu efeito sobre a estrutura da concorrência na Comunidade e que seja o único aplicável às referidas concentrações;

8. Considerando que esse regulamento se deve basear, por conseguinte, não apenas no artigo 87º do Tratado, mas principalmente no seu artigo 235º, por força do qual a Comunidade se pode dotar dos poderes de acção necessários à realização dos seus objectivos, também no que respeita às concentrações nos mercados dos produtos agrícolas referidos no anexo II do Tratado;

9. Considerando que as disposições a adoptar no presente regulamento devem ser aplicáveis às modificações estruturais importantes cujos efeitos no mercado se projectem para além das fronteiras nacionais de um Estado-membro;

10. Considerando que é conveniente, assim, definir o âmbito de aplicação do presente regulamento em função do domínio geográfico da actividade das empresas em causa, circunscrevendo-o mediante limiares de natureza quantitativa, a fim de abranger as operações de concentração que se revestem de uma dimensão comunitária; que, após uma fase inicial de aplicação do presente regulamento, se impõe rever os referidos limiares em função da experiência adquirida;

11. Considerando que há operação de concentração de dimensão comunitária quando o volume de negócios total do conjunto das empresas em causa ultrapassa, tanto a nível mundial como na Comunidade, um dado nível e quando pelo menos duas das empresas em causa têm o seu domínio de actividade exclusivo ou principal num Estado-membro diferente ou quando, ainda que as empresas em questão operem principalmente num único Estado-membro, pelo menos uma delas desenvolve actividades substanciais em pelo menos outro Estado-membro; que é igualmente o caso quando as operações de concentração são realizadas por empresas que não têm o seu domínio de actividade na Comunidade, mas que nela desenvolvem actividades substanciais;

12. Considerando que no regime a instituir para o controlo das concentrações se deve respeitar, sem prejuízo do nº 2 do artigo 90º do Tratado, o princípio da igualdade de tratamento entre os sectores público e privado; que daí resulta, no sector público, que, para calcular o volume de negócios de uma empresa que participe na concentração, é necessário ter em conta as empresas que constituem um grupo económico dotado de poder de decisão autónomo, independentemente de quem detém o respectivo capital ou das regras de tutela administrativa que lhe são aplicáveis;

13. Considerando que se impõe determinar se as operações de concentração de dimensão comunitária são ou não compatíveis com o mercado comum em função da necessidade de preservar e incentivar uma concorrência efectiva no mercado

comum; que, ao fazer isso, a Comissão deverá enquadrar a sua apreciação no âmbito geral da realização dos objectivos fundamentais referidos no artigo 2° do Tratado, incluindo o objectivo de reforço da coesão económica e social da Comunidade referido no artigo 130°-A do Tratado;

14. Considerando que o presente regulamento deve estabelecer o princípio segundo o qual as operações de concentração de dimensão comunitária que criam ou reforçam uma posição de que resulta um entrave significativo da concorrência efectiva no mercado comum ou numa parte substancial do mesmo devem ser declaradas incompatíveis com o mercado comum;

15. Considerando que se pode presumir que as operações de concentração que, devido à parte de mercado limitada das empresas em causa, não sejam susceptíveis de entravar a manutenção de uma concorrência efectiva são compatíveis com o mercado comum; que, sem prejuízo dos artigos 85° e 86° do Tratado, essa presunção existe, nomeadamente, quando a parte de mercado das empresas em causa não ultrapassa 25%, nem no mercado comum, nem numa parte substancial deste;

16. Considerando que a Comissão deve ser incumbida de tomar todas as decisões quanto à compatibilidade ou incompatibilidade com o mercado comum das operações de concentração de dimensão comunitária, bem como as decisões destinadas a restabelecer uma concorrência efectiva;

17. Considerando que, para garantir um controlo eficaz, se deve obrigar as empresas a notificar previamente as suas operações de concentração que tenham dimensão comunitária, bem como suspender a realização dessas operações durante um período limitado, prevendo-se simultaneamente a possibilidade de prorrogar essa suspensão ou de a revogar em caso de necessidade; que, no interesse da segurança jurídica, a validade das transacções deve, no entanto, ser protegida na medida do necessário;

18. Considerando que convém prever um prazo durante o qual a Comissão deve iniciar o processo relativo a uma opera-

ção de concentração notificada, bem como os prazos em que a Comissão se deve pronunciar definitivamente sobre a compatibilidade ou incompatibilidade de tal operação com o mercado comum;

19. Considerando que convém consagrar o direito de as empresas em causa serem ouvidas pela Comissão logo que o processo tenha sido iniciado; que convém igualmente dar aos membros dos órgãos de direcção ou de fiscalização e aos representantes reconhecidos dos trabalhadores das empresas em causa, bem como aos terceiros que provem ter um interesse legítimo, a oportunidade de serem ouvidos;

20. Considerando que convém que a Comissão actue em estreita e constante ligação com as autoridades competentes dos Estados-membros onde recolhe as observações e informações;

21. Considerando que a Comissão, para efeitos de aplicação do presente regulamento e de acordo com a jurisprudência do Tribunal de Justiça, deve obter a colaboração dos Estados--membros e dispor, além disso, do poder de exigir as informações e de proceder às verificações necessárias à apreciação das operações de concentração;

22. Considerando que o respeito das normas do presente regulamento deve poder ser assegurado por meio de coimas e sanções pecuniárias compulsórias; que é conveniente, a esse respeito, atribuir ao Tribunal de Justiça, nos termos do artigo 172º do Tratado, competência de plena jurisdição;

23. Considerando que o conceito de concentração deve ser definido de modo a só abranger as operações de que resulte uma alteração duradoura da estrutura das empresas em causa; que é necessário, por conseguinte, excluir do âmbito de aplicação do presente regulamento as operações que têm como objecto ou efeito a coordenação do comportamento concorrencial de empresas que se mantêm independentes, sendo que estas últimas devem ser examinadas à luz das normas adequadas dos regulamentos de execução dos artigos 85º ou 86º do Tratado; que importa, nomeadamente, efectuar essa distinção em caso de criação de empresas comuns;

24. Considerando que não se dá coordenação do comportamento concorrencial na acepção do presente regulamento quando duas ou mais empresas acordam em adquirir em comum o controlo de uma ou mais outras empresas, tendo como objecto e efeito repartir entre si as empresas ou os seus activos;

25. Considerando que não está excluída a aplicação do presente regulamento ao caso de as empresas em causa aceitarem restrições directamente relacionadas com e necessárias à realização da operação de concentração;

26. Considerando que é conveniente conferir à Comissão, sob reserva do controlo do Tribunal de Justiça, competência exclusiva para aplicar o presente regulamento;

27. Considerando que os Estados-membros não podem aplicar a sua legislação nacional sobre concorrência às operações de concentração de dimensão comunitária, salvo se o presente regulamento o previr; que é necessário limitar os poderes das autoridades nacionais na matéria aos casos em que, na falta de intervenção da Comissão, exista o risco de ser entravada de forma significativa uma concorrência efectiva no território de um Estado-membro e em que os interesses desse Estado--membro em matéria de concorrência não possam ser de outro modo suficientemente protegidos pelo presente regulamento; que os Estados-membros interessados devem agir rapidamente nesses casos; que o presente regulamento não pode fixar um prazo único para a adopção das medidas a tomar devido à diversidade das legislações nacionais;

28. Considerando igualmente que a aplicação exclusiva do presente regulamento às operações de concentração de dimensão comunitária não prejudica o artigo 223º do Tratado e não se opõe a que os Estados-membros tomem as medidas adequadas a fim de garantir a protecção de interesses legítimos para além dos que são tidos em consideração no presente regulamento, desde que tais medidas sejam compatíveis com os princípios gerais e as demais disposições do direito comunitário;

29. Considerando que as operações de concentração que não são objecto do presente regulamento são em princípio da competência dos Estados-membros; que é, todavia, conveniente reservar à Comissão o poder de intervir, a pedido de um Estado--membro interessado, nos casos em que uma concorrência efectiva corre o risco de ser entravada de modo significativo no território desse Estado-membro;

30. Considerando que há que acompanhar as condições em que se realizam em países terceiros as operações de concentração em que participam empresas da Comunidade, bem como prever a possibilidade de a Comissão obter do Conselho um mandato de negociação adequado para o efeito de conseguir um tratamento não discriminatório para as empresas da Comunidade;

31. Considerando que o presente regulamento não prejudica, sob qualquer forma, os direitos colectivos dos trabalhadores reconhecidos pelas empresas em causa,

ADOPTOU O PRESENTE REGULAMENTO:

Artigo 1°
Âmbito de aplicação

1. O presente regulamento é aplicável a todas as operações de concentração de dimensão comunitária definidas no n° 2, sem prejuízo do artigo 22°.

2. Para efeitos da aplicação do presente regulamento, uma operação de concentração é de dimensão comunitária:

a) Quando o volume de negócios total realizado à escala mundial pelo conjunto das empresas em causa for superior a 5 mil milhões de ecus; e

b) Quando o volume de negócios total realizado individualmente na Comunidade por pelo menos duas das empresas em causa for superior a 250 milhões de ecus, a menos que cada uma das empresas em causa realize mais de dois terços do seu volume de negócios total na Comunidade num único Estado-membro.

3. Os limiares definidos no nº 2 serão revistos pelo Conselho, deliberando por maioria qualificada sob proposta da Comissão, antes do final do quarto ano subsequente à adopção do presente regulamento.

Artigo 2º
Apreciação das operações de concentração

1. As operações de concentração abrangidas pelo presente regulamento serão apreciadas de acordo com as disposições que se seguem, com vista a estabelecer se são ou não compatíveis com o mercado comum.

Nessa apreciação, a Comissão terá em conta:

a) A necessidade de preservar e desenvolver uma concorrência efectiva no mercado comum, atendendo, nomeadamente, à estrutura de todos os mercados em causa e à concorrência real ou potencial de empresas situadas no interior ou no exterior da Comunidade;

b) A posição que as empresas em causa ocupam no mercado e o seu poder económico e financeiro, as possibilidades de escolha de fornecedores e utilizadores, o seu acesso às fontes de abastecimento e aos mercados de escoamento, a existência, de direito ou de facto, de barreiras à entrada no mercado, a evolução da oferta e da procura dos produtos e serviços em questão, os interesses dos consumidores intermédios e finais, bem como a evolução do progresso técnico e económico, desde que tal evolução seja vantajosa para os consumidores e não constitua um obstáculo à concorrência.

2. Devem ser declaradas compatíveis com o mercado comum as operações de concentração que não criem ou não

reforcem uma posição dominante de que resultem entraves significativos à concorrência efectiva no mercado comum ou numa parte substancial deste.

3. Devem ser declaradas incompatíveis com o mercado comum as operações de concentração que criem ou reforcem uma posição dominante de que resultem entraves significativos à concorrência efectiva no mercado comum ou numa parte substancial deste.

Artigo 3º

Definição da concentração

1. Realiza-se uma operação de concentração:

a) Quando duas ou mais empresas anteriormente independentes se fundem, ou

b) Quando:

— uma ou mais pessoas que já detêm o controlo de pelo menos uma empresa, ou

— uma ou mais empresas,

adquirem directa ou indirectamente, por compra de partes de capital ou de elementos do activo, por via contratual ou por qualquer outro meio, o controlo do conjunto ou de partes de uma ou de várias outras empresas.

2. Uma operação, incluindo a criação de uma empresa comum, que tenha por objecto ou efeito a coordenação do comportamento concorrencial de empresas que se mantêm independentes não constitui uma concentração, na acepção da alínea b) do nº 1.

A criação de uma empresa comum que desempenhe de forma duradoura todas as funções de uma entidade económica autónoma e que não implique uma coordenação do comportamento concorrencial, quer entre as empresas fundadoras quer entre estas e a empresa comum, constitui uma operação de concentração, na acepção da alínea b) do nº 1.

3. Para efeitos da aplicação do presente regulamento, o controlo decorre dos direitos, contratos ou outros meios que conferem, isoladamente ou em conjunto e tendo em conta as circunstâncias de facto e de direito, a possibilidade de exercer uma influência determinante sobre a actividade de uma empresa e, nomeadamente:

a) Direitos de propriedade ou de uso ou de fruição sobre a totalidade ou parte dos activos de uma empresa;

b) Direitos ou contratos que conferem uma influência determinante na composição, nas deliberações ou nas decisões dos órgãos de uma empresa.

4. O controlo é adquirido pela pessoa ou pessoas ou pelas empresas:

a) Que sejam titulares desses direitos ou beneficiários desses contratos;

ou

b) Que, não sendo titulares desses direitos ou beneficiários desses contratos, tenham o poder de exercer os direitos deles decorrentes.

5. Não é realizada uma operação de concentração:

a) Quando quaisquer instituições de crédito, outras instituições financeiras ou companhias de seguros, cuja actividade normal englobe a transacção e negociação de títulos por conta própria ou de outrem, detenham, a título temporário, participações que tenham adquirido numa empresa para fins de revenda, desde que não exerçam os direitos de voto inerentes a essas participações com o objectivo de determinar o comportamento concorrencial da referida empresa ou desde que apenas exerçam tais direitos de voto com o objectivo de preparar a alienação total ou parcial da referida empresa ou do seu activo ou a alienação dessas participações e que tal alienação ocorra no prazo de um ano a contar da data da aquisição;

tal prazo pode, a pedido, ser prolongado pela Comissão, sempre que as referidas instituições ou companhias provem que aquela realização não foi razoavelmente possível no prazo concedido;

b) Quando o controlo for adquirido por uma pessoa mandatada pela autoridade pública por força da legislação de um Estado-membro sobre liquidação, falência, insolvência, cessação de pagamentos, concordata ou qualquer outro processo análogo;

c) Quando as operações referidas na alínea b) do nº 1 forem realizadas por sociedades de participação financeira referidas no nº 3 do artigo 5º da Quarta Directiva 78/660/ /CEE do Conselho, de 25 de Julho de 1978, relativa às contas anuais de certas formas de sociedades, com a última redacção que lhe foi dada pela Directiva 84/569/ /CEE, sob reserva, no entanto, de que o direito de voto correspondente às partes detidas, exercido designadamente através da nomeação dos membros dos órgãos de direcção e fiscalização das empresas em que detêm participações, o seja exclusivamente para manter o valor integral desses investimentos e não para determinar directa ou indirectamente o comportamento concorrencial dessas empresas.

Artigo 4º
Notificação prévia das operações de concentração

1. As operações de concentração de dimensão comunitária abrangidas pelo presente regulamento devem ser notificadas à Comissão no prazo de uma semana após a conclusão do acordo ou o anúncio da oferta pública de aquisição ou de troca ou a aquisição de uma participação de controlo. Esse prazo começa a contar a partir da data em que ocorra o primeiro desses acontecimentos.

2. As operações de concentração que consistam numa fusão na acepção do n° 1, alínea a), do artigo 3° ou no estabelecimento de um controlo comum na acepção do n° 1, alínea b), do artigo 3° devem ser notificadas conjuntamente pelas partes intervenientes na fusão ou no estabelecimento do controlo comum. Nos restantes casos, a notificação deve ser apresentada pela empresa que pretende adquirir o controlo do conjunto ou de partes de uma ou mais empresas.

3. Quando verifique que uma operação de concentração notificada é abrangida pelo presente regulamento, a Comissão publicará imediatamente o facto da notificação, indicando os nomes dos interessados, a natureza da operação de concentração, bem como os sectores económicos envolvidos. A Comissão terá em conta o interesse legítimo das empresas na não divulgação dos seus segredos comerciais.

Artigo 5°
Cálculo do volume de negócios

1. O volume total de negócios referido no n° 2 do artigo 1° inclui os montantes que resultam da venda de produtos e da prestação de serviços realizadas pelas empresas em causa durante o último exercício e correspondentes às suas actividades normais, após a dedução dos descontos sobre vendas, do imposto sobre o valor acrescentado e de outros impostos directamente relacionados com o volume de negócios. O volume total de negócios de uma empresa em causa não inclui as transacções ocorridas entre as empresas referidas no n° 4 do presente artigo.

O volume de negócios realizado, quer na Comunidade quer num Estado-membro, compreende os produtos vendidos e os serviços prestados a empresas ou a consumidores, quer na Comunidade quer nesse Estado-membro.

2. Em derrogação do n° 1, se a concentração consistir na aquisição de parcelas, com ou sem personalidade jurídica própria, de uma ou mais empresas, só será tomado em consi-

deração, no que se refere ao cedente ou cedentes, o volume de negócios respeitantes às parcelas que foram objecto de transacção.

Todavia, caso entre as mesmas pessoas ou empresas sejam efectuadas, num período de dois anos, duas ou mais das transacções referidas no primeiro parágrafo, tais operações serão consideradas como uma única operação de concentração, efectuada na data daquela que tenha ocorrido em último lugar.

3. O volume de negócios é substituído:

a) No caso das instituições de crédito e de outras instituições financeiras, no que diz respeito ao nº 2, alínea a), do artigo 1º, por um décimo do total dos balanços.

No que diz respeito ao nº 2, alínea b) e última frase, do artigo 1º, o volume total de negócios realizado na Comunidade é substituído pelo décimo do total dos balanços multiplicado pela relação entre os créditos sobre as instituições de crédito e sobre a clientela resultantes de operações com residentes da Comunidade e o montante total desses créditos.

No que diz respeito à parte final do nº 2 do artigo 1º, o volume total de negócios realizado no interior de um Estado-membro é substituído pelo décimo do total dos balanços multiplicado pela relação entre os créditos sobre as instituições de crédito e sobre a clientela resultantes de operações com residentes desse Estado-membro e o montante total desses créditos;

b) No caso das empresas de seguros, pelo valor dos prémios ilíquidos emitidos, que incluem todos os montantes recebidos e a receber ao abrigo de contratos de seguro efectuados por essas empresas ou por sua conta, incluindo os prémios cedidos às resseguradoras e após dedução dos impostos ou taxas parafiscais cobrados com base no montante dos prémios ou no seu volume total; no que respeita ao nº 2, alínea b) e última frase, do artigo 1º, ter-se-ão em conta, respectivamente, os prémios ilíquidos pagos por residentes na Comunidade e por residentes num Estado-membro.

4. Sem prejuízo do nº 2, o volume de negócios de uma empresa em causa, na acepção do nº 2 do artigo 1º, resulta da adição dos volumes de negócios:

a) Da empresa em causa;
b) Das empresas em que a empresa em causa dispõe directa ou indirectamente, seja:

— de mais de metade do capital ou do capital de exploração, seja
— do poder de exercer mais de metade dos direitos de voto, seja
— do poder de designar mais de metade dos membros dos órgãos de administração ou de fiscalização ou dos órgãos que representam legalmente a empresa, seja
— do direito de gerir os negócios da empresa;

c) Das empresas que dispõem, numa empresa em causa, dos direitos ou poderes enumerados na alínea b);
d) Das empresas em que uma empresa referida na alínea c) dispõe dos direitos ou poderes enumerados na alínea b);
e) Das empresas em que várias empresas referidas nas alíneas a) a d) dispõem em conjunto dos direitos ou poderes enumerados na alínea b).

5. No caso de várias empresas implicadas na operação de concentração disporem, conjuntamente, dos direitos ou poderes enumerados na alínea b) do nº 4, há que, no cálculo do volume de negócios das empresas em causa na acepção do nº 2 do artigo 1º:

a) Não tomar em consideração o volume de negócios resultante da venda de produtos e da prestação de serviços realizadas entre a empresa comum e cada uma das empresas em causa ou qualquer outra empresa ligada a uma delas na acepção das alíneas b) a e) do nº 4;

b) Tomar em consideração o volume de negócios resultante da venda de produtos e da prestação de serviços realizadas entre a empresa comum e qualquer outra empresa terceira. Esse volume de negócios será imputado em partes iguais às empresas em causa.

Artigo 6º
Análise da notificação e início do processo

1. A Comissão procederá à análise da notificação logo após a sua recepção:

a) Se a Comissão chegar à conclusão de que a operação de concentração notificada não é abrangida pelo presente regulamento, fará constar esse facto por via de decisão;

b) Se a Comissão verificar que a operação de concentração notificada, apesar de abrangida pelo presente regulamento, não suscita sérias dúvidas quanto à sua compatibilidade com o mercado comum, decidirá não se opor a essa operação de concentração e declará-la-á compatível com o mercado comum;

c) Se, pelo contrário, a Comissão verificar que a operação de concentração notificada é abrangida pelo presente regulamento e suscita sérias dúvidas quanto à sua compatibilidade com o mercado comum, decidirá dar início ao processo.

2. A Comissão informará sem demora da sua decisão as empresas em causa e as autoridades competentes dos Estados-membros.

Artigo 7º
Suspensão da operação de concentração

1. Para efeitos da aplicação do nº 2 do presente artigo, uma concentração, tal como definida no artigo 1º, não pode ter lugar

218 *Anexos*

nem antes de ser notificada nem no decurso do prazo de três semanas após a sua notificação.

2. Quando o considere necessário, após exame provisório da notificação no prazo fixado no n° 1, a fim de assegurar plenamente o efeito útil de qualquer decisão a tomar ulteriormente ao abrigo dos n°s 3 e 4 do artigo 8°, a Comissão pode decidir por sua própria iniciativa prorrogar a suspensão da realização da concentração, na totalidade ou em parte, até à adopção de uma decisão final, ou pode decidir tomar outras medidas intercalares para esse efeito.

3. Os n°s 1 e 2 não prejudicam a realização de uma oferta pública de compra ou de troca que tenha sido notificada à Comissão de acordo com o n° 1 do artigo 4°, desde que o adquirente não exerça os direitos de voto inerentes às participações em causa ou os exerça apenas tendo em vista proteger o pleno valor do seu investimento com base numa dispensa concedida pela Comissão nos termos do n° 4.

4. A Comissão pode, a pedido, dispensar das obrigações previstas nos n°s 1, 2 e 3, com vista a evitar a ocorrência de um prejuízo grave numa ou mais das empresas implicadas numa operação de concentração ou em terceiros. A dispensa pode ser acompanhada de condições e de obrigações destinadas a assegurar condições de concorrência efectiva. A dispensa pode ser pedida e concedida a qualquer momento, quer antes da notificação quer depois da transacção.

5. A validade de qualquer transacção realizada sem que se observem os n°s 1 e 2 dependerá da decisão tomada ao abrigo do n° 1, alínea b), do artigo 6° ou dos n°s 2 ou 3 do artigo 8° ou da presunção estabelecida no n° 6 do artigo 10°.

Todavia, o presente artigo não produz qualquer efeito sobre a validade das transacções de títulos, incluindo os que são convertíveis noutros títulos, admitidos à negociação num mercado regulamentado e controlado pelas autoridades reconhecidas pelos poderes públicos, com funcionamento regular e directa ou indirectamente acessível ao público, salvo se os compradores

Regulamento (CEE) nº 4064/89 do Conselho 219

ou vendedores souberem ou deverem saber que a transacção se realiza sem que sejam observados os nos 1 e 2.

Artigo 8º
Poderes de decisão da Comissão

1. Todo o processo iniciado nos termos do nº 1, alínea c), do artigo 6º será encerrado por via de decisão, de acordo com os nos 2 a 5 do presente artigo e sem prejuízo do artigo 9º.

2. Quando verifique que uma operação de concentração notificada, eventualmente depois de lhe terem sido introduzidas alterações pelas empresas em causa, corresponde ao critério definido no nº 2 do artigo 2º, a Comissão tomará uma decisão declarando a compatibilidade da concentração com o mercado comum.

A Comissão pode acompanhar a sua decisão de condições e obrigações destinadas a garantir que as empresas em causa respeitem os compromissos assumidos perante a Comissão com vista a alterarem o projecto inicial de concentração. A decisão que declara a concentração compatível abrange igualmente as necessárias restrições directamente relacionadas com a realização da concentração.

3. Quando verifique que uma operação de concentração corresponde ao critério definido no nº 3 do artigo 2º, a Comissão tomará uma decisão declarando a concentração incompatível com o mercado comum.

4. Se uma operação de concentração já tiver sido realizada, a Comissão pode ordenar, numa decisão tomada ao abrigo do nº 3 ou numa decisão distinta, a separação das empresas ou dos activos agrupados ou a cessação do controlo conjunto, ou qualquer outra medida adequada ao restabelecimento de uma concorrência efectiva.

5. A Comissão pode revogar a decisão por ela tomada ao abrigo do nº 2:

a) Quando a declaração de compatibilidade tiver sido fundada em informações inexactas, sendo por estas responsável uma das empresas envolvidas, ou quando tiver sido obtida fraudulentamente; ou
b) Se as empresas envolvidas não respeitarem uma das obrigações previstas na sua decisão.

6. Nos casos previstos no nº 5, a Comissão pode tomar uma decisão ao abrigo do nº 3, sem ter de se sujeitar ao prazo referido no nº 3 do artigo 10º.

Artigo 9º
Remessa às autoridades competentes dos Estados-membros

1. A Comissão pode, por via de decisão, de que informará sem demora as empresas envolvidas e as autoridades competentes dos restantes Estados-membros, remeter às autoridades competentes do Estado-membro em causa um caso de concentração notificada, nas condições que seguem.

2. No prazo de três semanas a contar da data de recepção da cópia da notificação, um Estado-membro pode informar a Comissão, que o comunicará às empresas envolvidas, de que uma operação de concentração corre o risco de criar ou de reforçar uma posição dominante que tenha como consequência a criação de entraves significativos a uma concorrência efectiva num mercado no interior do seu território que apresente todas as características de um mercado distinto, quer se trate ou não de uma parte substancial do mercado comum.

3. Se considerar que, tendo em conta o mercado dos produtos ou serviços em causa e o mercado geográfico de referência na acepção do nº 7, esse mercado distinto e esse risco existem, a Comissão:

a) Ocupar-se-á ela própria do caso tendo em vista preservar ou restabelecer uma concorrência efectiva no mercado em causa; ou

Regulamento (CEE) nº 4064/89 do Conselho

b) Remeterá o caso para as autoridades competentes do Estado-membro em causa, com vista à aplicação da legislação nacional sobre a concorrência desse Estado.

Se, ao contrário, considerar que esse mercado distinto ou esse risco não existem, a Comissão tomará uma decisão nesse sentido, que dirigirá ao Estado-membro em causa.

4. As decisões de remessa ou de recusa tomadas de acordo com o nº 3 terão lugar:

a) Regra geral, no prazo de seis semanas previsto no nº 1, segundo parágrafo, do artigo 10º, quando a Comissão não tenha dado início ao processo nos termos do nº 1, alínea b), do artigo 6º; ou

b) No prazo máximo de três meses a contar da notificação da operação em causa, quando a Comissão tenha dado início ao processo nos termos do nº 1, alínea c), do artigo 6º, sem promover as diligências preparatórias da adopção das medidas necessárias ao abrigo do nº 2, segundo parágrafo, e nºs 3 ou 4 do artigo 8º para preservar ou restabelecer uma concorrência efectiva no mercado em causa.

5. Se, no prazo de três meses referido na alínea b) do nº 4, apesar de o Estado-membro o ter solicitado, a Comissão não tiver tomado as decisões de remessa ou de recusa de remessa previstas no nº 3, nem promovido as diligências preparatórias referidas na alínea b) do nº 4, presumir-se-á que decidiu remeter o caso ao Estado-membro em causa em conformidade com a alínea b) do nº 3.

6. A publicação dos relatórios ou o anúncio das conclusões do exame da operação em causa, pelas autoridades competentes do Estado-membro em causa, terá lugar, o mais tardar, quatro meses após a remessa pela Comissão.

7. O mercado geográfico de referência é constituído por um território no qual as empresas envolvidas intervêm na oferta *e*

procura de bens e serviços, no qual as condições de concorrência são suficientemente homogéneas e que pode distinguir--se dos territórios vizinhos especialmente devido a condições de concorrência sensivelmente diferentes das que prevalecem nesses territórios. Nessa apreciação, é conveniente tomar em conta, nomeadamente, a natureza e as características dos produtos ou serviços em causa, a existência de barreiras à entrada, as preferências dos consumidores, bem como a existência, entre o território em causa e os territórios vizinhos, de diferenças consideráveis de partes de mercado das empresas ou de diferenças de preços substanciais.

8. Para efeitos da aplicação do presente artigo, o Estado--membro em causa só pode tomar as medidas estritamente necessárias para preservar ou restabelecer uma concorrência efectiva no mercado em causa.

9. Nos termos das disposições aplicáveis do Tratado, os Estados-membros podem interpor recurso para o Tribunal de Justiça e pedir em especial a aplicação do artigo 186º, para efeitos da aplicação da sua legislação nacional em matéria de concorrência.

10. O presente artigo será objecto de reanálise o mais tardar antes do final do quarto ano seguinte à data de adopção do presente regulamento.

Artigo 10º

Prazos para o início do processo e para as decisões

1. As decisões referidas no nº 1 do artigo 6º devem ser tomadas no prazo máximo de um mês. Esse prazo começa a correr no dia seguinte ao da recepção da notificação, ou, caso as informações a facultar na notificação estejam incompletas, no dia seguinte ao da recepção das informações completas.

Esse prazo é alargado para seis semanas no caso de ter sido apresentado à Comissão um pedido de um Estado-membro de acordo com o nº 2 do artigo 9º.

Regulamento (CEE) n° 4064/89 do Conselho 223

2. As decisões tomadas nos termos do n° 2 do artigo 8° relativas a operações de concentração notificadas devem ser tomadas logo que se afigurar que já não se colocam as dúvidas sérias referidas no n° 1, alínea c), do artigo 6°, devido, nomeadamente, a alterações introduzidas pelas empresas em causa, e, o mais tardar, no prazo fixado no n° 3.

3. Sem prejuízo do n° 6 do artigo 8°, as decisões tomadas nos termos do n° 3 do artigo 8°, respeitantes a operações de concentração notificadas, devem ser tomadas num prazo máximo de quatro meses a contar da data do início do processo.

4. O prazo fixado no n° 3 fica excepcionalmente suspenso sempre que a Comissão, devido a circunstâncias pelas quais seja responsável uma das empresas que participam na concentração, tenha tido de solicitar uma informação por via de decisão ao abrigo do artigo 11° ou de ordenar uma verificação por via de decisão ao abrigo do artigo 13°.

5. Quando o Tribunal de Justiça profira um acórdão que anule no todo ou em parte uma decisão da Comissão tomada ao abrigo do presente regulamento, os prazos fixados no presente regulamento começarão de novo a correr a contar da data em que o acórdão foi proferido.

6. Se a Comissão não tomar qualquer decisão nos termos do n° 1, alíneas b) ou c), do artigo 6°, ou nos termos dos n°s 2 ou 3 do artigo 8°, nos prazos fixados, respectivamente, nos n°s 1 e 3 do presente artigo, considera-se que a operação de concentração é declarada compatível com o mercado comum, sem prejuízo do artigo 9°.

Artigo 11°

Pedido de informações

1. No exercício das competências que lhe são atribuídas pelo presente regulamento, a Comissão pode obter todas as informações necessárias junto dos governos, das autoridades competentes dos Estados-membros, das pessoas referidas no

224 Anexos

nº 1, alínea b), do artigo 3º, bem como das empresas e associações de empresas.

2. Sempre que a Comissão formular um pedido de informações a uma pessoa, empresa ou associação de empresas, enviará simultaneamente cópia do pedido à autoridade competente do Estado-membro em cujo território se situe o domicílio da pessoa ou a sede da empresa ou da associação de empresas.

3. No seu pedido, a Comissão indicará os fundamentos jurídicos e o objecto do pedido, bem como as sanções previstas no nº 1, alínea c), do artigo 14º no caso de serem prestadas informações inexactas.

4. São obrigados a fornecer as informações solicitadas, no que diz respeito às empresas, os seus proprietários ou os seus representantes e, no caso de pessoas colectivas, de sociedades ou de associações sem personalidade jurídica, as pessoas encarregadas de as representar, legal ou estatutariamente.

5. Se uma pessoa, empresa ou associação de empresas não prestar as informações solicitadas no prazo fixado pela Comissão ou se as fornecer de modo incompleto, a Comissão solicitá-las-á por via de decisão. A decisão especificará as informações exigidas, fixará um prazo adequado para a prestação das informações e indicará as sanções previstas no nº 1, alínea c), do artigo 14º e no nº 1, alínea a), do artigo 15º, bem como a possibilidade de recurso da decisão para o Tribunal de Justiça.

6. A Comissão enviará simultaneamente cópia da sua decisão à autoridade competente do Estado-membro em cujo território se situe o domicílio da pessoa ou a sede da empresa ou da associação de empresas.

Artigo 12º
Verificação pelas autoridades dos Estados-membros

1. A pedido da Comissão, as autoridades competentes dos Estados-membros procederão às verificações que a Comissão considere adequadas nos termos do nº 1 do artigo 13º ou que

tenha ordenado por decisão tomada nos termos do nº 3 do artigo 13º. Os agentes das autoridades competentes dos Estados--membros encarregados de proceder a essas verificações exercerão os seus poderes mediante apresentação de mandato escrito emitido pela autoridade competente do Estado-membro em cujo território as verificações devam efectuar-se. O mandato indicará o objecto e a finalidade das verificações.

2. A pedido da Comissão ou da autoridade competente do Estado-membro em cujo território devam efectuar-se as verificações, podem os agentes da Comissão prestar assistência aos agentes da mesma autoridade no desempenho das suas funções.

Artigo 13º

Poderes da Comissão em matéria de verificação

1. No exercício das competências que lhe são atribuídas pelo presente regulamento, a Comissão pode proceder a todas as verificações necessárias junto das empresas ou associações de empresas.

Para o efeito, os agentes mandatados pela Comissão têm poderes para:

a) Inspeccionar os livros e outros documentos comerciais;

b) Copiar ou exigir cópia ou extracto dos livros e documentos comerciais;

c) Solicitar in loco explicações orais;

d) Ter acesso a todas as instalações, terrenos e meios de transportes das empresas.

2. Os agentes mandatados pela Comissão para proceder a essas verificações exercerão os seus poderes mediante apresentação de um mandato escrito que indicará o objecto e a finalidade da verificação, bem como a sanção prevista no nº 1, alínea d), do artigo 14º no caso de os livros ou outros documentos comerciais exigidos serem apresentados de maneira incompleta. Em tempo útil antes da verificação, a Comissão informará por

escrito a autoridade competente do Estado-membro em cujo território a verificação se deve efectuar da diligência de verificação e da identidade dos agentes mandatados.

3. As empresas e associações de empresas são obrigadas a sujeitar-se às verificações que a Comissão tenha ordenado por via de decisão. A decisão indicará o objecto e a finalidade da verificação, fixará a data em que esta se inicia e indicará as sanções previstas no nº 1, da alínea d), do artigo 14º e no nº 1, alínea b), do artigo 15º, bem como a possibilidade de recurso da decisão para o Tribunal de Justiça.

4. A Comissão avisará por escrito em tempo útil a autoridade competente do Estado-membro, em cujo território a verificação deve ser efectuada, da sua in-tenção de tomar uma decisão nos termos do nº 3. A decisão será tomada depois de ouvida a referida autoridade.

5. Os agentes da autoridade competente do Estado-membro, em cujo território deva efectuar-se a verificação podem, a pedido dessa autoridade ou da Comissão, prestar assistência aos agentes da Comissão no desempenho das suas funções.

6. Quando uma empresa ou uma associação de empresas se opuser a uma verificação ordenada nos termos do presente artigo, o Estado-membro interessado prestará aos agentes mandatados pela Comissão a assistência necessária para que possam executar a sua diligência de verificação. Os Estados-membros, após consulta da Comissão, tomarão as medidas necessárias para o efeito no prazo de um ano a contar da data de entrada em vigor do presente regulamento.

Artigo 14º

Coimas

1. A Comissão pode, por via de decisão, aplicar às pessoas referidas no nº 1, alínea b), do artigo 3º, às empresas ou às associações de empresas coimas no montante de 1 000 a 50 000 ecus sempre que aquelas, deliberada ou negligentemente:

Regulamento (CEE) n° 4064/89 do Conselho 227

a) Omitam notificar uma operação de concentração de acordo com o artigo 4°;

b) Dêem indicações inexactas ou deturpadas aquando de uma notificação apresentada nos termos do artigo 4°;

c) Prestem informações inexactas em resposta a um pedido feito nos termos do artigo 11° ou não prestem as informações no prazo fixado em decisão tomada ao abrigo do artigo 11°;

d) Apresentem de forma incompleta, aquando das verificações efectuadas ao abrigo dos artigos 12° ou 13° os livros ou outros documentos comerciais exigidos, ou não se sujeitem às verificações ordenadas por via de decisão tomada nos termos do artigo 13°.

2. A Comissão pode, por via de decisão, aplicar às pessoas ou empresas coimas de um montante máximo de 10% do volume total de negócios realizado pelas empresas em causa na acepção do artigo 5°, quando estas, deliberada ou negligentemente:

a) Não respeitem uma das obrigações impostas por decisão tomada nos termos do n° 4 do artigo 7° ou do n° 2, segundo parágrafo, do artigo 8°;

b) Realizem uma operação de concentração sem respeitar o n° 1 do artigo 7° ou uma decisão tomada ao abrigo do n° 2 do artigo 7°;

c) Realizem uma operação de concentração declarada incompatível com o mercado comum por decisão tomada ao abrigo do n° 3 do artigo 8° ou não tomem as medidas ordenadas por decisão tomada ao abrigo do n° 4 do artigo 8°.

3. Na determinação do montante da coima, há que tomar em consideração a natureza e a gravidade da infracção.

4. As decisões tomadas nos termos dos n°s 1 e 2 não têm carácter penal.

Artigo 15º
Sanções pecuniárias compulsórias

1. A Comissão pode, por via de decisão, aplicar às pessoas referidas no nº 1, alínea b), do artigo 3º, às empresas e às associações de empresas interessadas sanções pecuniárias compulsórias de um montante máximo de 25 000 ecus por dia de atraso, a contar da data fixada na decisão, com o fim de as compelir a:

a) Fornecer de maneira completa e exacta as informações que tenha solicitado por via de decisão tomada ao abrigo do artigo 11º;

b) Sujeitar-se a uma verificação que tenha sido ordenada por via de decisão tomada ao abrigo do artigo 13º.

2. A Comissão pode, por via de decisão, aplicar às pessoas referidas no nº 1, alínea b), do artigo 3º ou às empresas sanções pecuniárias compulsórias de um montante máximo de 100 000 ecus por dia de atraso, a contar da data fixada na decisão, para as compelir a:

a) Executar uma obrigação imposta por decisão tomada ao abrigo do nº 4 do artigo 7º ou do nº 2, segundo parágrafo, do artigo 8º;

b) Aplicar as medidas ordenadas por uma decisão tomada ao abrigo do nº 4 do artigo 8º.

3. Se as pessoas referidas no nº 1, alínea b), do artigo 3º, as empresas ou associações de empresas tiverem cumprido a obrigação de cuja anterior inobservância resultará a aplicação da sanção pecuniária compulsória, a Comissão pode fixar o montante definitivo da referida sanção a um nível inferior ao que resultaria da decisão inicial.

Artigo 16º
Controlo do Tribunal de Justiça

O Tribunal de Justiça conhecerá, no exercício da competência de plena jurisdição na acepção do artigo 172º do Tratado, dos recursos interpostos contra as decisões da Comissão em que tenha sido aplicada uma coima ou uma sanção pecuniária compulsória; o Tribunal pode suprimir, reduzir ou aumentar a coima ou a sanção pecuniária compulsória aplicadas.

Artigo 17º
Sigilo comercial

1. As informações obtidas nos termos dos artigos 11º, 12º, 13º e 18º só podem ser utilizadas para os efeitos visados pelo pedido de informações, de controlo ou de audição.

2. Sem prejuízo do nº 3 do artigo 4º e dos artigos 18º e 20º, a Comissão e as autoridades competentes dos Estados-membros, bem como os seus funcionários e outros agentes, não podem divulgar as informações obtidas nos termos do presente regulamento que, pela sua natureza, estejam abrangidas pelo sigilo comercial.

3. Os nos 1 e 2 não prejudicam a publicação de informações gerais ou estudos que não contenham informações individualizadas relativas às empresas ou associações de empresas.

Artigo 18º
Audição dos interessados e de terceiros

1. Antes de tomar as decisões previstas nos nos 2 e 4 do artigo 7º, no nº 2, segundo parágrafo, e nos nos 3, 4 e 5 do artigo 8º e nos artigos 14º e 15º, a Comissão dará às pessoas, empresas e associações de empresas interessadas a oportunidade de se pronunciarem, em todas as fases do processo até à consulta do comité consultivo, sobre as objecções contra elas formuladas.

2. Em derrogação do n° 1, as decisões de prorrogação da suspensão ou de dispensa da suspensão referidas nos n°s 2 e 4 do artigo 7° podem ser tomadas, a título provisório, sem dar às pessoas, empresas e associações de empresas interessadas a oportunidade de se pronunciarem previamente, na condição de a Comissão lhes fornecer essa oportunidade o mais rapidamente possível após a tomada da decisão.

3. A Comissão fundamentará as suas decisões exclusivamente em objecções relativamente às quais os interessados tenham podido fazer valer as suas observações. O direito de defesa dos interessados será plenamente garantido durante todo o processo. Pelo menos as partes directamente interessadas terão acesso ao dossier, garantindo-se simultaneamente o legítimo interesse das empresas em que os seus segredos comerciais não sejam divulgados.

4. A Comissão ou as autoridades competentes dos Estados--membros podem também ouvir outras pessoas singulares ou colectivas, na medida em que o considerem necessário. Caso quaisquer pessoas singulares ou colectivas que comprovem ter um interesse suficiente e, nomeadamente, os membros dos órgãos de administração ou de direcção das empresas visadas ou os representantes devidamente reconhecidos dos trabalhadores dessas empresas solicitem ser ouvidos, será dado deferimento ao respectivo pedido.

Artigo 19°

Ligação com as autoridades dos Estados-membros

1. A Comissão transmitirá, no prazo de três dias úteis, às autoridades competentes dos Estados-membros, cópias das notificações, bem como, no mais breve prazo, os documentos mais importantes que tenha recebido ou que tenha emitido em aplicação do presente regulamento.

2. A Comissão conduzirá os processos referidos no presente regulamento em ligação estreita e constante com as autoridades

competentes dos Estados-membros, que estão habilitadas a formular quaisquer observações sobre esses processos. Para efeitos da aplicação do artigo 9°, a Comissão recolherá as comunicações das autoridades competentes dos Estados-membros referidas no n° 2 desse artigo e dar-lhes-á a oportunidade de se pronunciarem em todas as fases do processo até à adopção de uma decisão ao abrigo do n° 3 do mesmo artigo, proporcionando-lhes, para o efeito, o acesso ao dossier.

3. Antes da tomada de qualquer decisão nos termos dos n° 2 a 5 do artigo 8°, bem como dos artigos 14° e 15°, ou da adopção de normas nos termos do artigo 23°, será consultado um comité consultivo em matéria de concentração de empresas.

4. O comité consultivo será composto por representantes das autoridades dos Estados-membros. Cada Estado-membro designará um ou dois representantes que podem ser substituídos, em caso de impedimento, por outro representante. Pelo menos um desses representantes deve ter experiência em matéria de acordos e posições dominantes.

5. A consulta realizar-se-á durante uma reunião conjunta, convocada e presidida pela Comissão. À convocatória serão apensos um resumo do processo com indicação dos documentos mais importantes e um anteprojecto de decisão em relação a cada caso a examinar. A reunião não pode realizar-se antes de decorridos catorze dias a contar do envio da convocatória. No entanto, a Comissão pode reduzir a título excepcional e de forma apropriada tal prazo com vista a evitar a ocorrência de um prejuízo grave para uma ou mais empresas envolvidas numa operação de concentração.

6. O comité consultivo formulará o seu parecer sobre o projecto de decisão da Comissão, procedendo para o efeito, se for caso disso, a votação. O comité consultivo pode formular o seu parecer mesmo no caso da ausência de membros e dos respectivos representantes. O parecer formulado será reduzido a escrito e apenso ao projecto de decisão. A Comissão tomará na máxima consideração o parecer do comité. O comité será por

ela informado da forma como esse parecer foi tomado em consideração.

7. O comité consultivo pode recomendar a publicação do parecer. A Comissão pode proceder a essa publicação. A decisão de publicação terá em devida conta o legítimo interesse das empresas em que os seus segredos comerciais não sejam divulgados, bem como o interesse das empresas envolvidas em que se proceda a essa publicação.

Artigo 20º
Publicação das decisões

1. A Comissão publicará no Jornal Oficial das Comunidades Europeias as decisões que tomar nos termos dos n°s 2 a 5 do artigo 8º.

2. A publicação mencionará as partes interessadas e o essencial da decisão; deve ter em conta o legítimo interesse das empresas na protecção dos seus segredos comerciais.

Artigo 21º
Competência

1. Sob reserva do controlo do Tribunal de Justiça, a Comissão tem competência exclusiva para tomar as decisões previstas no presente regulamento.

2. Os Estados-membros não podem aplicar a sua legislação nacional sobre a concorrência às operações de concentração de dimensão comunitária.

O primeiro parágrafo não prejudica a faculdade dos Estados-membros de proceder às investigações necessárias para a aplicação do nº 2 do artigo 9º e de tomar, após remessa, em conformidade com o nº 3, alínea b) do primeiro parágrafo, ou nº 5 do artigo 9º, as medidas estritamente necessárias nos termos do nº 8 do artigo 9º.

3. Não obstante os n°s 1 e 2, os Estados-membros podem tomar as medidas apropriadas para garantir a protecção de

interesses legítimos para além dos contemplados no presente regulamento, desde que esses interesses sejam compatíveis com os princípios gerais e com as demais normas do direito comunitário.

São considerados interesses legítimos na acepção do primeiro parágrafo, a segurança pública, a pluralidade dos meios de comunicação social e as regras prudenciais.

Todo e qualquer outro interesse público será comunicado à Comissão pelo Estado-membro em causa e será por ela reconhecido após análise da sua compatibilidade com os princípios gerais e as demais normas do direito comunitário antes de as referidas medidas poderem ser tomadas. A Comissão notificará o Estado-membro interessado da sua decisão no prazo de um mês a contar da referida comunicação.

Artigo 22°

Âmbito de aplicação do presente regulamento

1. Apenas o presente regulamento se aplica às operações de concentração definidas no artigo 3°.

2. Os Regulamentos n° 17, (CEE) n° 1017/68, (CEE) n° 4056/ /86 e (CEE) n° 3975/87 não são aplicáveis às concentrações definidas no artigo 3°.

3. Se se verificar, a pedido de um Estado-membro, que uma operação de concentração, tal como definida no artigo 3°, mas sem dimensão comunitária na acepção do artigo 1°, cria ou reforça uma posição dominante, dando assim origem a entraves significativos a uma concorrência efectiva no território do Estado-membro em questão, a Comissão pode, na medida em que essa concentração afecte o comércio entre Estados-membros, tomar as decisões previstas nos n° 2, segundo parágrafo, e n°s 3 e 4 do artigo 8°.

4. São aplicáveis o n° 1, alíneas a) e b), do artigo 2°, bem como os artigos 5°, 6°, 8° e 10° a 20°. O prazo para o início do processo fixado no n° 1 do artigo 10° tem início a partir da data

234 *Anexos*

de recepção do pedido do Estado-membro. Esse pedido deve ser feito o mais tardar no prazo de um mês a contar da data em que a operação de concentração tiver sido comunicada ao Estado--membro ou realizada. Esse prazo começa a contar a partir da data da ocorrência da primeira dessas situações.

5. Em aplicação do n° 3, a Comissão limitar-se-á a tomar as medidas necessárias para preservar ou restabelecer uma concorrência efectiva no território do Estado-membro a pedido do qual a Comissão interveio.

6. Os n°s 3, 4 e 5 continuarão a ser aplicáveis até que sejam revistos os limiares referidos no n° 2 do artigo 1°.

Artigo 23°

Regras de execução

A Comissão é autorizada a adoptar as regras de execução respeitantes à forma, conteúdo e outros aspectos das notificações apresentadas nos termos do artigo 4°, aos prazos fixados nos termos do artigo 10°, bem como às audições efectuadas nos termos do artigo 18°.

Artigo 24°

Relações com países terceiros

1. Os Estados-membros informarão a Comissão sobre quaisquer dificuldades de ordem geral com que as suas empresas se deparem ao procederem, num país terceiro, às operações de concentração definidas no artigo 3°.

2. A Comissão elaborará, pela primeira vez, o mais tardar um ano após a entrada em vigor do presente regulamento e depois periodicamente, um relatório que analise o tratamento dado às empresas da Comunidade, na acepção dos n°s 3 e 4, no que se refere às operações de concentração nos países terceiros. A Comissão enviará esses relatórios ao Conselho, acompanhando-os eventualmente de recomendações.

3. Sempre que a Comissão verificar, quer com base nos relatórios referidos no nº 2 quer noutras informações, que um país terceiro não concede às empresas comunitárias um tratamento comparável ao concedido pela Comunidade às empresas desse país terceiro, pode apresentar propostas ao Conselho com vista a obter um mandato de negociação adequado para obter possibilidades de tratamento comparáveis para as empresas da Comunidade.

4. As medidas tomadas ao abrigo do presente artigo estarão em conformidade com as obrigações que incumbem à Comunidade ou aos Estados-membros, sem prejuízo do artigo 234º do Tratado, por força dos acordos internacionais, tanto bilaterais como multilaterais.

Artigo 25º
Entrada em vigor

1. O presente regulamento entra em vigor em 21 de Setembro de 1990.

2. O presente regulamento não é aplicável a operações de concentração que tenham sido objecto de um acordo ou de uma publicação ou que tenham sido realizadas por aquisição, na acepção do nº 1 do artigo 4º, antes da data de entrada em vigor do presente regulamento e, em qualquer caso, a operações em relação às quais, antes da data acima referida, tenha sido dado início ao respectivo processo por uma autoridade de um Estado--membro competente em matéria de concorrência.

O presente regulamento é obrigatório em todos os seus elementos e directamente aplicável em todos os Estados-membros.

Feito em Bruxelas, em 21 de Dezembro de 1989.

Pelo Conselho
O Presidente

E. CRESSON

DECRETO-LEI Nº 371/93
DE 29 DE OUTUBRO [6]

Estabelece o regime geral da defesa e promoção da concorrência

Após nove anos de vigência, o Decreto-Lei nº 422/83, de 3 de Dezembro, embora tenha correspondido de uma maneira geral aos objectivos que presidiram à sua publicação, carece de ajustamentos que permitam uma melhor adaptação do seu conteúdo à nova ordem nacional e internacional e uma maior eficácia na prossecução dos seus objectivos, dando assim adequado cumprimento ao imperativo constitucional constante da alínea f) do artigo 81º da Constituição.

De facto, ocorreram profundas alterações na estrutura e funcionamento da economia portuguesa ditadas pela liberalização, desregulamentação e privatização de importantes áreas da actividade económica, pelo avanço do processo de integração europeia e pelo aparecimento de novos protagonistas que introduziram importantes mudanças no tecido empresarial e modificaram a relação de forças no mercado.

A crescente interpenetração das economias e integração dos mercados nacionais torna imprescindível uma correcta articulação das diferentes políticas nacionais de concorrência como condição indispensável para a promoção da competitividade das estruturas económicas.

---

[6] Diário da República nº 254, Iª Série-A, de 29 de Outubro de 1993.

O presente diploma visa integrar numa autêntica lei-quadro da política de concorrência os desenvolvimentos próprios de uma economia aberta, em crescente processo de internacionalização e de dinamismo concorrencial, contribuindo para a liberdade de formação da oferta e da procura e de acesso ao mercado, para o equilíbrio das relações entre agentes económicos, para o favorecimento dos objectivos gerais de desenvolvimento económico e social, para o reforço da competitividade dos agentes económicos e para a salvaguarda dos interesses dos consumidores.

Nele estão presentes, pois, aspectos inovadores, de entre os quais assume relevância o seu carácter universal e sistemático, que lhe garante a indispensável coerência.

Assim, para além das práticas restritivas da concorrência, o presente diploma contempla as concentrações de empresas e aflora os auxílios de Estado, completando o quadro dos principais instrumentos da política comunitária de defesa da concorrência.

No campo das práticas restritivas da concorrência importa realçar a introdução da figura do abuso do estado de dependência económica. A exploração abusiva do estado de dependência económica só era considerada restritiva da concorrência se praticada por empresas que detivessem uma posição dominante no mercado de determinado bem ou serviço, o que impedia o seu sancionamento quando praticada por empresas com elevado poderio económico mas sem posição dominante nesse mercado. Releve-se, todavia, que o que se pretende com a criação desta figura é sancionar o abuso e não comportamentos ditados por uma efectiva concorrência, como sejam os resultantes de opções por melhores condições negociais.

O regime de notificação prévia das operações de concentração de empresas, até aqui regulado pelo Decreto-Lei nº 428/ /88, de 19 de Novembro, sofreu profundas alterações. Seguindo de perto o Regulamento (CEE) nº 4064/89, do Conselho, de 21 de Dezembro de 1989, entretanto publicado, modificou-se a

Decreto-Lei nº 371/93 de 29 de Outubro 239

tramitação, alargou-se o âmbito material de aplicação e solucionaram-se as dificuldades de interpretação que o anterior diploma suscitou. Ao mesmo tempo, na senda das mais recentes regulamentações de outros países comunitários, corrigiu-se a sua filosofia, pretendendo-se, agora, abarcar apenas as concentrações de maior impacte no mercado, a fim de verificar se da realização das mesmas resulta criada ou reforçada uma posição dominante que origine entraves à concorrência efectiva no mercado. Neste sentido, subiram-se consideravelmente os limiares de aplicação do diploma.

Assim:

No uso da autorização legislativa conferida pela Lei nº 9/93, de 12 de Março, e nos termos das alíneas a) e b) do nº 1 do artigo 201º da Constituição, o Governo decreta o seguinte:

CAPÍTULO I
Das regras de concorrência

SECÇÃO I
Disposições gerais

Artigo 1º
Âmbito de aplicação

1. O presente diploma é aplicável a todas as actividades económicas exercidas, com carácter permanente ou ocasional, nos sectores privado, público e cooperativo.

2. Sob reserva das obrigações internacionais do Estado Português, o presente diploma é aplicável às práticas restritivas da concorrência que ocorram em território nacional ou que neste tenham ou possam ter efeitos.

3. Exceptuam-se do âmbito de aplicação deste diploma as restrições da concorrência decorrentes de lei especial.

SECÇÃO II
Práticas proibidas

Artigo 2º

Acordos, práticas concertadas e decisões de associações

1. São proibidos os acordos e práticas concertadas entre empresas e as decisões de associações de empresas, qualquer que seja a forma que revistam, que tenham por objecto ou como efeito impedir, falsear ou restringir a concorrência no todo ou em parte do mercado nacional, nomeadamente os que se traduzam em:

a) Fixar, de forma directa ou indirecta, os preços de compra ou de venda ou interferir na sua determinação pelo livre jogo do mercado, induzindo, artificialmente, quer a sua alta quer a sua baixa [7];

b) Fixar, de forma directa ou indirecta, outras condições de transacção efectuadas no mesmo ou em diferentes estádios do processo económico;

c) Limitar ou controlar a produção, a distribuição, o desenvolvimento técnico ou os investimentos;

d) Repartir os mercados ou as fontes de abastecimento;

e) Aplicar, de forma sistemática ou ocasional, condições discriminatórias de preço ou outras relativamente a prestações equivalentes;

f) Recusar, directa ou indirectamente, a compra ou venda de bens e a prestação de serviços;

g) Subordinar a celebração de contratos à aceitação de obrigações suplementares que, pela sua natureza ou segundo os usos comerciais, não tenham ligação com o objecto desses contratos.

---

[7] Ver o Decreto-Lei nº 369/93, de 29 de Outubro, no que diz respeito ao regime especial para os livros e outras publicações.

Decreto-Lei n° 371/93 de 29 de Outubro 241

2. Excepto nos casos em que se considerem justificados, nos termos do artigo 5°, os acordos ou decisões proibidos pelo presente artigo serão nulos.

Artigo 3°
Abuso de posição dominante

1. É proibida a exploração abusiva, por uma ou mais empresas, de uma posição dominante no mercado nacional ou numa parte substancial deste, tendo por objecto ou como efeito impedir, falsear ou restringir a concorrência.

2. Entende-se que dispõem de posição dominante relativamente ao mercado de determinado bem ou serviço:

a) A empresa que actua num mercado no qual não sofre concorrência significativa ou assume preponderância relativamente aos seus concorrentes;

b) Duas ou mais empresas que actuam concertadamente num mercado, no qual não sofrem concorrência significativa ou assumem preponderância relativamente a terceiros.

3. Sem prejuízo da ponderação, em cada caso concreto, de outros factores relativos às empresas e ao mercado, presume-se que:

a) Se encontra na situação prevista na alínea a) do número anterior uma empresa que detenha no mercado nacional de determinado bem ou serviço uma participação igual ou superior a 30%;

b) Se encontram na situação prevista na alínea b) do número anterior as empresas que detenham no conjunto do mercado nacional de determinado bem ou serviço:

   i) Uma participação igual ou superior a 50%, tratando-se de três ou menos empresas;

   ii) Uma participação igual ou superior a 65%, tratando-se de cinco ou menos empresas.

4. Poderá ser considerada abusiva, designadamente, a adopção de qualquer dos comportamentos referidos no nº 1 do artigo 2º.

Artigo 4º
Abuso de dependência económica

É também proibida a exploração abusiva, por uma ou mais empresas, do estado de dependência económica em que se encontre relativamente a elas qualquer empresa fornecedora ou cliente, por não dispor de alternativa equivalente, nomeadamente quando se traduza na adopção de qualquer dos comportamentos previstos no nº 1 do artigo 2º.

Artigo 5º
Balanço económico

1. Poderão ser consideradas justificadas as práticas restritivas da concorrência que contribuam para melhorar a produção ou a distribuição de bens e serviços ou para promover o desenvolvimento técnico ou económico desde que, cumulativamente:

a) Reservem aos utilizadores desses bens ou serviços uma parte equitativa do benefício daí resultante;
b) Não imponham às empresas em causa quaisquer restrições que não sejam indispensáveis para atingir esses objectivos;
c) Não dêem a essas empresas a possibilidade de eliminar a concorrência numa parte substancial do mercado dos bens ou serviços em causa.

2. As práticas previstas no artigo 2º poderão ser objecto de avaliação prévia por parte do Conselho da Concorrência, segundo processo a estabelecer por portaria do ministro responsável pela área do comércio [8].

---

[8] Ver Portaria nº 1097/93, de 29 de Outubro.

Decreto-Lei nº 371/93 de 29 de Outubro 243

Artigo 6º

Noção de empresa

Para efeitos de aplicação do disposto nesta secção considera-
-se como única empresa o conjunto de empresas que, embora
juridicamente distintas, mantêm entre si laços de interdependência ou subordinação decorrentes dos direitos ou poderes
enumerados no nº 2 do artigo 9º.

SECÇÃO III

Concentrações de empresas

Artigo 7º

Notificação prévia

1. Estão sujeitas a notificação prévia as operações de concentração de empresas que preencham uma das seguintes
condições:

a) Criação ou reforço de uma quota superior a 30% no
mercado nacional de determinado bem ou serviço,
ou numa parte substancial deste, em consequência da
operação de concentração;

b) Realização, pelo conjunto das empresas envolvidas na
operação de concentração, de um volume de negócios
superior a 30 milhões de contos, em Portugal, no último
exercício, líquidos dos impostos directamente relacionados com o volume de negócios.

2. O disposto na presente secção não se aplica às instituições de crédito, sociedades financeiras e empresas de
seguros [9].

---

[9] Ver o Decreto-Lei nº 298/92, de 31 de Dezembro, no que respeito à
noção de instituição de crédito e de sociedade financeira.

3. A notificação prévia deve ser efectuada antes de concluídos os negócios jurídicos necessários à concentração e antes do anúncio de qualquer oferta pública de aquisição.

4. São ineficazes, até autorização expressa ou tácita da concentração, os negócios jurídicos celebrados com o intuito de a realizar.

Artigo 8º

Quota de mercado e volume de negócios

1. Para o cálculo da quota de mercado e do volume de negócios previstos no artigo anterior, ter-se-á em conta o volume de negócios:

a) Das empresas participantes na concentração;

b) Das empresas em que estas dispõem directa ou indirectamente:

De uma participação maioritária no capital;
De mais de metade dos votos;
Da possibilidade de designar mais de metade dos membros do órgão de administração ou de fiscalização;
Do poder de gerir os negócios da empresa;

c) Das empresas que dispõem nas empresas participantes dos direitos ou poderes enumerados na alínea b);

d) Das empresas nas quais uma empresa referida na alínea c) dispõe dos direitos ou poderes enumerados na alínea b);

e) Das empresas em que várias empresas referidas nas alíneas a) a d) dispõem em conjunto dos direitos ou poderes enumerados na alínea b).

2. Em derrogação ao disposto no número anterior, se a operação de concentração consistir na aquisição de partes de uma empresa ou partes do conjunto das empresas, o volume de negócios a ter em consideração relativamente ao cedente ou cedentes abrangerá apenas a empresa ou empresas, ou respectivas parcelas, que forem objecto da transacção.

Decreto-Lei n° 371/93 de 29 de Outubro   245

3. O volume de negócios referido na alínea b) do n° 1 do artigo anterior compreende os valores dos produtos vendidos e dos serviços prestados a empresas e consumidores em território português, mas não inclui as transacções efectuadas entre as empresas referidas no n° 1.

Artigo 9°
Concentração de empresas

1. Entende-se haver concentração de empresas:

a) No caso de fusão de duas ou mais empresas anterior-mente independentes;

b) No caso de uma ou mais pessoas que já detêm o controlo de pelo menos uma empresa, ou no caso de uma ou mais empresas, adquirirem, directa ou indirectamente, o controlo do conjunto ou de partes de uma ou de várias outras empresas;

c) No caso de duas ou de mais empresas constituírem uma empresa comum, desde que esta corresponda a uma entidade económica autónoma de carácter duradouro e não tenha por objecto ou como efeito a coordenação do comportamento concorrencial entre as empresas funda-doras ou entre estas e a empresa comum.

2. Para efeitos do disposto no número anterior, o controlo decorre de qualquer acto, independentemente da forma que este assuma, que implique a possibilidade de exercer, isoladamente ou em conjunto, e tendo em conta as circunstâncias de facto ou de direito, uma influência determinante sobre a actividade de uma empresa, nomeadamente:

a) Aquisição da totalidade ou de parte do capital social;

b) Aquisição de direitos de propriedade, de uso ou de frui-ção sobre a totalidade ou parte dos activos de uma empresa;

246 Anexos

c) Aquisição de direitos ou celebração de contratos que confiram uma acção preponderante na composição ou nas deliberações dos órgãos de uma empresa.

3. Não é havida como concentração de empresas:

a) A aquisição de participações no quadro do processo especial de recuperação de empresas;
b) A aquisição de participações com funções de garantia ou satisfação de créditos.

Artigo 10°

Proibição de concentração

1. Quando não forem justificáveis nos termos do número seguinte, são proibidas as operações de concentração de empresas sujeitas a notificação prévia que criem ou reforcem uma posição dominante no mercado nacional de determinado bem ou serviço, ou numa parte substancial deste, susceptível de impedir, falsear ou restringir a concorrência.

2. Poderão ser autorizadas as operações de concentração referidas no número anterior em que:

a) Se verifiquem os pressupostos do artigo 5°;
b) Se reforce significativamente a competitividade internacional das empresas participantes na operação de concentração.

SECÇÃO IV

Auxílios de Estado

Artigo 11°

Auxílios de Estado

1. Os auxílios a empresas concedidos por um Estado ou qualquer outro ente público não poderão restringir ou afectar de forma significativa a concorrência no todo ou em parte do mercado.

2. A pedido de qualquer interessado, o ministro responsável pela área do comércio poderá examinar os auxílios referidos no número anterior, de forma a propor ao ministro competente as medidas conducentes à manutenção ou ao restabelecimento da concorrência.

3. Para efeitos do disposto no presente artigo não se consideram:

a) As indemnizações compensatórias, qualquer que seja a forma que revistam, concedidas pelo Estado como contrapartida da prestação de um serviço público;

b) Os benefícios concedidos ao abrigo de programas de incentivos ou de quaisquer outros regimes específicos aprovados pelo Governo ou pela Assembleia da República.

CAPÍTULO II
Dos órgãos de defesa da concorrência

Artigo 12º

Direcção-Geral de Concorrência e Preços

1. Compete à Direcção-Geral de Concorrência e Preços:

a) Identificar as práticas susceptíveis de infringir a presente lei, proceder à organização e instrução dos respectivos processos e zelar pelo cumprimento das decisões neles proferidas;

b) Proceder, relativamente a operações de concentração sujeitas a notificação prévia, nos termos do presente diploma, à instrução do procedimento respectivo;

c) Realizar, a solicitação do Conselho da Concorrência, os estudos necessários à fundamentação do parecer a que alude a alínea c) do nº 1 do artigo 13º;

d) Proceder aos estudos sectoriais que, em matéria de concorrência, se mostrem necessários;

248 *Anexos*

e) Propor superiormente as medidas que se afigurem apropriadas com vista ao bom funcionamento da concorrência;

f) Aplicar coimas sempre que tal competência lhe for expressamente atribuída neste diploma.

2. Compete ainda à Direcção-Geral de Concorrência e Preços:

a) Exercer as competências cometidas às autoridades dos Estados-membros pelos regulamentos fundados no artigo 87° do Tratado que institui a Comunidade Económica Europeia, designadamente pelo Regulamento (CEE) n° 4064/89, do Conselho, de 21 de Dezembro de 1989, sem prejuízo das que caibam a outras entidades;

b) Participar na actividade desenvolvida por organismos e instituições internacionais em matéria de concorrência;

c) Organizar os processos respeitantes ao disposto no artigo 11°.

3. Sem prejuízo do disposto nas secções I e II do Capítulo III, no exercício das competências conferidas no n° 1 e na alínea a) do número anterior, a Direcção-Geral de Concorrência e Preços pode solicitar a quaisquer empresas e associações de empresas, bem como às entidades que com elas tenham ligações comerciais, financeiras ou outras, as informações e documentos necessários, fixando para o efeito os prazos que entenda razoáveis e convenientes.

4. Pode ainda a Direcção-Geral de Concorrência e Preços solicitar a qualquer serviço da administração central, regional e local as informações julgadas necessárias para o desempenho das suas atribuições.

Artigo 13°
Competência do Conselho da Concorrência

1. Compete ao Conselho da Concorrência:

a) Decidir os processos relativos às práticas restritivas da concorrência proibidas pelo presente diploma, bem como aqueles que lhe sejam remetidos pela Direcção-Geral de Concorrência e Preços no exercício das competências previstas na alínea a) do n° 2 do artigo anterior;

b) Formular pareceres, a solicitação do ministro responsável pela área do comércio, em procedimentos relativos a operações de concentração sujeitas a notificação prévia;

c) Pronunciar-se sobre as questões de concorrência que o ministro responsável pela área do comércio entenda submeter-lhe;

d) Propor ao ministro responsável pela área do comércio orientações nos vários domínios de aplicação do presente diploma;

e) Participar na actividade desenvolvida por organismos e instituições internacionais que tenham relação com as suas competências;

f) Aplicar coimas, sempre que tal competência lhe for legalmente atribuída.

2. Para a formulação dos pareceres a que se refere a alínea c) do número anterior poderá o Conselho da Concorrência solicitar à Direcção-Geral de Concorrência e Preços os estudos adequados.

3. O Conselho da Concorrência apresentará anualmente ao ministro responsável pela área do comércio o relatório de actividade, que será publicado no Diário da República, e do qual constam, em anexo, todas as decisões proferidas.

Artigo 14°

Composição do Conselho da Concorrência

1. O Conselho da Concorrência é constituído por um presidente e quatro ou seis vogais, nomeados por despacho do Primeiro Ministro, sob proposta dos ministros responsáveis pelas áreas da justiça e do comércio.

2. O presidente é um magistrado judicial ou do Ministério Público, nomeado por um período de três anos, renovável, obtida a autorização, consoante os casos, do Conselho Superior da Magistratura ou do Conselho Superior do Ministério Público.

3. Os vogais são designados tendo em atenção a sua reconhecida competência e idoneidade para o desempenho das respectivas funções.

4. O presidente do Conselho da Concorrência poderá, sempre que o julgue necessário, convidar a participar nas reuniões, sem direito a voto, individualidades com especial competência nas matérias a tratar ou representantes de serviços da Administração Pública ou de outras entidades com interesse relevante nessas matérias.

5. Sem prejuízo do disposto no número anterior, sempre que os assuntos a tratar tenham especial relevância em matéria de consumidores, o presidente pode convocar para participar nas reuniões do Conselho um representante do Instituto do Consumidor.

Artigo 15°

Retribuição e ajudas de custo

1. Os membros do Conselho recebem um abono mensal, de montante a fixar por despacho conjunto dos ministros responsáveis pelas áreas das finanças e do comércio, acumulável com quaisquer remunerações, nos termos da legislação em vigor.

2. Os membros do Conselho e as individualidades que participem nas suas reuniões ao abrigo do disposto nos n°s 4 e 5 do artigo anterior terão direito ao abono de transportes e ajudas de custo, nos termos da lei.

Artigo 16º

Encargos

Os encargos com o funcionamento do Conselho da Concorrência serão suportados pelas verbas atribuídas para o efeito no orçamento da secretaria-geral do ministério responsável pela área do comércio.

Artigo 17º

Apoio

1. A secretaria-geral do ministério responsável pela área do comércio prestará ao Conselho todo o apoio administrativo de que este carece para o pleno desempenho das suas funções.

2. O ministro responsável pela área do comércio designará, sob proposta do presidente do Conselho da Concorrência, os funcionários da secretaria-geral ou de qualquer outro serviço do ministério que ficarão especialmente afectos àquele Conselho, um dos quais, pertencente à carreira técnica superior e preferencialmente licenciado em Direito, desempenhará as funções de secretário do Conselho da Concorrência.

Artigo 18º

Regulamento interno

Compete ao Conselho da Concorrência elaborar e alterar o seu regulamento interno que, após aprovação pelo ministro responsável pela área do comércio, será publicado no Diário da República.

Artigo 19º
Dever de sigilo

1. No exercício das suas competências a Direcção-Geral de Concorrência e Preços guardará o mais rigoroso sigilo e observará as regras de confidencialidade a que está vinculada.

2. Os membros do Conselho da Concorrência e as individualidades a que alude o nº 4 do artigo 14º ficam sujeitos às regras de confidencialidade aplicáveis aos funcionários civis do Estado relativamente aos factos de que tomem conhecimento no exercício das suas funções.

Artigo 20º
Impedimentos

Os membros do Conselho da Concorrência estão sujeitos aos impedimentos e suspeições aplicáveis aos juízes.

CAPÍTULO III
Do processo

SECÇÃO I
Processo em matérias de acordos, práticas concertadas, decisões de associações e abusos de poder económico

Artigo 21º
Normas aplicáveis

1. O processo por infracção ao disposto nos artigos 2º, 3º e 4º rege-se pelo disposto na presente secção e, subsidiariamente, pelo Decreto-Lei nº 433/82, de 27 de Outubro.

2. O disposto na presente secção é igualmente aplicável, com as necessárias adaptações, ao exercício das competências referidas na alínea a) do nº 2 do artigo 12º e na parte final da alínea a) do nº 1 do artigo 13º.

Decreto-Lei n° 371/93 de 29 de Outubro 253

Artigo 22°

Conhecimento de infracções

1. Sempre que a Direcção-Geral de Concorrência e Preços tome conhecimento, por qualquer via, de eventuais práticas proibidas pelos artigos 2°, 3° e 4° deverá proceder à identificação dessas práticas e, logo que tenha indícios sérios da sua existência, organizar e instruir os respectivos processos.

2. Todos os serviços da administração central, regional e local e os institutos públicos têm o dever de participar à referida Direcção-Geral os factos de que tomem conhecimento susceptíveis de serem qualificados como práticas restritivas da concorrência.

Artigo 23°

Competência instrutória

1. No âmbito da sua competência instrutória, a Direcção--Geral de Concorrência e Preços, salvo as restrições previstas na presente secção, goza dos mesmos direitos e está submetida aos mesmos deveres dos órgãos de polícia criminal, podendo, designadamente:

a) Inquirir os representantes legais das empresas ou das associações de empresas envolvidas, bem como solicitar--lhes documentos e outros elementos de informação que entenda convenientes ou necessários para o esclarecimento dos factos;

b) Inquirir os representantes legais de outras empresas ou associações de empresas e quaisquer outras pessoas cujas declarações considere pertinentes, bem como solicitar--lhes documentos e outros elementos de informação;

c) Proceder, nas instalações das empresas ou das associações de empresas envolvidas, à busca, exame e recolha de cópias ou extractos da escrita e demais documentação que se encontre em lugar reservado ou não livremente acessível ao público, sempre que tais diligências se mostrem necessárias à obtenção de prova;

254 *Anexos*

d) Requerer a quaisquer outros serviços da Administração Pública, incluindo os órgãos de polícia criminal, através dos respectivos gabinetes ministeriais, a colaboração que se mostrar necessária ao cabal desempenho das suas funções.

2. As diligências previstas na alínea c) do número anterior dependem de despacho da autoridade judiciária que autorize a sua realização, solicitado previamente pelo director-geral de Concorrência e Preços em requerimento devidamente fundamentado, devendo a decisão ser proferida no prazo de quarenta e oito horas.

3. Os funcionários que, no exterior, efectuarem as diligências previstas nas alíneas a) a c) do n° 1 deverão ser portadores:

a) No caso das alíneas a) e b), de credencial emitida pelo director-geral de Concorrência e Preços, da qual constará a finalidade da diligência;

b) No caso da alínea c), da credencial referida na alínea anterior e do despacho previsto no n° 2.

4. Sem prejuízo do disposto no n° 4 do artigo 37°, os funcionários a que alude o número anterior poderão solicitar a intervenção das autoridades policiais, se esta se revelar necessária.

Artigo 24°
Suspensão das práticas proibidas

1. Em qualquer momento da instrução, e logo que a investigação indicie que a prática sobre que incide o processo é gravemente lesiva do desenvolvimento económico e social ou do interesse de agentes económicos ou de consumidores, pode o Conselho da Concorrência, sob proposta fundamentada da entidade instrutora, ordenar preventivamente a imediata suspensão ou modificação da referida prática.

2. As medidas previstas neste artigo vigorarão por tempo não superior a 90 dias, podendo ser prorrogadas uma só vez, por igual período.

Decreto-Lei nº 371/93 de 29 de Outubro 255

3. O Conselho da Concorrência solicitará ao Banco de Portugal e, se for caso disso, à Comissão do Mercado de Valores Mobiliários, e estes emitirão, no prazo de sete dias, os pareceres a que se refere o artigo 88º do Regime Geral das Instituições de Crédito e Sociedades Financeiras, aprovado pelo Decreto-Lei nº 298/92, de 31 de Dezembro.

4. Sempre que estejam em causa práticas de empresas seguradoras, o Conselho da Concorrência solicitará parecer ao Instituto de Seguros de Portugal, a emitir no prazo de sete dias, acerca da actuação da seguradora sobre a qual incide o processo.

Artigo 25º
Audição

1. No âmbito da instrução, a Direcção-Geral de Concorrência e Preços procederá a audiência oral ou escrita das empresas ou das associações de empresas arguidas, para que estas se pronunciem sobre as questões que importam à decisão e sobre as provas produzidas e solicitem as diligências complementares de prova que considerem convenientes.

2. Na audiência referida no número anterior, a Direcção-Geral de Concorrência e Preços acautelará o interesse legítimo das empresas na não divulgação dos seus segredos de negócio.

3. A Direcção-Geral de Concorrência e Preços poderá recusar a realização de diligências complementares de prova sempre que for manifesta a irrelevância das provas requeridas ou a sua finalidade meramente dilatória.

4. Após a audiência referida no nº 1, pode a Direcção-Geral de Concorrência e Preços, oficiosamente, proceder à realização de diligências complementares de prova desde que assegure o princípio do contraditório.

Artigo 26º
Conclusão da instrução

1. Concluída a instrução, a Direcção-Geral de Concorrência e Preços elaborará o relatório final e remeterá o processo ao Conselho da Concorrência para decisão.

2. O Conselho da Concorrência, sempre que considerar necessário, poderá solicitar à Direcção-Geral de Concorrência e Preços a realização de diligências complementares de instrução, ou efectuá-las ele mesmo.

3. Se as empresas arguidas forem instituições de crédito e sociedades financeiras ou suas associações empresariais, o Conselho da Concorrência solicitará ao Banco de Portugal e, se for caso disso, à Comissão do Mercado de Valores Mobiliários, e cstcs emitirão, no prazo de 30 dias, o parecer a que se refere o artigo 88º do Regime Geral das Instituições de Crédito e Sociedades Financeiras.

4. Tratando-se de seguradoras ou sociedades gestoras de fundos de pensões, o parecer referido no número anterior será solicitado ao Instituto de Seguros de Portugal, que se pronunciará no prazo de 30 dias.

Artigo 27º

Decisão do Conselho da Concorrência

1. O Conselho da Concorrência, na sua decisão, poderá:

a) Ordenar o arquivamento do processo;

b) Declarar a existência de uma prática restritiva da concorrência e, se for caso disso, ordenar ao infractor que adopte as providências indispensáveis à cessação dessa prática ou dos seus efeitos no prazo que lhe for fixado;

c) Aplicar as coimas previstas no nº 2 do artigo 37º.

2. O Conselho da Concorrência ordenará ao infractor a publicação das decisões no Diário da República e num jornal de expansão nacional ou de expansão regional ou local, consoante a zona de mercado em que se verificou a prática constitutiva da contra-ordenação e a gravidade ou os efeitos desta.

3. O Conselho da Concorrência enviará ao ministro responsável pela área do comércio e à Direcção-Geral de Concorrência e Preços cópia de todas as decisões tomadas nos termos do nº 1.

Decreto-Lei nº 371/93 de 29 de Outubro

Artigo 28º

Recurso

1. Das decisões do Conselho da Concorrência cabe recurso para o Tribunal Judicial da Comarca de Lisboa.

2. O recurso previsto no número anterior tem efeito meramente devolutivo, excepto no que respeita à aplicação de coimas e à publicação determinada pelo nº 2 do artigo anterior, cujo efeito é suspensivo.

SECÇÃO II

**Procedimento em matéria de controlo
das concentrações de empresas**

Artigo 29º

Normas aplicáveis

O procedimento em matéria de controlo das concentrações de empresas rege-se pelo disposto na presente secção e subsidiariamente pelo Código do Procedimento Administrativo.

Artigo 30º

Apresentação da notificação

1. A notificação prévia das operações de concentração de empresas prevista no nº 1 do artigo 7º será dirigida à Direcção-Geral de Concorrência e Preços.

2. A notificação será apresentada:

a) Em caso de fusão ou constituição de controlo comum, pelo conjunto das empresas participantes;

b) Nos restantes casos, pela empresa ou pelas pessoas que pretendem adquirir o controlo do conjunto ou de partes de uma ou mais empresas.

3. Da notificação deverão constar as seguintes informações:

a) Identificação das pessoas individuais e colectivas participantes na operação de concentração;

b) Natureza e forma jurídica da concentração;
c) Natureza dos bens ou serviços produzidos;
d) Lista das empresas que mantenham com as participantes vínculos de interdependência ou subordinação decorrentes dos direitos ou poderes enumerados na alínea b) do nº 1 do artigo 8º;
e) Quotas de mercado em consequência da operação de concentração e base da sua determinação;
f) Volume de negócios em Portugal das empresas participantes, bem como daquelas a que se refere o nº 1 do artigo 8º, relativamente ao último exercício;
g) Relatório e contas das empresas participantes relativamente aos três últimos exercícios;
h) Indicação dos principais concorrentes;
i) Indicação dos principais clientes e fornecedores;
j) Fornecimento, se for caso disso, das informações que os autores da notificação considerem relevantes para a averiguação do preenchimento das condições enunciadas nas alíneas do nº 2 do artigo 10º.

Artigo 31º
Tramitação

1. No prazo de 40 dias contados da data da recepção da notificação, a Direcção-Geral de Concorrência e Preços, após ter procedido à instrução do procedimento respectivo, remeterá o processo ao ministro responsável pela área do comércio.

2. Se, no decurso da instrução, os elementos constantes da notificação se revelarem incompletos, à luz do disposto no nº 3 do artigo anterior, ou ainda se o fornecimento de elementos adicionais vier a ser considerado conveniente, a Direcção-Geral de Concorrência e Preços comunicará tal facto aos autores da notificação e fixar-lhes-á um prazo razoável para completar, corrigir ou fornecer os elementos em questão.

3. Sem prejuízo do disposto na alínea d) do n° 2 do artigo 37°, igual procedimento será adoptado caso sejam fornecidos elementos falsos aquando da notificação.

4. A comunicação prevista no n° 2 suspende o prazo referido no n° 1 do presente artigo, com efeitos a partir do dia seguinte ao do envio da notificação, terminando no dia da recepção pela Direcção-Geral de Concorrência e Preços dos elementos solicitados.

5. No decurso da instrução, pode a Direcção-Geral de Concorrência e Preços solicitar a quaisquer outras empresas ou associações de empresas todas as informações que considere convenientes nos prazos que entenda razoáveis.

6. Até 10 dias antes do termo do prazo a que se refere o n° 1, a Direcção-Geral de Concorrência e Preços procederá à audiência escrita dos autores da notificação.

7. Diligências complementares de prova poderão ser solicitadas na audiência escrita pelos autores da notificação, implicando a sua realização a suspensão do prazo previsto no n° 1.

8. A suspensão prevista no número anterior inicia-se no dia seguinte ao da recepção na Direcção-Geral de Concorrência e Preços do pedido de diligências complementares e termina no dia em que estas se concluírem.

9. O disposto nos números anteriores aplica-se, com as necessárias adaptações, e sem prejuízo do disposto na alínea c) do n° 3 do artigo 37°, aos casos de operações de concentração de cuja realização a Direcção-Geral de Concorrência e Preços tenha conhecimento e que não tenham sido objecto de notificação prévia, sendo, neste caso, de 90 dias contados da data do início oficioso de instrução o prazo fixado no n° 1.

Artigo 32°
Comunicação ou autorização tácita

1. No prazo de 50 dias contados da data da recepção da notificação prevista no n° 1 do artigo 7° na Direcção-Geral de

260 *Anexos*

Concorrência e Preços, o ministro responsável pela área do comércio, se entender que a operação de concentração em causa é susceptível de afectar negativamente a concorrência, à luz dos critérios definidos no n° 1 do artigo 10°, remeterá o processo ao Conselho da Concorrência para parecer, devendo na mesma data comunicar tal facto aos autores da notificação.

2. A ausência da comunicação prevista na parte final do número anterior, no prazo estipulado, valerá como decisão de não oposição à operação de concentração.

3. Na contagem do prazo referido no n° 1, não serão incluídos os dias em que o prazo para a instrução se tenha encontrado suspenso por força do disposto nos n°s 4 e 8 do artigo anterior.

Artigo 33°

Parecer do Conselho da Concorrência

No prazo de 30 dias contados da data da recepção do processo pelo Conselho da Concorrência, este devolvê-lo-á ao ministro responsável pela área do comércio, acompanhado de um parecer no qual:

a) Apreciará se a operação de concentração é susceptível de afectar negativamente a concorrência nos termos definidos no n° 1 do artigo 10°;

b) Ponderará da verificação, no caso concreto, das condições previstas no n° 2 do artigo 10°.

Artigo 34°

Decisão

1. No prazo de 15 dias contados da data de recepção do parecer do Conselho da Concorrência, o ministro responsável pela área do comércio poderá decidir:

a) Não se opor à operação de concentração;

b) Não se opor à operação de concentração, mediante a imposição de condições e obrigações adequadas à manutenção de uma concorrência efectiva;

Decreto-Lei nº 371/93 de 29 de Outubro 261

c) Proibir a operação de concentração, ordenando, no caso de esta já se ter realizado, medidas adequadas ao estabelecimento de uma concorrência efectiva, nomeadamente a separação das empresas ou dos activos agrupados ou a cessação do controlo.

2. As decisões previstas nas alíneas b) e c) do número anterior revestirão a forma de despacho conjunto do ministro responsável pela área do comércio e do ministro da tutela das actividades económicas afectadas pela operação de concentração.

3. São nulos os negócios jurídicos relacionados com a concentração na medida em que concretizem operações condenadas pelo despacho conjunto que tenha proibido a concentração, que tenha imposto condições à sua realização ou que tenha ordenado medidas adequadas ao restabelecimento da concorrência efectiva.

Artigo 35º

Recurso

Das decisões previstas nas alíneas b) e c) do nº 1 do artigo anterior cabe recurso contencioso para o Supremo Tribunal Administrativo.

Artigo 36º

Procedimento especial

1. Sem prejuízo da aplicação das correspondentes sanções, sempre que se verificar que a decisão de não oposição a uma operação de concentração se fundamentou em informações falsas respeitantes a circunstâncias essenciais para a decisão, a Direcção-Geral de Concorrência e Preços iniciará oficiosamente um procedimento com vista à aplicação das medidas previstas na alínea c) do nº 1 do artigo 34º.

2. Ao procedimento referido no número anterior é aplicável, com as necessárias adaptações, o disposto nos artigos 31º a 34º.

CAPÍTULO IV
Das sanções

Artigo 37º

Coimas

1. Sem prejuízo da responsabilidade penal a que houver lugar, as infracções às normas previstas no presente diploma constituem contra-ordenação punível com coima nos termos dos números seguintes.

2. Constitui contra-ordenação punível com coima de 100 000$ a 200 000 000$ qualquer dos comportamentos restritivos da concorrência previstos nos artigos 2º, 3º e 4º.

3. Constitui contra-ordenação punível com coima de 100 000$ a 100 000 000$:

a) O não acatamento de ordem emanada do Conselho da Concorrência ao abrigo do nº 1 do artigo 24º;

b) O não acatamento das decisões referidas nas alíneas b) e c) do nº 1 do artigo 34º;

c) A falta de notificação de uma operação de concentração sujeita a notificação prévia nos termos do nº 1 do artigo 7º;

d) O fornecimento de informações falsas aquando de uma notificação apresentada ao abrigo do nº 1 do artigo 7º;

e) O fornecimento de informações falsas em resposta a um pedido elaborado ao abrigo do nº 2 do artigo 31º ou o seu não fornecimento.

4. Constitui contra-ordenação punível com coima de 100 000$ a 10 000 000$:

a) A oposição às diligências previstas no nº 1 do artigo 23º;

b) A prestação de declarações ou informações falsas em resposta a um pedido elaborado ao abrigo da alínea b) do nº 1 do artigo 23º ou do nº 4 do artigo 31º.

5. Constitui contra-ordenação punível com coima de 50 000$ a 5 000 000$:

a) A prestação de declarações ou informações falsas na sequência de um pedido elaborado ao abrigo do n° 3 do artigo 12°, bem como a recusa da sua prestação;

b) O não acatamento da ordem de publicação emanada do Conselho da Concorrência ao abrigo do n° 2 do artigo 27°.

6. O não acatamento pelo infractor da ordem prevista na alínea b) do n° 1 do artigo 27° implica a abertura de novo processo com vista à aplicação das coimas previstas no n° 2 deste artigo.

7. A coima prevista na alínea b) do n° 5 será sempre superior ao custo da publicação, que será efectuada pela secretaria--geral do ministério responsável pela área do comércio.

8. A negligência é punível.

9. Quando o infractor for uma pessoa singular, os valores previstos nos n°s 2 e 5 serão reduzidos a metade.

Artigo 38°
Competência para a aplicação de coimas

Excepto para a aplicação das coimas referidas no n° 2, na alínea a) do n° 3 e na alínea b) do n° 5 do artigo anterior, em que é competente o Conselho da Concorrência, a competência para aplicação das coimas cabe à Direcção-Geral de Concorrência e Preços.

Artigo 39°
Destino das coimas

As importâncias das coimas cobradas por infracção ao disposto neste diploma reverterão em 60% para os cofres do Estado, em 30% para a Direcção-Geral de Concorrência e Preços e em 10% para a secretaria-geral do ministério responsável pela área do comércio.

CAPÍTULO V
Disposições Finais

Artigo 40º
Norma revogatória

1. São revogados o Decreto-Lei nº 422/83, de 3 de Dezembro, e legislação complementar, o Decreto-Lei nº 428/88, de 19 de Novembro, e o Despacho Normativo nº 59/87, de 9 de Julho.

2. São revogadas as normas que atribuam competências em matéria de defesa da concorrência a outros órgãos que não os previstos nos artigos 12º e 13º.

3. As normas do Decreto-Lei nº 422/83, de 3 de Dezembro, são aplicáveis às contra-ordenações praticadas até à data de entrada em vigor do presente diploma, sem prejuízo da aplicação das normas deste que tenham conteúdo mais favorável.

Artigo 41º
Disposições finais e transitórias

1. As disposições do presente diploma não são aplicáveis às operações de concentração de empresas notificadas nos termos do Decreto-Lei nº 428/88, de 19 de Novembro, cujos processos de decisão se encontram pendentes à data da entrada em vigor do presente diploma.

2. No caso de serviços públicos, o presente diploma não é aplicável às empresas concessionadas pelo Estado por diploma próprio, no âmbito e na vigência do respectivo contrato de concessão.

3. Mantêm as suas funções, nos termos dos respectivos diplomas de nomeação, o presidente e os vogais do Conselho da Concorrência, bem como os técnicos e demais pessoal afecto ao seu funcionamento.

Decreto-Lei nº 371/93 de 29 de Outubro   265

Artigo 42º

Entrada em vigor

O presente diploma entra em vigor no dia 1 de Janeiro de 1994.

Visto e aprovado em Conselho de Ministros de 15 de Julho de 1993. — *Aníbal António Cavaco Silva — Jorge Braga de Macedo — Álvaro José Brilhante Laborinho Lúcio — Fernando Manuel Barbosa Faria de Oliveira.*

Promulgado em 12 de Outubro de 1993.

Publique-se.
O Presidente da República, MÁRIO SOARES.

Referendado em 14 de Outubro de 1993.

O Primeiro-Ministro, *Aníbal António Cavaco Silva.*

PORTARIA Nº 1097/93
DE 29 DE OUTUBRO [10]

Define os termos em que o Conselho da Concorrência pode declarar a
legalidade ou ilegalidade de acordos ou práticas concertadas de empresas

O processo de apreciação prévia, por parte do Conselho da
Concorrência, dos comportamentos dos agentes económicos
com vista a declarar a legalidade dos mesmos ou a sua
justificação face ao disposto no artigo 5º, nº 1, do Decreto-Lei
nº 371/93, de 29 de Outubro, é de grande importância para a
segurança jurídica dos agentes económicos.

Nestes termos, ao abrigo do disposto no nº 2 do artigo 5º
do Decreto-Lei nº 371/93, de 29 de Outubro:

Manda o Governo, pelo Ministro do Comércio e Turismo,
o seguinte:

1º — 1 — O Conselho da Concorrência pode, a requerimento de uma ou mais empresas ou de associações de empresas
interessadas, declarar a legalidade ou ilegalidade de qualquer
acordo ou prática concertada entre empresas ou de qualquer
decisão de associação de empresas, bem como declarar veri-
ficados os pressupostos de justificação previstos no nº 1 do
artigo 5º do Decreto-Lei nº 371/93, de 29 de Outubro.

2 — A declaração de legalidade a que aludé o nº 1 será concedida caso se conclua, com base nos factos comunicados, que

---

[10] Diário da República nº 254, Iª Série-B, de 29 de Outubro de 1993.

não há qualquer violação do disposto no artigo 2° do Decreto-Lei n° 371/93, de 29 de Outubro.

3 — A declaração de inaplicabilidade do artigo 2° do Decreto-Lei n° 371/93, de 29 de Outubro, será concedida de cada vez que, com base nos factos comunicados, se verifique estarem preenchidas as condições previstas no n° 1 do artigo 5° do mesmo diploma.

2° — 1 — Os pedidos de declaração de legalidade e de declaração de inaplicabilidade a que se refere o número anterior deverão ser apresentados em duplicado ao Conselho da Concorrência, em carta registada com aviso de recepção.

2 — As empresas e associações de empresas interessadas poderão subscrever individualmente ou colectivamente o requerimento, bem como fazer-se representar por mandatário.

3 — Se o pedido for subscrito apenas por algumas das empresas ou associações de empresas participantes no acordo ou prática concertada, as decisões a que se refere o n° 1 não podem ser emitidas sem que as requerentes provem ter informado as restantes do pedido.

3° — Do pedido de apreciação da legalidade deverão constar:

a) A identificação das empresas ou associações de empresas requerentes, os seus domicílios ou sedes e a actividade ou actividades exercidas;
b) A identificação das demais empresas ou associações de empresas participantes no acordo, decisão ou prática concertada, os seus domicílios ou sedes e actividade ou actividades exercidas;
c) A caracterização da posição das empresas participantes no mercado dos bens ou serviços em causa;
d) A prova do mandato, no caso referido no n° 2 do número anterior;

Portaria n° 1097/93 de 29 de Outubro 269

e) A forma como foram informadas as outras empresas do pedido, no caso referido no n° 3 do número anterior;

f) Os elementos caracterizadores do conteúdo do acordo, decisão ou prática concertada, designadamente:

1) Data da celebração, data da entrada em vigor e duração;
2) Descrição pormenorizada dos bens ou serviços em causa e de outros que com eles concorram;
3) Objectivos do acordo, decisão ou prática concertada;
4) Condições de adesão ou de participação e de rescisão ou exclusão;
5) Cláusulas e articulado do acordo;
6) Sanções a aplicar às empresas participantes pelo não cumprimento do acordo, nomeadamente cláusulas penais e suspensão do fornecimento;

g) Indicação da medida em que o acordo, decisão ou prática concertada diga respeito a:

1) Cumprimento de determinados preços de compra ou de venda, descontos ou outras condições;
2) Limitação ou controlo de produção, do desenvolvimento técnico ou dos investimentos;
3) Repartição dos mercados ou das fontes de abastecimentos;
4) Aplicação sistemática ou ocasional de condições diferentes em prestações equivalentes;
5) Restrições da liberdade de comprar ou de vender a terceiros;

h) Os factos e razões pertinentes que demonstram que o acordo, decisão ou prática concertada não tem por objecto ou como efeito impedir, falsear ou restringir a concorrência, no todo ou em parte do mercado nacional, do bem ou serviço;

i) Os factos ou razões pertinentes que contribuam para a justificação das práticas restritivas, nos termos do nº 1 do artigo 5º do Decreto-Lei nº 371/93, de 29 de Outubro.

4º O pedido deverá ser sempre acompanhado da cópia do pacto social ou dos estatutos em vigor das empresas ou associações de empresas requerentes, da cópia dos documentos escritos caracterizadores do conteúdo do acordo, decisão ou prática concertada, quando existam, bem como de quaisquer outros elementos convenientes para a apreciação do pedido.

5º O pedido será enviado pelo Conselho da Concorrência à Direcção-Geral de Concorrência e Preços para organização e instrução do processo.

6º Nos casos em que se revele particularmente difícil, poderá ser dispensada a indicação do disposto na alínea b) do nº 3º e a parte correspondente da indicação do disposto na alínea c) do mesmo nº 3º.

7º A Direcção-Geral de Concorrência e Preços e o Conselho da Concorrência poderão, em qualquer altura, solicitar todos os elementos adicionais considerados necessários.

8º O processo, devidamente instruído e fundamentado, será remetido pela Direcção-Geral de Concorrência e Preços ao Conselho da Concorrência, para decisão.

9º Decorridos 90 dias sem que tenha sido proferida decisão, poderão as empresas ou associações de empresas requerer ao Conselho da Concorrência que o comportamento em apreciação seja considerado provisoriamente válido.

10º As declarações de legalidade e de inaplicabilidade do artigo 2º do Decreto-Lei nº 371/93, de 29 de Outubro, vinculam o Conselho da Concorrência dentro dos limites e conteúdo do pedido enquanto não houver modificação das circunstâncias em que as mesmas foram emitidas e na medida em que não tenham sido obtidas com base em informações falsas, sem prejuízo do procedimento penal a que neste caso houver lugar.

11° Antes de tomar qualquer decisão, o Conselho da Concorrência mandará publicar na 2ª série do *Diário da República* e num jornal de expansão nacional, a expensas do requerente, o conteúdo essencial do pedido, a fim de que terceiros directamente interessados possam apresentar as suas observações no prazo que for fixado, o qual não pode ser inferior a 30 dias.

12° O Conselho da Concorrência mandará publicar na 2ª série do Diário da República o conteúdo essencial das declarações de legalidade e de inaplicabilidade do artigo 2° do Decreto-Lei n° 371/93, de 29 de Outubro.

Ministério do Comércio e Turismo.

Assinada em 14 de Outubro de 1993.

Pelo Ministro do Comércio e Turismo, *Luís Maria Viana Palha da Silva*, Secretário de Estado da Distribuição e Concorrência.

ÍNDICE

Nota Prévia 5

Principais abreviaturas usadas 7

INTRODUÇÃO 9

CAPÍTULO I — OS PODERES DE INVESTIGAÇÃO DA COMISSÃO NA APLICAÇÃO DO DIREITO COMUNITÁRIO DA CONCORRÊNCIA 15

Secção I — O pedido de informações 15

    1. A noção de *informações* 16

    2. A *necessidade* do pedido de informações 17

    3. Os destinatários do pedido de informações 18

    4. As duas fases do pedido de informações 20

    5. A notificação dos pedidos de informações 25

    6. A protecção do segredo profissional 27

Secção II — Os inquéritos por sectores económicos 29

Secção III — Os poderes de inspecção da Comissão 35

    1. As inspecções previstas no artigo 14° do Regulamento n° 17 35

    2. A *necessidade* da inspecção 39

    3. O conteúdo da decisão de inspecção 40

    4. A não obrigatoriedade de publicação das decisões de inspecção 41

    5. Os poderes dos agentes incumbidos pela Comissão de proceder a uma inspecção 42

274 *Índice*

6. O exercício dos poderes de investigação pelos agentes da Comissão no decurso de uma inspecção 52
7. A oposição à realização da inspecção 54
8. A intervenção das autoridades competentes dos Estados- -membros 57
9. A adopção de decisões por habilitação 60

CAPÍTULO II — **A PROTECÇÃO DOS DIREITOS FUNDA- MENTAIS FACE AOS PODERES DE INVESTIGAÇÃO DA COMISSÃO NA APLICAÇÃO DO DIREITO COMUNITÁ- RIO DA CONCORRÊNCIA** 63

Secção I — **A evolução da protecção dos direitos fundamen- tais na ordem jurídica comunitária: breve análise** 69

1. A questão da protecção dos direitos fundamentais na ordem jurídica comunitária na óptica do Tribunal Constitucional Federal alemão e do Tribunal Constitucional italiano 71

   1.1. A jurisprudência do Tribunal Constitucional Fede- ral alemão 72
   1.2. A jurisprudência do Tribunal Constitucional italiano 81

2. A protecção dos direitos fundamentais na jurisprudência do Tribunal de Justiça 87
3. A questão dos direitos fundamentais e as instituições polí- ticas da Comunidade 94

Secção II — **Os direitos de defesa enquanto direitos funda- mentais e a sua protecção face aos poderes de investigação da Comissão** 101

1. Os princípios gerais de direito aplicáveis nos processos de natureza administrativa e a protecção dos direitos de defesa 104
   1.1. O direito de audiência 106
   1.2. O direito à informação 110
   1.3. O direito à assistência e à representação 114
   1.4. O direito à fundamentação dos actos administrativos 114
   1.5. O direito de recurso contencioso 116
   1.6. O direito à indicação das vias de recurso 117
   1.7. O exercício de poderes discricionários pelas autori- dades administrativas 118

Índice

2. O direito de não testemunhar contra si próprio 119

    2.1. Enquadramento geral 119

    2.2. A jurisprudência do Tribunal de Justiça das Comunidades Europeias 127

3. A protecção da confidencialidade da correspondência trocada entre as empresas e o seu advogado 130

    3.1. Enquadramento geral 130

    3.2. A jurisprudência do Tribunal de Justiça e do Tribunal de Primeira Instância 133

4. O direito fundamental à inviolabilidade do domicílio 140

    4.1. Enquadramento geral 140

    4.2. As pessoas colectivas enquanto titulares do direito fundamental à inviolabilidade do domicílio 144

    4.3. Perspectiva de direito comparado 148

    4.4. Os poderes previstos no artigo 14º do Regulamento nº 17: simples verificação ou busca? 163

    4.5. Controlo judicial <u>a posteriori</u> ou mandato judicial prévio: que soluções? 164

    4.6. A aplicação das regras processuais nacionais em caso de oposição da empresa à realização da inspecção: uma solução ou uma nova questão para resolver? .. 168

CONCLUSÃO 175

ANEXOS

Regulamento nº 17-62 do Conselho, de 6 de Fevereiro de 1962 — Primeiro regulamento de execução dos artigos 85º e 86º do Tratado ... 179

Regulamento nº 99/63 da Comissão, de 25 de Julho de 1963 — relativo às audições referidas nos n.os 1 e 2 do artigo 19º do Regulamento nº 17 do Conselho 197

Regulamento (CEE) nº 4064/89 do Conselho, de 21 de Dezembro de 1989 — relativo ao controlo das operações de concentração de empresas 203

Decreto-Lei nº 371/93, de 29 de Outubro — Estabelece o regime geral da defesa e promoção da concorrência 237

Portaria nº 1097/93, de 29 de Outubro — Define os termos em que o Conselho da Concorrência pode decxlarar a legalidade ou ilegalidade de acordos ou práticas concertadas de empresas 267

Execução gráfica
da
TIPOGRAFIA LOUSANENSE, LDA.
Lousã — Setembro/95

Depósito legal n.º 75775/95